武進劉逢祿年譜

張廣慶　著

臺灣學生書局印行

凡例

一、是譜分三卷，卷一「譜前」、卷二「本譜」、卷三「譜後」。「譜前」敘譜主家世，見其源遠而流長；「譜後」述身後諸事，見其學術影響既深且廣。

二、本譜紀年，沿用夏曆，附以干支，並以西元夾注。「譜後」民國部分則用國曆，引用大陸地區論著亦換算為國曆，以求紀年體例之統一。

三、譜主行事、著作，敘述力求簡明扼要，其後則別為引證，如有疑義，或須說明者，則加案語，避免因己意增益，以致失實。

四、引證文字，皆以括號注明該書卷頁出處，以利查核；該書之版本，則參見引用書目。

五、譜主行事，於當年不能確定為某季或某月者，則繫於年末。

六、是譜所繫詩文序跋，凡譜主原署有年月，則逕行引用，若從相關文辭、文獻中得推知其著成時間者，則於案語考證說明。至於不署年月，又無相關文獻引證者，受限於個人才力，則闕而不引。

七、譜後部分，後人評論或研究譜主之學術得失，撰作或出版時間確定者，亦逕行引用；若年月不明者，則或以作者卒年、或推其大致之時段，並於案語說明之。

八、與譜主相關之文獻資料，或存於大陸地區，或因筆者能力不及，故不免有所闕漏；譜中考述，亦難免疏失，敬請士林碩學不吝匡正。

劉申受先生世系表（據《西營劉氏家譜》）

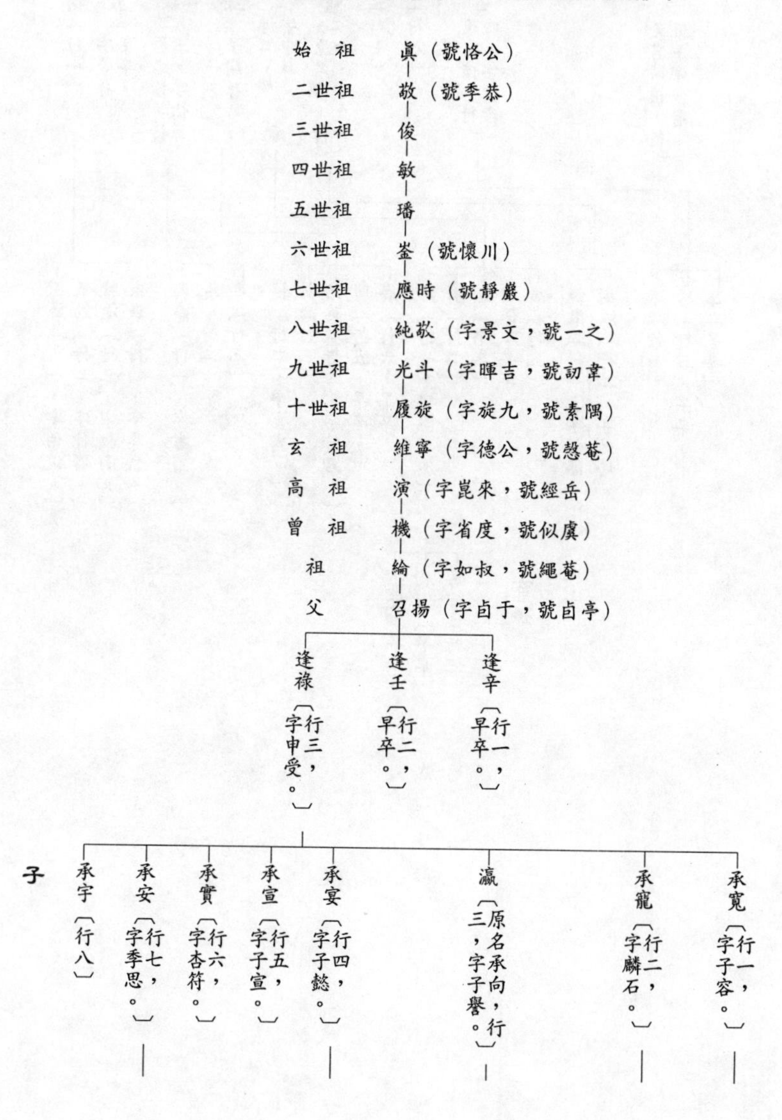

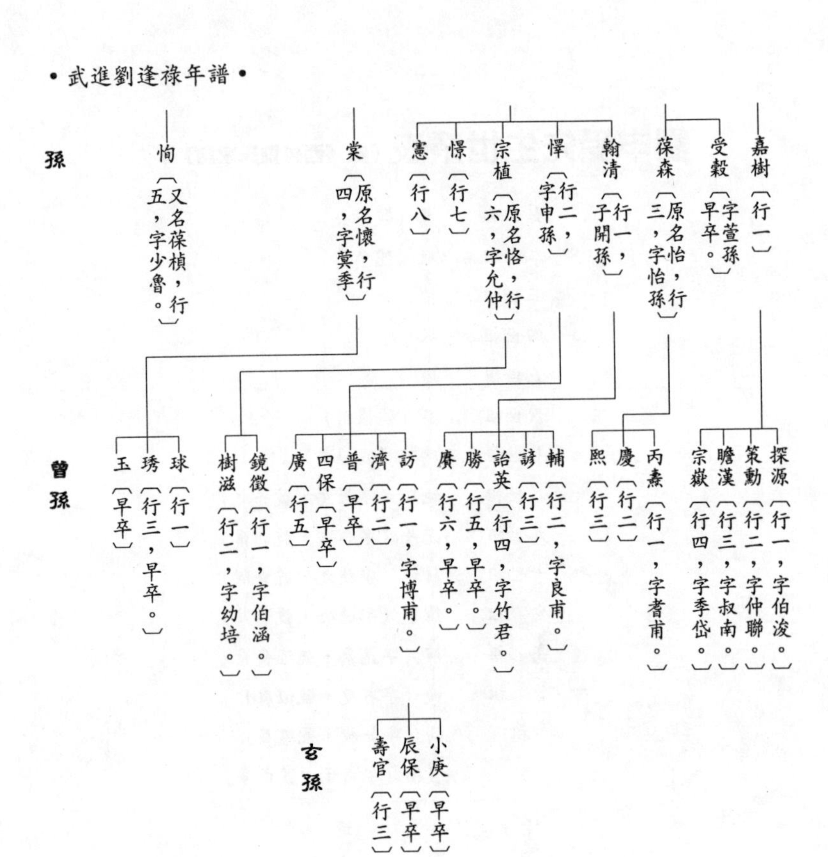
孫
嘉樹（行一）
受穀（字萱孫早卒。）
葆森（原名怡，行三，字怡孫）
翰清（行一，子開孫）
懌（行二，字申孫）
宗植（原名恪，行六，字允仲）
憬（行七）
憲（行八）
棠（原名懷，行四，字莫季）
恂（又名葆楨，行五，字少魯。）
曾孫
探源（行一，字伯浚。）
策勳（行二，字仲聯。）
瞻漢（行三，字叔南。）
宗嶽（行四，字季岱。）
丙燾（行一，字耆甫。）
慶（行二）
熙（行三）
輔（行二，字良甫。）
諺（行三）
詒英（行四，字竹君。）
勝（行五，早卒。）
賡（行六，早卒。）
訪（行一，字博甫。）
濟（行二）
普（早卒）
四保（早卒）
廣（行五）
鏡徵（行一，字伯涵。）
樹滋（行二，字幼培。）
球（行一）
琇（行三，早卒。）
玉（早卒）
玄孫
小庚（早卒）
辰保（早卒）
壽官（行三）

莊存與世系簡表（據《毘陵莊氏族譜》）

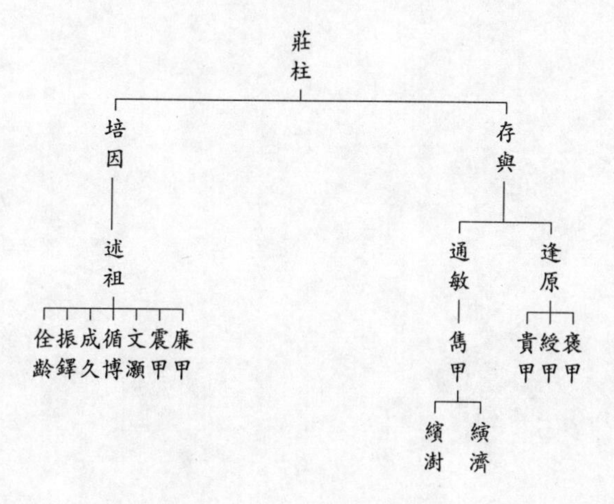

武進劉逢祿年譜

目　錄

卷一　譜前

先生姓劉氏，名逢祿，字申受，亦字申甫，號思誤居士。

劉承寬〈先府君行述〉：「府君諱逢祿，字申受，亦字申甫，號思誤居士。」（《劉禮部集》卷十一附，頁一。）

戴望〈故禮部儀制司主事劉先生行狀〉：「先生諱逢祿，字申受。」（《續碑傳集》，卷七十二，頁十。）

符葆森《寄心盦詩話》：「劉公一字申甫，號思誤居士。」

《皇清書史》：「劉逢祿，字申受，號申甫，一號思誤。」（卷二十，頁十三）

先世始祖曰眞，號恪公，原籍鳳泗。明洪武初，自鳳泗從兵徇江南，駐防常州西營十年，遂世居武進，是為武進西營劉氏。生子二：欽、敬。

劉憲章〈始祖恪公公傳〉：「余之先世出漢彭城，歷南北朝、五代，播遷其居於淮泗與鳳陽者最盛。元季寇熒，恪公公諱眞，爲人慷慨大略，率子弟習騎射，練鄉勇，團士兵，出入相友，守望相助，遠近賴安。至正間，會太祖高皇帝起兵濠泗，慨然有除暴安天下之志，公率姪洪爲從龍義舉，隨湯和下江南。丁酉三月，克常州，統兵駐防西營十年，遂世居武進，此由鳳泗入常，爲毘陵之始祖。……後征西，平定山右，以戰功襲職，世守大同，亦有後裔，惟武進一支世系可考，迨憲章即九世孫也。……明崇禎癸未……九世孫憲章百拜書。」（《西營劉氏家譜》，卷八，頁一。）

《西營劉氏家譜・世表》（以下簡稱《家譜》）：「貞，行一，號恪公，原籍鳳陽，元至正十六年同嫡姪洪隨、信國公湯和統兵克常州，守禦十年，調遣勤勞，給秩駐箚西營，生子二：欽、敬，遂世居焉。明洪武元年，復隨湯和征山西，累建功績，授大同左衛守備，因世襲本衛。今大同亦有後裔，未經考據。」（卷二，頁一）

劉逢祿〈先府君行述〉：「先世始祖日貞，明洪武初，自鳳泗從兵洵江南，遂駐防常州，是爲西營劉氏。」（《劉禮部集》，卷十，頁二十二）

劉承寬〈先府君行述〉「先世當明洪武初自鳳泗駐防常州，是爲西營劉氏。」（《劉禮部集》，卷十一附，頁一）

二世祖敬，號季恭，洪武庚辰舉人才，授郯城縣令，累官易州知州、刑部員外郎。

〈季恭先劉先生傳出郡邑志〉：「公諱敬，號季恭，洪武庚辰舉人才，授郯城令，廉明寬厚，惠政大行，朔望延訪父老，願聞其過，秩滿，百姓詣闕請留。擢建昌府通判，益勤吏治，均差徭，公賞罰，吏民畏服。累官易州知州，刑部員外郎卒。（《家譜》，卷八，頁二）

《家譜・世表》：「敬，行二，號季恭，洪武庚辰舉人才，授郯城縣知縣，廉明寬厚，惠政大行，朔望延見父老，問民疾苦，秩滿，百姓詣闕請留，陞建昌府通判，歷易州知州、刑部員外郎，郡邑志有傳。生子一：俊。葬夾城畐。」（卷二，頁一）

三世祖俊，監生。

《家譜・總表》：「俊，行一，監生。生子四：敏、能、永童、永紀。葬夾城畐，是爲三大分之祖。能後無嗣，故未列分。」（卷二，頁一）

四世祖敏，歲貢生，府學教授。

《家譜・世表》：「敏，行一，歲貢生，府學教授。生子四：琪、璘、琥、璠。女一，適張炯。葬小南門外夾城畐馮家村東。是爲大分。」（卷二，頁一）

五世祖璠，生子鎡，早卒，後以適張氏姐之子鍙入嗣。

《家譜・總表》：「璠，行四，生子鎡，早卒，後以張氏親甥崟入嗣，葬夾城畐。」（卷二，頁一）

劉逢祿〈先府君行述〉：「後五世曰璠，無子，以適張氏姐之子崟爲後。」（《劉禮部集》，卷十，頁二十二）

六世祖鍙，生父張炯，初名寅，以璠無嗣，乃抱炯之幼子撫育之，改寅爲鍙，義取諸金命名之義，如兄派，是爲懷川公。

劉豐來〈大分第五世辨疑說〉：「高祖懷川公本張姓，初諱寅，劉之自出也。張之始以軍籍居毘陵，祖曰潑養，潑養生炯，炯之兄弟曰燦、曰炳，皆以火命名，炯則娶劉氏，生子七，曰宸、官、宇、宙、宦，一失名，寅爲幼子，此我先世於萬歷四十年因張氏混派軍丁，兩相訐訟，所圖譜系也。先是我劉氏四世祖廣文公諱敏，生四男一女，男曰琪、璘、琥、璠，皆以玉命名，女適張，爲炯配，夫炯娶于劉，非劉明甚。其後琪之子曰鎮嶔，璘之子曰錫金，琥之子曰鏜，璠之子曰鎡，鎡早世，璠遂無嗣，乃抱炯之幼子撫之，改寅爲崟，義取諸金命名之義，如兄派，是爲懷川公。張之入劉，則自懷川公始也。夫懷川公之入嗣也，生甫彌月，我高祖璠提攜捧負，備極劬勞，恩既深，義亦益重。傳曰：爲人後者爲之子。懷川公既以甥爲舅後，即不得復禰炯也，又明甚。及懷川公生靜巖公，靜巖公生景范公，舉萬歷壬辰進士，例刊履歷，乃以炯爲曾祖，炯遂復爲懷川公父。予家舊譜散失，無所考辨，故依思公作譜，因之次炯於琪、璘、琥、璠兄弟之末，而嗣以懷川公，璠之後則無傳焉。忠毅公者，懷川公之曾孫也，大節炳天壤，其死難實錄，固非我劉氏一家之言，豐來伏而讀之，見前宮坊侍講楊公爲作神道碑，首揭世系，大書曰敏生璠，璠生崟，崟生應時，應時生純仁，是爲公父。應時，靜巖公諱；純仁，景范公諱也。豐來以是疑前譜，因大搜遺篋，乃得前張姓訐訟時先世所圖譜系，自炯以上爲張，自寅以下爲劉，判若河漢，凡數世歷歷如左，則炯之是張而非劉，崟之嗣璠而非炯也，益明甚，爰集族人而示之，乃群起而言曰：『是不可不急改正，不則援張入劉是絕劉於張也，是陷我懷川公無爲人後之義也，是令我後嗣子孫食劉之德，服劉之先疇，而使我高高祖璠終不得有其子以隱憾於無窮也，又烏可以不辨？』或曰：『景范公將有復姓之舉，屢得異徵，乃罷。』履歷所載，想以是歟！康熙癸酉歲七月朔日。嗣孫豐來百拜謹白。」（《家譜》，卷一，頁二）

《家譜•世表》：「崟生父炯，行七，號懷川，娶賈氏，生子一應時，女二，一適莊省予、一適翟生。于正德丙寅葬豐西鄉青龍橋新阡主穴，有墓碑，是爲老七房。」（卷二，頁十）

劉逢祿〈先府君行述〉：「崟本生父曰炯，炯之公曰養，自養以上，譜牒廢世不可紀。崟有隱德，嘗受寓遠商數千金十餘年，不至，後遇丐者，訝其貌，詰之，果其子，云：『父客死久矣。』泣而歸之，緘識如故。」（《劉禮部集》，卷十，頁二十二）

七世祖應時，號靜巖，歲貢生。

《家譜•世表》：「應時，行一，號靜巖，歲貢生，五舉鄉飲大賓，以子純仁封文林郎福建泉州府推官，有敕命一道。娶嚴氏，贈太孺人；繼董氏，封太孺人，庠生董垚女。生子五：純仁、純禮、純敬、純儒，蘭孫。生于嘉靖丙申，卒于萬歷戊申，享年七十三歲。崇祀鄉賢，葬青龍橋先塋昭穴，有墓碑，原頒敕命被燬，以孫綿祚中辛未進士疏請補給。」（卷二，頁十）

劉逢祿〈先府君行述〉：「崟生應時。」（《劉禮部集》，卷十，頁二十二）

八世祖純敬，字景文，號一之，郡庠生，舉鄉飲大賓。

《家譜•世表》：「純敬，行三，字景文，號一之，郡庠生，舉鄉飲大賓，以子光斗累封文林郎廣西道御史，有勅命二道。取何氏，累封太孺人，萬歷癸未進士彰德府知府何鯉女，生子二，光斗、鍾斗。生于嘉靖丙寅二月二十六日，卒于崇禎癸酉十一月十八日，享年六十八歲，葬青龍橋祖塋次昭穴，有墓碑，是爲老七房分三房。」（卷二，頁十四）

劉逢祿〈先府君行述〉：「應時生純敬。」（《劉禮部集》，卷十，頁二十二）

九世祖光斗，字暉吉，號訒韋，天啓乙丑進士。

《家譜•世表》：「光斗，行五，字暉吉，號訒韋。天啓甲子舉人，乙丑進士，授浙江紹興府推官；丁卯本省分考，兩舉卓異，考選廣西道御史，陞大理寺丞。本朝奉命安撫常州，改行人司正，陞工部屯田司郎中加從四品，壬辰，廣西主考，有誥敕四道。娶吳氏累封太恭人州判吳世澤女，側室徐氏、杜氏、孟氏，生子二：謙尊、履旋；女三，一適庠生趙彭年，一適庠生黃曾志，一適無錫庠生浦映翼，吳出。生于萬歷辛卯四月二十日，卒于順治壬辰八月二十八日，享年六十二歲。以安撫功，合郡公請特建仁賢祠，又頒詔福建全活紳民無數，閩南至今尸祝之。葬平橋陸家村新阡主穴，有墓碑。」（卷二，頁十四～十五）

〈訒韋劉先生傳出邑志宦績傳〉：「劉光斗，字暉吉，明乙丑進士，司李紹興，多雪冤獄。時海寇劉香橫行海上，浙撫知其能，屬監軍討平之。攝會稽、諸暨兩邑篆，海潮壞岸，築石塘岸扞衛之，邑人立祠焉。擢御史，彈劾不避權貴。大兵下江南，豫王擇人安撫，以光斗人望所歸，命安撫常州，民皆安輯。時撫姑蘇者不得人，幾致變，賴光斗調護得全，經略洪承疇疏薦可大用，格於秉銓，左遷行人。頒詔閩中直揩，某性剛暴，薦紳士民每以疑似陷大戮，光斗反覆開諭，多所救免。壬辰典試廣西，得疾，道卒，邑人請建仁賢祠祀之。」（《家譜》，卷八，頁二十三。）

劉逢祿〈先府君行述〉：「純敬生光斗，光斗舉天啓乙丑進士，除浙江紹興府推官，以平吳越海寇功遷御史，逕權貴，罷職。皇朝定鼎，命以行人司司正安撫常州，又從定吳越，全活無算，所在尸祝，奉敕建祠曰仁賢。」（《劉禮部集》，卷十，頁二十二）

十世祖履旋，字旋九，號素隅，順治丁亥進士，官至直隸保定府知府。

〈素隅劉先生傳出邑志宦績傳〉：「劉履旋，字旋九，光斗子，順治丁亥進士，除戶部主事，歷郎中，改知瓊州府，禁苛派，革耗羨，察奸宄，民賴以安；營卒以鎮將緩餉譁，履旋諭之，立散去。復知保定，獄多平反，如趙夏以強姦誣婦夫竊、李岐山殺僧，俱夤緣將免，論如律，察新城安肅盜案、內高瑞徵等冤白之、釋容縣獄孟家林等九人，時有『清如水，明如鏡，執法如山』之謠，後移疾歸。性剛正，蔭籍高華而自奉如寒素，平生尤篤恩義，任瓊時，歸儋州牧同邑陳震祥之喪，償文昌令王都虧項，嫁其孤女。年七十五卒。」（《家譜》，卷八，頁三十三）

《家譜•世表》：「履旋，行六，字旋九，號素隅，崇禎壬午舉人，順治丁亥進士，戊子，順天分考，授戶部四川司主事，督理淮倉，補廣西司主事，陞河南司員外、廣東司郎中，歷任廣東瓊州府、直隸保定府知府，有誥敕二道。娶胡氏，封恭人，庠生封文林郎胡泓女，繼紹興呂氏廣東徐聞縣知縣呂允卿女。生子五：維祺、維烈、維寧、維章、維熊。女六：一適監生惲悱，一適庠生張祖藝，一適福建壽寧縣知縣呂方高，一適監生薛起宗，一適江西定南縣知縣吳爾立俱吳出，一適監生莊斗薇呂出。生于萬歷癸丑六月十八日，卒于康熙丁卯正月初六日，享年七十五歲。葬平橋周莊陸家村先塋墓穴，有墓碑。呂太恭人葬平橋曹塔村。」（卷二，頁十五）

劉逢祿〈先府君行述〉：「光斗生履旋，直隸保定府知府。」（《劉禮部集》，卷十，頁二十二）

玄祖維寧，字德公，號愨菴，官生。

《家譜•世表》：「維寧，行四，字德公，號愨菴，官生，初任山西嵐縣知縣，再任直隸元氏縣知縣，三任福建福寧州知州，誥授奉直大夫，有誥敕二道，以曾孫綸累贈光祿大夫、經筵講官、太子太保、文淵閣太學士兼工部尚書，有誥命二道，娶史氏，誥封宜人，晉贈一品夫人，順治丁亥進士、廣東肇慶府知府史樹駿女。生子三：演、澐□□，女四，一適蔣浤、一適丹陽荊孝成、一適監生莊扑、一適董玉山。生于崇禎辛巳九月二十二日，卒于康熙巳卯八月初四日。葬荷花蕩薪阡主穴，有墓碑，崇祀福寧名

宧。」（卷二，頁八十）

劉逢祿〈先府君行述〉：「履旋生維寧，福建福寧府知府，爲民雪冤獄去官，郡人祀之。」（《劉禮部集》，卷十，頁二十二）

高祖演，字崑來，號經岳，康熙癸酉舉人。

《家譜•世表》：「演，行一，字崑來，號經岳，康熙癸酉舉人，以孫綸貤贈文林郎翰林院編修累贈光祿大夫、經筵講官、太子太保、文淵閣大學士兼工部尚書，有誥敕四道。娶張氏，贈孺人，晉贈一品夫人，康熙庚戌進士、山西交城縣知縣張祖籙女；繼姚氏，例封孺人，晉贈一品夫人，候選州同知姚延禧女，享年八十二歲。生子五：機、檣、權、樹，張出；櫓，姚出。女二：一適江陰吳象賢，一適江陰陳。生于順治己亥七月十五日，卒于康熙乙亥二月二十八日，葬安東鄉新閘新阡主穴癸山丁向，姚太夫人葬大寧鄉西網村新阡主穴辛山乙向。（卷二，頁八十～八十一）

劉逢祿〈先府君行述〉：「維寧生演，康熙癸酉科舉人。」（卷十，頁二十二）

曾祖機，字省度，號似虞，郡庠生。

〈似虞劉先生傳出邑志文學傳〉：「劉機，字省度。少穎悟，博覽群籍，恥以記誦獵時譽，尤邃心宋五子之學。居常恂恂，而慷慨負志節。爲郡諸生時，有別駕攝邑篆，假輸漕陋規，重科派，覬厚息，爲鄉氓用，機力白於漕帥，黠吏暮夜橐千金請緩其事，機

峻卻之，弊始剔，桑梓咸以爲德。年七十三卒，所著有《雲谿文稿》。子綸，自有傳。」（《家譜》，卷八，頁五十七）

《家譜 • 世表》：「機，行一，字省度，號似虞，郡庠生，以子綸敕封文林郎翰林院編修，累贈光祿大夫、經筵講官、太子太保、文淵閣大學士兼工部尚書，有誥敕四道。娶金氏，敕封孺人，晉封太夫，累封一品太夫人，候選州同知金玉相女，享年八十八歲。生子二：經、綸；女一，未字卒。生于康熙己未九月十三日，卒于乾隆辛未九月初四日，享年七十三歲，葬豐東鄉鄭陸橋黃橋菴旁新阡主穴。」（卷二，頁八十）

劉逢祿〈先府君行述〉：「演生機，府學生，娶于金。」（卷十，頁二十二）

祖綸，字如叔，號繩菴，乾隆丙辰元年舉博學鴻詞第一，授翰林院編修，歷官文淵閣大學士、軍機大臣，自為侍郎以至入閣，前後二十餘年，皆在樞廷贊畫機務，始終敬愼，迭主順天鄉試及會試，得士最盛，薨於位，贈太子太傅，諡文定。有《繩菴內集》十六卷、《外集》八卷。（《西營劉氏家譜》，卷八，頁七十～七十三）

〈劉文定公傳出邑志名臣傳〉：「劉綸字如叔，乾隆元年，舉博學鴻詞第一，授編修，歷官文淵閣大學士，十六年，奉旨前赴土默特清查蒙古地畝，時議勒限遷徙流民，撤還所典旗地，綸至，以出口人民積聚有不宜頓行驅逐，當節次疏通，條例具奏，得旨允行。十九年，以順天府屬各員責成不專，非設官意，請分錢穀戶婚田土責治中，詞訟禮儀及一應雜事責通判，居是職者始以冗員自愧。三十七年，薨於位，詔贈太子太傅，諭賜祭葬，予諡文定，入祀賢良祠。綸人品學問冠絕當代，具幹濟才，而清慎自矢，自任侍郎時，入直樞廷，值平定新疆四部，贊畫機務，動中事宜，先後二十餘年，始終敬慎，嘉謨入告，退直愼默不言，即諸子亦不令知之。迭掌文衡，得士最盛。生平謹厚，不立崖岸，而人莫敢干以私。嘗言：居官貴操守，當以節儉爲操守之本，寡嗜欲爲節儉之本。人以爲名言。著有《內外集》二十四卷行世。子圖南，乾隆三十三年舉人，廣西南寧府同知；躍雲，乾隆三十一年殿試一甲第三名，至兵部右侍郎，以清愼受主知，孚眾望，砥礪名節。……詩宗香山、眉山，文好歸熙甫，書不名一家，而有天趣，著有《貽拙齋詩文集》若干卷。召揚，乾隆四十九年南巡召試第一，授內閣中書，學行高潔，鄉里推服，著有《平安舫詩稿》十九卷。」（《家譜》，卷八，頁七十四～七十五）

《家譜•世表》：「綸，行二，字如叔，號繩菴，邑廩生，乾隆丙辰，召試博學鴻詞第一，授翰林院編修。丁巳，殿試，掌卷官，充實錄館纂修；戊午，順天鄉試同考官；己未，會試同考官，再任翰林院侍講、日講起居注官兼文穎館纂修。辛酉，陝西鄉試正主考，三任太常寺少卿，四任通政使司右通政，五任通政使司左通政，六任太僕寺正卿、乙丑殿試讀卷官，七任大理寺正卿，八任內閣學士兼禮部侍郎、戊辰會試知貢舉武會試正總裁，九任署理兵部右侍郎、續文獻通考館副總裁，入直南書房，十任禮部右侍郎仍兼兵部右侍郎，十一任工部右侍郎、軍機處行走、國史方略兩館副總裁，十二任經筵講官、戶部右侍郎兼管順天府府尹事，十三任戶部左侍郎，十四任都察院左都御史、庚辰恩科順天鄉試正主考，十五任兵部尚書、恩賜紫禁城騎馬，十六任戶部尚書兼兵部尚書，十七任戶部尚書協辦大學士加太子太保、恩賜紅絨結頂貂冠，十八任兼署刑部尚書，十九任吏部尚書仍協辦大學士、己丑科會試大總裁、庚寅恩科順天鄉試正主考，二十任兼署戶部尚書，二十一任實授文淵閣大學士兼工部尚書、仍兼管工部事務、壬辰科會試大總裁、又充方略三通國史四庫全書館正總裁、誥授光祿大夫、加贈太子太傅，入祀賢良祠，賞銀壹千兩辦理喪事，並派皇十二子帶領侍衛十員祭奠茶酒，諭祭，諭葬，賜謚文定。喪歸，欽奉特旨，沿途文武官弁弔奠護送，有誥命二道、上諭一道、諭祭文一道、諭祭碑文一道，國史有傳。娶許氏，敕封孺人，晉封一品夫人，累封一品太夫人，邑庠生誥贈朝議大夫湖北宜昌府知府許仲女，享年七十五歲。側室錢氏。生子四：圖南、躍雲、召揚、驥稱；女六：一適乾隆戊子舉人、湖南華容縣知縣陳賓，餘未字卒，俱許出。生于康熙辛卯九月二十七日，卒于乾隆癸巳六月二十三日，享年六十三歲，葬豐東鄉武城澤巷，賜塋主穴庚山甲向，勒建耑祠，春秋遣官致祭，有內外集二十四卷行世。」（卷二，頁八十一～八十三）

劉逢祿〈先府君行述〉：「演生機，……娶于金，生諱綸，舉乾隆丙辰博學鴻詞科第一，仕至文淵閣大學士，入祀賢良祠，謚文定。」（《劉禮部集》，卷十，頁二十二）

父召揚，字卣于，號卣亭。乾隆甲辰，應聖駕南巡召試第一，以山野之性，不耐奔走當途，乃不赴補，且不應禮部試，嘗主湖南、陜

西、山東省城講席，娶武進莊存與女，著有《貽拙齋詩文鈔》三十卷。

劉逢祿〈先府君行述〉：「府君諱召揚，字卣于，……幼有志行，王父文定公命從伯父學，伯父有所撰述，過目輒不忘；及冠，任理家事，宵則篝火治文史，恆至達旦。文定公遘疾，侍湯藥，夜不解衣者數月，前後遭王父母喪，經營窀穸，纖悉備至。府君幼時，世父、伯父爲文詞有聲，文定公與人語，嘗謂：「守我家者，季子也。」伯父亦云：「此吾家吳季子也。」比文定公薨，所遺衣服裘衾車馬及賻布之餘財，王母欲均之，府君請于王母，以兩兄居京師，需用孔殷，願獨歸守先人墓田，王母許之。歸，乃陳于當事，得請于朝，即以文定公舊居建耑祠，庀祭器。由是東西南北常以宦游，計一生所歷，西踰關隴，南涉閩嶠，所至輒佐其大府，盡力公事，或贈以衣物，度不能報，勿受也。……今皇上即位，旌別淑慝，且下詔求直言，有以後時開府君者，曰：『吾日莫途遠，無以報主知矣。吾嘗訪羅巖穴，思爲國家得將相材，而所知不廣，雖慷慨上書，將爲釣名計乎？』又開以治生產，曰：『吾視吾心田研田，朝耘而夕耰之，歲可當千畝之入，以糊其口而庇其子孫，天下之善治生者莫我若也。』嘗屢致千金而散之，三族中有貧乏者，量其親疏而爲之制，主湖南、陝西講堂；庚申歲，復主山東省城講席，……以故聞喪之日，近者哀號，遠者震悼，巡撫鐵公保、學政劉公鳳誥、按察使金公光悌以下，咸來會其喪，如治家事。爲詩文，始學漢、魏、六朝人，爲之，自以爲弗至也；退而學杜子美、蘇子瞻，曰：

「可以見吾性情矣。」所著詩文集三十卷，藏于家。其學不拘一格，自經史以及律呂、星算外，至釋典、道藏靈素之說，無所不窺；又精于曲蓺，從人學管弦、丹青諸事，每數日夜而盡其技；又善弈，工唐人楷法。府君生于乾隆十一年二月十二日申時，卒于嘉慶八年八月十三日戌時，年五十有八。配吾母莊孺人，禮部侍郎諱存與公女，子三人，逢辛、逢壬早卒，逢祿嘉慶辛酉拔貢生，娶潘氏，例授州同名尙基女，孫三人，承寬、承寵、承向。女子子三人，一適國子監生趙名球玉子、武進縣學附生學彭，一適今任山東兗州府同知汪名本中子、國子監生繩烈；一字今任借補山東壽光縣丞莊名祁子戌璲，汪、莊皆舊姻也。（〈先府君行述〉，《劉禮部集》，卷十，頁二二～二四。）

按：鐵保（一七五二～一八二四），字冶亭，一字梅庵，世爲滿洲人。乾隆三十七年壬辰（一七七二）進士，歷官吏部文選司主事、翰林院侍講學士、內閣學士、禮部侍郎、吏部侍郎、左侍郎、漕運總督，嘉慶八年（一八〇三）巡撫山東加太子少保；十年（一八〇五），總督兩江；後道光元年（一八二一），引疾賜三品卿銜致仕，四年正月初三卒（一八二四），年七十三。自編年譜二卷，復第其所著，爲《文鈔》六卷、《詩鈔》八卷、《詩餘》一卷，並輯《八旗詩》一百三十四卷。（參清汪廷珍撰〈鐵梅庵先生墓誌銘〉，收入《續碑傳集》，卷九，頁十～十一。）先生言「巡撫鐵公保」來會卣于公之喪，正是嘉慶八年鐵保巡撫山東之時。

劉鳳誥（一七六一～一八三〇），字金門，江西萍鄉人。乾隆五十四年己酉進士，擢侍讀學士，累遷至吏部右侍郎。凡遇朝廷有大著作，無不與聞其閒；其所學，經史百家無不洞悉其源流，而於朝常國故尤所熟習。嘉慶十二年八月，命其提督浙江學政；十四年八月，以性情乖張，終日酣飲，不自檢束，爲御使陸言所劾，十月，遣戍黑龍江，十八年釋回。道光十年庚寅，卒於鄉里。君受業於彭文勤之門，文勤嘗病歐陽氏《五代史》之簡略，欲如裴注三國之例補注之，未及成書，臨歿，以其稿付君，君遂博采宋人載籍，窮二十年之心力，續成完書。著有《存悔齋集》二十八卷附《外集》四卷。（參清石韞玉撰〈存悔齋集序〉，收入《存悔齋集》卷首；清李桓輯：〈劉鳳誥〉，《國朝耆獻類徵初編》，卷一〇七，頁三～六）

金光悌，字汝恭，號蘭畦，安徽英山人。乾隆四十五年庚子進士，嘉慶七年十一月擢山東按察使，官至刑部尚書，卒於嘉慶十七年十一月，年六十有六。公性好士，聞之如恐不見，既見如恐不得當，其言門下士，必首及張惠言，天下之士皆以爲然；仕宦數十年，計必達乎至微，力必摧乎至巨，持成格以繩崎嶇數變之情，援古義以剷浮沈苟安之習。（參清李桓輯《國朝耆獻類徵初編》，卷一〇四〈金光悌〉，頁一〇一～一一〇；清李元度纂《清朝先正事略》，卷二一〈金蘭畦尚書事略〉，頁三九。）

又按：汪繩烈爲莊孺人胞妹之子，莊成璲爲莊孺人同曾祖弟（見劉逢祿〈先妣事略〉，《劉禮部集》，卷十，頁二六。），故先生謂汪、莊皆舊姻也。

《家譜•世表》：「召揚，行三，字卣于，號卣亭，監生。乾隆甲辰聖駕南巡，召試第一，特賜舉人，授內閣中書，例授文林郎，以子逢祿誥贈中憲大夫、禮部儀制司主事加三級。娶莊氏，例封孺人，誥贈恭人，乾隆乙丑榜眼禮部左侍郎莊存與女，享年六十五歲。生子三：逢辛、逢壬、逢祿；女三：一適東河候補縣丞趙學彭，一適杭州汪繩勳，一適莊成蕤。生于乾隆丙寅二月十二日，卒于嘉慶癸亥八月十三日，葬東北鄉橫莊。」（卷二，頁八三～八四。）

母莊氏，禮部侍郎武進莊存與女，著有《操縵室藁》三十八章。

劉逢祿《先妣事略》：「太孺人姓莊氏，世為里中望族，幼嘗逮事外曾王父浙江海寧兵備道南村公暨外曾王母錢太夫人，南村公邃于理學，嘗授以《毛詩》、《小戴記》、《論》、《孟》及小學、《近思錄》、《女誡》諸書；外王父禮部侍郎方耕公為當代經學大儒，又獲聞六藝諸史緒論，故自幼至老，酷耽書籍，馬、班、范、陳之史，溫公之《通鑑》，尤周覽不倦。年二十五，歸我先考卣于府君，逮事先王父文定公及先王母許太夫人。先王父薨三年，喪畢，世父、伯父之官京師，太孺人隨府君歸守墓田，時家居壁立，府君常以詞翰客游，薪水有時不繼，太孺人處之泊如也。……比不孝長，察所與游，多經明行修士則喜，趣治酒食，必令洗腆，以故辱與不孝游者，不知太孺人之食貧也。喜學晉、唐人書，點畫端勁，從母舅葆琛先生謂神似南村公；中年學為詩，無閨閤脂粉氣，所存二十八章，名《操縵室藁》，秘不示人，亦未嘗與人談及文字，曰：「非女子所尚也。」……為不孝逢祿延師取婦及嫁兩妹如禮，皆太孺人勤儉所助，而積勞亦深矣。自先府君旅沒于外，常鬱鬱有肝疾，即聞不孝逢祿舉京兆試，感念府君，輒悒悒不樂，年來舊疾遂發，醫藥罔效。……太孺人生于乾隆九年四月十日辰時，痛于嘉慶十三年八月二十有八日巳時，終于正寢，享年六十有五。（《劉禮部集》，卷十，頁二五～二六）

妻潘氏，常州陽湖人。平生言行，妙合《禮經》。

劉逢祿〈滎陽恭人行略〉：「恭人姓潘氏，世居常州府城，籍陽湖。曾祖諱思榘，福建巡撫贈宮保尚書，諡敏惠，祀賢良祠；祖諱振瑩，安襄陨兵備道；父諱尚基，號枰石，廩生四庫書館議敘州同，女二，恭人其季也。……平居自奉極儉，飲食衣服，人所不堪，且持齋日一年居大半，而膳修賓友，必精腆，祭祀誠敬，恪遵兩家法度，於父母舅姑尤思其所嗜，有新必薦，有遠方物必薦，而己則不忍食，以致終身之慕焉。撫子息恩勤鞠育，均平如一，而絕不姑息，事余則加婉順，得諫爭義，待親戚後生各如其意，爲導其未及，誨其所未知，戚屬中咸謂言行妙合《禮經》，有錢太夫人風。……自幼好誦漢、魏、唐、宋樂府詩，近年尤好吳梅村歌行，輒口授孫女，閨閣詩則如《織雲樓稿》背誦盡卷不錯，且言某夫人如何如何。……聞恭人之喪而哭失聲者，不知凡幾也。恭人生於乾隆四十一年丙申三月二十三日辰時，卒於道光九年己丑六月十八日時，得年五十四歲。（《劉禮部集》，卷十，頁二七～三十。）

兄二，逢辛、逢壬，早卒。

劉逢祿〈先府君行述〉：「逢辛、逢壬早卒。」（《劉禮部集》，卷十，頁二四。）

劉逢祿〈先妣事略〉：「逢辛、逢壬皆早殤。」（《劉禮部集》，卷十，頁二六。）

劉逢祿〈東魯講舍三十初度雜述八首〉之六小注：「余兩兄早殤。」（《劉禮部集》，卷十一，頁十九。）

《家譜•世表》：「逢辛，行一，早卒。」（卷三，頁八六。）

《家譜•世表》：「逢壬，行二，早卒。」（卷三，頁八七。）

子八：承寬、承寵、承向（瀛）、承宴、承宣、承實、承安、承宇；女二，俱先殤。

劉承寬〈先府君行述〉：「子八人：存者長承寬，嘉慶丙子舉人，候補咸安宮教習，三子承向、六子承寔俱監生，七子承安；其歿者，次子承寵，嘉慶己卯舉人，箸有《麟石詩文鈔》二卷，四子承宴、五子承宣均早歿，詳府君所為壙記三篇，季承宇年十歲殤。女二，俱先殤。」（《劉禮部集》，卷十一附，頁十。）

《家譜•世表》：「承寬，行一，字子容，嘉慶丙子舉人，咸安宮官學教習，分發山西署朔州孝義縣事，補陵川縣知縣加同知銜，道光甲辰恩科充山西鄉試同考官，調補安邑縣知縣，署解州直隸州知州，廣西軍功保升山西、候補直隸州知知州，例授奉政大夫。娶溧陽黃氏浙江蘆瀝場鹽大使黃晉錫女，繼趙氏候選同知趙廷英女，俱例贈宜人，側室江氏。生子三：長、次早卒，黃出，嘉樹趙出；女一，適辛丑科進士、內閣學士兼禮部侍郎河南學政紹興俞長贊黃出。生于嘉慶丙辰九月二十九日，卒于咸豐癸丑五月初八日，葬豐西鄉蘇家頭新阡主穴乾山巽向。」（卷三，頁八七。）

《家譜•世表》：「承寵，行二，字麟石，嘉慶己卯順天舉人，揀選知縣。娶謝氏，旌表節孝，事載邑志，郡庠生例封文林郎謝譽恩女。生子一，受穀早卒，以瀛三子葆森嗣。生于嘉慶戊午五月初三日，卒于道光丁亥四月初六日，葬東北鄉沈家村，著有

《麟石詩文鈔》二卷。」（卷三，頁八八。）

《家譜•世表》：「瀛，原名承向，行三，字子譽，道光己亥副貢，就職州判，分發河南，議敘知縣，歷署臨漳、內鄉、羅山、汲縣、鹿邑等縣事，補滎陽縣知縣，例封文林郎，以子翰清晉贈通奉大夫鹽運使銜河南候補道。娶趙氏，例贈孺人，晉贈夫人，候選通判趙廷俊女；側室沈氏。生子八：翰清、懌，趙出；葆森、棠、恂、宗植、憬、憲，庶出。葆森嗣承寵後，棠嗣承宴後，恂嗣承安後。女三：一未字卒，趙出；一適邑庠生趙曾寅，一未字守貞，庶出。生于嘉慶辛酉四月二十日，卒于同治戊辰正月十六日，享年六十八歲，葬豐西鄉閔家村紅地癸山丁向兼丑未。」（卷三，頁八八～八九。）

《家譜•世表》：「承宴，行四，字子懿，邑庠生。娶潘氏，欽賜舉人潘福寶女，守節待旌，咸豐庚申，常州城陷，殉難，奉旨旌表入祀節烈祠。無子，以瀛四子棠嗣；生女一，卒。生于嘉慶甲子正月初五日，卒于道光丁亥八月二十六日，葬豐西鄉牛郎廟昭穴。」（卷三，頁九十～九一。）

《家譜•世表》：「承宣，行五，字子宣，算學生。生于嘉慶丁卯正月二十日，卒于道光己丑五月初九日，葬牛郎廟穆穴。」（卷三，頁九一。）

《家譜•世表》：「承實，行六，字杏符。生于嘉慶己巳三月初五日，卒于道光丁亥九月二十六日，葬牛郎廟次昭穴。」（卷三，頁九一。）

《家譜•世表》：「承安，行七，字季思，娶江陰葉氏葉樸園女，無出，以瀛五子恂嗣。生于嘉慶癸酉二月十二日，卒于道光壬辰四月二十九日，葬牛郎廟次穆穴。」（卷三，頁九一。）

《家譜•世表》：「承宇，行八，生于嘉慶乙亥十月初十日，早卒，葬京城西便門內。」（卷三，頁九一。）

孫男十：嘉樹，承寬出；受穀，承寵出，早卒，以承向（瀛）三子葆森嗣；翰清、懌、宗植、憬、憲，承向（瀛）出；棠，本承向（瀛）出，嗣承寔後；恂，承向（瀛）五子，嗣承安後。孫女五。

《家譜》：「嘉樹，行一，字萱孫，道光丁酉六月二十一日生。監生，候選縣丞軍功，保留山東候補知縣加同知銜。娶吳氏山東鄒縣知縣吳企寬女，生子四：探源、策勳、瞻漢、宗嶽；女一，未字。」（卷三，頁八七。）

《家譜•世表》：「受穀，早卒。」

《家譜•世表》：「葆森，原名怡，行三，字怡孫，道光丙申正月初八日生。河南候補布庫大使，軍功保升知縣，娶史氏庠生史丙肩女，生子三：丙燾、慶、熙。」（卷三，頁八八。）

《家譜•世表》：「翰清，行一，字開孫，道光癸未十二月十六日生。道光丙午順天舉人，候選主事，軍功，歷保知府鹽運使，銜河南候補道。娶李氏庠生李亮采女，繼吳氏水西科舉人、山東鄒縣知縣吳企寬次女。生子五：輔、諺、詒英、勝、賡；女一，適監生趙良詒，俱李出。」（卷三，頁八八。）

《家譜•世表》：「懌，行二，字申孫，道光甲申十一月十三日生。道光己酉舉人，揀發湖北知縣，捐升山東知州，歷署汶上縣東平州事，補授高唐州知州，捐升知府，改發廣東。娶湖南邵陽魏氏甲辰進士江南高郵州知州魏源女，側室阮氏。生子五：訪、濟、普，魏出；四保、廣，庶出；女一，未字，守貞，魏出。」

《家譜•世表》：「宗植，原名恪，行六，字允仲，道光壬寅十二月初一日生，候選縣丞、娶呂氏江西廬陵縣丞，賜卹雲騎尉世職呂承恩女。生子二：鏡澂、樹滋；女二，未字。」（卷三，頁九十。）

《家譜•世表》：「憬，行七，字□□，咸豐壬子五月十八日生，早卒，葬天津府西門外。」（卷三，頁九十。）

《家譜•世表》：「憲，行八，字復生，咸豐己未十月十二日生。」（卷三，頁九十。）

《家譜•世表》：「棠，原名懷，行四，字蓂季，道光戊戌閏四月十二日生。兩淮候補鹽巡檢，娶丁氏候選訓導丁嘉洛女，側室談氏，生子四：球，丁出；琳，庶出；琇，丁出；玉，庶出；琳嗣申伯後。」（卷三，頁九十。）

《家譜•世表》：「恂，又名葆楨，行五，字少魯，道光庚子五月二十三日生。候選從九品軍功保舉鹽運司知事，聘呂氏丙申進士福建巡撫呂佺孫女。」（卷三，頁九一。）

曾孫男二十二：探源、策勳、瞻漢、宗嶽，嘉樹出；丙壽、慶、

熙，葆森出；輔、諺、詒英、勝、賡，翰清出；訪、濟、普、四保、廣，懌出；鏡澂、樹滋，宗植出；球、琇、玉，棠出（琳嗣申伯後，故不計入。）曾孫女五。

《家譜・世表》：「探源，行一，字伯浚，咸豐丁巳五月十一日生。娶史氏，國學生，常州城陷殉難，旌卹入祀忠義史悠盛女。」（卷三，頁八七。）

《家譜・世表》：「策勳，行二，字仲聯，咸豐己未九月初五日生。」（卷三，頁八七。）

《家譜・世表》：「瞻漢，行三，字叔南，同治甲子十一月初五日生，聘王氏，甲辰恩科舉人，運同銜江西候補直隸州知州、萬載縣知縣王麟昌女。」（卷三，頁八八。）

《家譜・世表》：「宗嶽，行四，字季岱，同治壬申四月十七日生。」（卷三，頁八八。）

《家譜・世表》：「丙燾，行一，字耆甫，咸豐乙卯十一月二十六日生，聘崑山汪氏浙江候補知縣汪肇敏女。」（卷三，頁八八。）

《家譜・世表》：「慶，行二，字□□，同治甲子二月初六日生。」（卷三，頁八八。）

《家譜・世表》：「熙，行三，字□□，同治庚午七月十六日生。」（卷三，頁八八。）

《家譜 • 世表》：「輔，行二，字良甫，道光戊申四月二十四日生，娶趙氏監生趙曾蔭女。」（卷三，頁八八。）

《家譜 • 世表》：「諺，行三，字□□，道光庚戌七月二十日生。」（卷三，頁八八。）

《家譜 • 世表》：「詒英，行四，字竹君，咸豐癸丑五月二十五日生。」（卷三，頁八八。）

《家譜 • 世表》：「勝，行五，早卒。」（卷三，頁八九。）

《家譜 • 世表》：「賡，行六，早卒。」（卷三，頁八九。）

《家譜 • 世表》：「訪，行一，字博甫，道光戊申十一月二十八日生，娶紹興俞氏辛丑科進士、內閣學士兼禮部侍郎、河南學政俞長贊女。生子三：小庚、辰保、壽官。」（卷三，頁八九。）

《家譜 • 世表》：「濟，行二，字□□，咸豐戊午五月初六日生。」（卷三，頁九十。）

《家譜 • 世表》：「普，早卒。」（卷三，頁九十。）

《家譜 • 世表》：「四保，早卒。」（卷三，頁九十。）

《家譜 • 世表》：「廣，行五，字□□，同治壬申四月二十六日生。」（卷三，頁九十。）

《家譜 • 世表》：「鏡澂，行一，字伯涵，同治己巳三月初五日生。」（卷三，頁九十）

《家譜・世表》：「樹滋，行二，字幼培，同治癸酉三月二十九日生。」（卷三，頁九十。）

《家譜・世表》：「球，行一，字□□，同治丁卯六月初十日生。」（卷三，頁九十。）

《家譜・世表》：「琇，行三，同治己巳十一月二十七日生，早卒。」（卷三，頁九十。）

《家譜・世表》：「玉，早卒。」（卷三，頁九十。）

玄孫男三，小庚、辰保、壽官，訪出。

《家譜・世表》：「小庚，早卒。（卷三，頁八九。）

《家譜・世表》：「辰保，早卒。」（卷三，頁八九。）

《家譜・世表》：「壽官，行一，字□□，光緒丙子五月二十四日生。」（卷三，頁八九。）

案：有關劉逢祿自始祖至玄孫之世系，今據《西營劉氏家譜》，作劉逢祿先生世系表，置於卷首，請參見之。

卷二　本譜

清高宗乾隆四十一年丙申（西元一七七六）　先生一歲

六月十二日戌時，莊氏感異夢而生先生。

其季諱召揚，字卣于……即府君考也，娶禮部侍郎莊公存與之女，初殤二子，禱于都城三聖庵，感異夢而生府君。……君生于乾隆四十一年六月十二日戌時。（劉承寬〈先府君行述〉，《劉禮部集》，卷十一附，頁一、十。）

三聖祠中驗故吾余兩兒早殤，先祖母禱于都中三聖祠，生時並有夢應。，私情未報愧雛烏。（〈東魯講舍三十初度雜述八首〉之六，《劉禮部集》，卷十一，頁十九。）

逢祿，行三，字申受，又字申甫，……生于乾隆丙申六月十二日。（《家譜•世系》，卷三，頁八七。）

君生乾隆四一年九月十二日。（李兆洛《養一齋文集•禮部劉君傳》，卷十四，頁一。）

按：李兆洛言劉氏出生年月，「九月」當爲「六月」之訛。逢祿有〈閏六月三十重度時春秋釋例成題四章示諸生〉詩，自云「懸弧兩度又相催」；又承寬〈行述〉、《家譜》所錄，知李氏所云「九月」當爲「六月」之訛。

夫人潘氏生。

恭人姓潘氏，……恭人生於乾隆四十一年丙申三月二十三日辰時。（〈滎陽恭人行略〉，《劉禮部集》，卷十，頁二十七、三十。）

卣于公在官生中屢試被黜，是歲，高宗皇帝東巡泰山，循例獻賦，彭芝庭尚書取置一等，于文襄公改列二等。（〈記董文恭公遺事〉，《劉禮部集》，卷十，頁十。）

按：「彭芝庭尚書」即彭啓豐，字翰文，號芝庭，江南長洲人。授修撰，歷官兵部尚書，降兵部侍郎，休致後，復賞給尚書銜，有《芝庭文集》。（參清朱汝珍輯《詞林輯略》，卷三，頁五。）

「于文襄公」即于敏中，字重常，號耐圃，又號叔子，江南金壇人。授修撰，官至軍機大臣、文華殿大學士，諡文襄，著有《素餘堂集》。（參清朱汝珍輯《詞林輯略》，卷四，頁四。）

是年，莊存與五十八歲，朱珪四十六歲，段玉裁四十二歲，王念孫三十三歲，洪亮吉三十一歲，趙懷玉三十歲，莊述祖二十七歲，孔廣森二十五歲，孫星衍二十四歲，惲敬二十歲，劉鳳誥、張惠言十六歲，阮元、張琦十三歲，臧庸十歲，李兆洛八歲，丁履恆七歲，陸耀遹六歲，湯金釗、陸繼輅五歲，洪飴孫四歲，莊綬甲三歲，凌曙、包世臣二歲，宋翔鳳一歲。

乾隆四十二年丁酉（一七七七）　先生二歲

是年，周儀暐生。

乾隆四十三年戊戌（一七七八）　先生三歲

乾隆四十四年己亥（一七七九）　先生四歲

乾隆四十五年庚子（一七八〇）　先生五歲

乾隆四十六年辛丑（一七八一）　先生六歲

夫人潘氏甫六歲，劉卣于公見其舉止端莊而喜之，託唐鷦園致求婦意，先生與潘氏遂相攸許焉。

枰石公與先大夫性情學問至交，枰石公延唐君鷦園訓課庶弟及恭人書。唐君故先祖文定公門下士也，先大夫往過之，見恭人甫六歲，舉止端莊，頭頸中正，目有精采，託唐君致求婦意。外姑莊安人與吾母太恭人同曾祖姊妹也，適同祝余外祖母壽，因爲相攸遂許焉。（〈滎陽恭人行略〉，《劉禮部集》，卷十，頁二十七。）

是年，屠倬、周濟、徐松生。

乾隆四十七年壬寅（一七八二）　先生七歲

是年，胡培翬生。

乾隆四十八年癸卯（一七八三）　先生八歲

乾隆四十九年甲辰（一七八四）　先生九歲

是年，高宗皇帝南巡，卣于公應舉召試進冊，上親置第一，欽賜內閣中書，卣于公以山野之性，不耐奔走當途，未嘗赴補，前後多事遠游。

先舍人府君曰：「……甲辰，純皇帝南巡，舉召試進冊，純皇帝顧從臣曰：『此冊書詞大佳。』詢及家世，慨然曰：『良臣子也。試時，汝等審閱之。』是時閱江南卷者四人，爲梁文定公、朱文正公，公時爲侍郎，在朱公右，其決取舍則故相和珅也。珅得卷，非所屬意者，先視其筆誤斡補處抉去之，其無筆誤，則妄摘瑕疵，以指甲深畫之。比得余卷，將下手，董公急取之，曰：『此非上嘉其書法者乎？詩賦猶人，而謹權衡論，他卷不及也。必置第三，俟上升降之。』上果置第一，諭日：『此論冠場。』從臣皆賀，相謂曰：『軍機事繁，聞此人日試萬言，不差一字，眞良材也。』」時府君自知不能詭隨，又恐以抗得禍，乃不補官，且不試禮部而歸。（〈記董文恭公遺事〉，《劉禮部集》，卷十，頁十～十一。）

甲辰歲，應南巡召試，高宗純皇帝親置第一，謝恩日，知爲文定公少子，喜謂侍臣：「是能世其家者。」思欲大用矣。而府君自以山野之性，不耐奔走當途，乃不赴補，且不應禮部試。（〈先府君行述〉，《劉禮部集》，卷十，頁二三。）

府君自甲辰召試，欽賜內閣中書，未嘗赴補，前後多事遠游。（〈先妣事略〉，《劉禮部集》，卷十，頁二六。）

按：「梁文定公」即梁國治，字階平，一字豐山，號瑤峰，又號梅塘，浙江會稽人。授修撰，官至軍機大臣、東閣大學士，諡文定，著有《敬思堂詩集》。（參清朱汝珍輯《詞林輯略》，卷四，頁十四。）

「朱文正公」指朱珪，字石君，號南厓，晚號盤陀老人。乾隆戊辰進士，改庶吉士，授編修，官翰林侍講學士時，上「養心」、「敬身」、「勤業」、「虛己」、「致誠」五箴於藩邸，上力行且常置座右。嘉慶初，入直南書房，管戶部三庫，自是，凡國家大政，有所諮詢，皆造膝自陳，不草一疏，不沽直，不市恩，軍機大臣不相關白。官至體仁閣大學士，嘉慶十一年卒，年七十六，特諡文正。爲人清介忠正，師表人倫，上致君，下澤民；于學術，無所不通，漢儒之傳注、氣節，宋儒之性道、實踐，兼而有之，取士務以經策較四書文，誠心銳力，以求樸學，經生名士，一覽無遺，海內士心，向往悅服。著有《知足齋詩集》、《知足齋文集》。（參清阮元撰〈太傅體仁閣大學士大興朱文正公珪神道碑〉，收入《碑傳集》，卷三八，頁一～八。）劉承寬謂其府君「于先正則及見大興朱文正公」（見道光九年引）。

乾隆五十年乙巳（一七八五）　先生十歲

乾隆五十一年丙午（一七八六）　先生十一歲

母莊氏親授以《楚詞》、《文選》、唐、宋人詩，並以家學課先生。是年，從母歸省，外王父莊存與叩其所讀賈、董文章，應對如響，歎其能傳吾學也。

余幼時，先妣誨之，學必舉所聞于宗伯公經史大義以糾俗師之謬。乾隆丙午，公予告歸里，余年十一，叩其所讀賈、董文章，喜謂先妣曰：「而子可教，從何師得之？」應曰：「兒弱不好弄，塾師歲時歸舍，女自課之耳。」（〈記外王父莊宗伯公甲子次場墨卷後〉，《劉禮部集》，卷十，頁八。）

不孝逢祿年十一二歲，每當晚課畢，或塾師歲時解館，即親授以楚詞、《文選》及唐宋人詩文，曰：「家學不可廢也。」（〈先妣事略〉，《劉禮部集》，卷十，頁二十五。）

（府君）弱不好弄，每夜分，在家塾，非召不入內，既入，而莊太恭人尚口授楚詞、古詩，雖就枕不輟。年十一，嘗從母歸省，時宗伯公予告歸里，叩以所業，應對如響，歎曰：「此外孫必能傳吾學。」（劉承寬：〈先府君行述〉，《劉禮部集》，卷十一附，頁一。）

按：「宗伯公」即先生外王父莊存與，字方耕，號養恬，武進人。乾隆乙丑進士，官至禮部左侍郎。著有《彖傳論》一卷、《彖象論》一卷、《繫辭傳論附序卦傳論》二卷、《八卦觀象解》二卷、《卦氣解》一卷、《尚書既見》三卷、《尚書說》一卷、《毛詩說》四卷、《周官記》五卷、《周官說》五卷、《春秋正辭》十一卷、《春秋舉例》一卷、《春秋要指》一卷、《樂說》二卷、《四書說》一卷，統名曰《味經齋遺書》，又有《味經齋文藁》若干卷。（參清徐世昌編撰《清儒學案》，卷七三，頁一～二。）

又按：劉逢祿與外家莊氏之淵源，見諸劉氏相關文獻者，除外王父存與外，尚有從舅莊述祖（珍藝）、內兄莊綬甲、存與曾孫莊縯澍、述祖子莊循博；請參卷首所附莊存與世系簡表，此一簡表，足以明逢祿與外家莊氏之關係。

是年，汪喜孫、陳奐生。

乾隆五十二年丁未（一七八七）　先生十二歲

先生祖母自家中北上都城，勉其努力讀書，期於京城再聚。

三聖祠中驗故吾余兩兄早殤，先祖母禱于都中三聖祠，生時並有夢應。，私情未報愧雛烏；遺書尚惜勤燈火，深更讀書，祖母輒喚入內。，祖帳還期拜帝都丁未春，余方十二歲，祖母自家北上，猶云望女努力讀書，都中相聚不遠。迨壬戌入都，已棄養十四年。。賈傅能文名自達，潘郎華髮興先枯；寢園酹酒悲風動，家祚休忘獨力扶。（〈東魯講舍三十初度雜述八首〉之六，《劉禮部集》，卷十一，頁十九。）

是年，讀《左氏春秋》，疑其書法是非多失大義。

余年十二，讀《左氏春秋》，疑其書法是非多失大義。繼讀《公羊》及董子書，乃恍然於《春秋》非記事之書，不必待《左氏》而明。左氏爲戰國時人，故其書終三家分晉，而續經乃劉歆妄作也。（《左氏春秋考證》，卷一二九四，頁一。）

乾隆五十三年戊申（一七八八）　先生十三歲

是年，十三經及周、秦古籍皆畢。嘗讀《漢書•董江都傳》而慕之，乃求得《春秋繁露》，益知爲七十子微言大義，遂發憤研《公羊傳》、何氏《解詁》，不數月，盡通其條例。（劉承寬：〈先府君行述〉，《劉禮部集》，卷十一附，頁一。）

是年，薛傳均生。先生外王父莊存與卒。

乾隆五十四年己酉（一七八九）　先生十四歲

是年，陽湖陸繼輅家計日益困乏，不能延師家塾，陸母命繼輅就讀舅氏莊樂閒家，問學於莊達甫，時同學者有洪孟慈、董恒善、董敏善、謝迴；又始及兄子陸耀遹與惲秉恬、孫讓、張惠言、張與權、祝百十、祝百五、吳廷嶽、吳德旋、莊曾儀、丁履恆、李兆洛、周儀暐定交，登堂拜見陸母。（陸繼輅〈先太孺人年譜〉，《崇百藥齋文集》，卷二十，頁九～十。）

乾隆五十五年庚戌（一七九〇） 先生十五歲

是年，先生治《公羊春秋》條列之學。舅氏莊珍藝爲言《夏時》之等，文約而旨無窮，與《春秋》相表裡，出所箸《夏時說義》初本，讀之。（劉逢祿撰：〈夏時等列說〉，《劉禮部集》，卷二，頁十六。）

按：莊述祖（一七五〇～一八一六），字葆琛，所居室曰珍藝宧，學者稱珍藝先生。述祖十歲而孤，時世父莊存與於五經皆有論說，述祖取法焉。乾隆四十五年庚子成進士，歷官山東昌樂縣、濰縣知縣、曹州府桃源同知，嘉慶二年七月於同知任內呈請終養，自是著書色養者十六年，卒於二十一年。所著有《尚書古今文授讀》四卷、《尚書記章句》一卷、《尚書古今文考證》一卷、《尚書雜義》一卷、校《尚書大傳》三卷、校《逸周書》十卷、《書序說義考注》二卷、《毛詩授讀》三十卷、《毛詩口義》三卷、《毛詩考證》四卷、《詩記長編》一卷、《樂記廣義》一卷、《左傳補注》一卷、《穀梁考異》二卷、《五經小學述》一卷、《五經疑義》一卷、《特牲饋食禮節記》一卷、《論語集解別記》二卷、《明堂陰陽夏小正經傳考釋》十一卷、《明堂陰陽記長編》十卷、《古文甲乙篇》四卷、《甲乙篇偏旁條例》二十五卷、《說文古籀疏證》二十五卷、《說文諧聲考》一卷、《說文轉注》二十卷、《鍾鼎彝器釋文》一卷、《石鼓然疑》一卷、《聲字類苑》一卷、《弟子職集解》一卷，校正《列女傳凡首》一卷、校正《白虎通別錄》三卷、《史記決疑》五卷、《天官書補考》一卷、校定《孔子世家》一卷、《歷代載籍足證錄》一卷、《漢鐃歌句解》一卷、《詩集》三卷、《文集》四卷。（參清宋翔鳳撰〈莊珍藝先生行狀〉，《樸學齋文錄》，卷三，頁十六～十八；李兆洛〈莊珍藝先生傳〉，《養一齋文集》，卷十三，頁五～六。）

乾隆五十六年辛亥（一七九一） 先生十六歲

是年，董方立生。

乾隆五十七年壬子（一七九二） 先生十七歲

是年，龔自珍生。

乾隆五十八年癸丑（一七九三） 先生十八歲

先生補府學生。（劉承寬：〈先府君行述〉，《劉禮部集》，卷十一附，頁一。）

與莊綬甲往謁陽湖陸繼輅之母，陸母一見，許爲益友，並勉陸氏勤相過從。

> 五十八年癸丑，五十九歲。是年不孝(廣慶案：指陸繼輅。)補陽湖縣學生員，同案莊綬甲卿珊、劉逢祿申甫尤嗜學，來謁太孺人，太孺人一見許爲益友，命不孝勤相過從。（陸繼輅撰：〈先太孺人年譜〉，《崇百藥齋文集》，卷二十，頁十。）

案：陸繼輅（一七七二～一八三四），字祁孫，一字季木，又字脩平居士，陽湖人。讀書夙成，文彩四照，肆力於詩，清溫多風，如其人也。姪耀遹，亦有名於時，世稱二陸。嘉慶五年庚申舉人，丁丑，以大挑二等選合肥縣儒學訓導，後以勞議授江西貴溪縣知縣，在官三年，以疾乞休。生乾隆三十七年壬辰十一月二十六日，卒道光十四年甲午六月二十三日，年六十三。著有《崇百藥齋詩文集》并札記五十餘卷。（參清李兆洛撰〈貴溪縣知縣陸君墓誌銘〉，《養一齋文集》，卷十一，頁十四；清吳育撰

〈陸祁生墓謁〉，《私艾齋文集》，卷三，頁二十～二二。）

莊綬甲（一七七四～一八二八），字卿珊，常州武進人，存與孫也。少受業於從父述祖，日從講論，盡通存與《公羊春秋》、《毛詩》、《周官》之學，而於《尚書》尤精。既負敏達之資，思兼綜素業，通匯條流，又承師論交，博訪孤詣，與同郡張皋文、丁若士、劉申受、宋于廷、董晉卿諸子，無不朝夕研詠，上下其議論。於經義無不窺，有所得輒箚記之，往往具精詣。以附監生攷取州吏目。研精校尋存與所著書，於未刻者，次第付梓；已刻者，補續未備；每一書竟，即探求旨趣，附記簡末，條理秩然可觀。惜乎僅竟三書，遽屬疾不起。生乾隆甲午九月二十八日，卒道光戊子十二月二十三日，年五十有五。配劉，即申受從女兄，著有《尚書考異》、《釋書名》、《遷攷格》、《拾遺補藝齋詩文集》。（參李兆洛撰〈附監生考取州吏目莊君行狀〉，《養一齋文集》，卷十二，頁三一～三三；《毘陵莊氏族譜》，卷二五下志著述，頁十。）

迨于公將爲先生授室，適枰石公卒。

乾隆癸丑，先大夫歸自秦中時，余方入學，將爲授室，適枰石公遘危疾，恭人刲左肱和湯藥以進，卒不起。（〈滎陽恭人行略〉，《劉禮部集》，卷十，頁二七。）

乾隆五十九年甲寅（一七九四）　先生十九歲

是年，魏源生。

乾隆六十年乙卯（一七九五）　先生二十歲

夫人潘氏來歸。

恭人……服除來歸。（〈滎陽恭人行略〉，《劉禮部集》，卷十，頁二七。）

通《春秋》褒貶損諱之義。

弱冠通《春秋》，深刺在盈諱。（〈谷風〉，《劉禮部集》，卷十一，頁四。）

用今韻作〈招隱〉。（《劉禮部集》，卷一，頁三九～四五。）

先生自弱冠時，讀汪容甫之書，歎其能合鄭（玄）、許（愼）、揚（雄）、班（固）、韓（愈）、柳（宗元）爲一人，江左文學于斯爲盛。既見其箸書，繹其爲人，蓋古之狂狷人也。不爲世所好，又蹇其遇，益自奮發踔厲，于經史百家之書，鉤稽考核，悉衷一是。（〈禮堂授經圖記〉，《劉禮部集》，卷十，頁七。）

嘉慶元年丙辰（一七九六）　先生二十一歲

九月，冢子承寬生。

嘉慶丙辰，生承寬。（〈滎陽恭人行略〉，《劉禮部集》，卷十，頁二七。）

承寬，……生于丙辰九月二十九日。（《家譜•世表》，卷三，頁八七～八八。）

十一月，作《穀梁廢疾申何》二卷，用申何休《穀梁廢疾》之說，並難鄭玄之《起廢疾》。

敍曰：「穀梁氏之世系微矣。楊士勛云：「名淑，字元始，魯人，一名赤，受經于子夏。」鄭元《六藝論》云：「親受子夏。」應劭《風俗通》云：「子夏門人。」魏麋信云：「與秦孝公同時。」桓譚《新論》云：「《左氏傳》世遭戰國寢藏，後百餘年，穀梁赤爲《春秋》殘略，多所違失。」謹按：穀梁子之受業子夏不可考，名俶、名赤，蓋如公羊氏家世，相傳非一人也。其著竹帛，當在孫卿、申公之時。麋信以爲與孝公同時，見所引有尸子說也；桓譚以事說經，其言不足信；孫卿書多《穀梁》說，蓋《穀梁》不傳託王諸例，非微言口授，故可先著錄也。漢孝武時，瑕邱江公受之魯申公，上使與董仲舒議，卒用董絀江；《漢書》：「仲舒能持論，江公訥于口。」然後漢何邵公亦訥于口，而能著書傳于今，其賢遠矣。范甯序云：「《公羊》有何、嚴之訓。」註中多采何氏而嚴氏無一存者，蓋何君能以胡毋之例正嚴、顏之謬也。孝宣以衛太子好《穀梁》，愍其學且廢，乃立學官博士。東漢之世，傳者絕少。〈隋•經籍志〉有段肅注十四卷，惠徵士棟據〈班固傳〉注以爲即宏農功曹吏殷肅，然〈儒林傳〉不載，又無治《穀梁》者。竊嘗以爲：《春秋》微言大義，《魯論》諸子皆得聞之，而子游、子思、孟子著其綱，其不可顯言者，屬子夏口授之，公羊氏五傳始著竹帛者也。然向微溫城董君、齊胡毋生及任城何邵公三君子同道相繼，則〈禮運〉、〈中庸〉、《孟子》所述聖人之志、王者之迹，或幾乎息矣。穀梁子不傳建五始、通三統、張三世、異內外諸大旨，蓋其始即夫子所云：中人以上，不可語上者。而其日月之例、災變之說、進退予奪之法，多有出入，固無足怪；玩經文，存典禮，足爲公羊氏拾遺補闕十不得二三焉。其辭同而不推其類焉者，又何足算也；兼之經本錯迕，俗師埘益，起應失指，條列乖舛，信如何氏《廢疾》，有不可強起者。余采擇美善，作《春秋通義》及《解詁箋釋》，因申何氏《廢疾》之說，難鄭君之所起，覃思五日，綴成二卷，藩籬未決，區蓋不言，非敢黨同，微明法守，世有達士，霍然起之，亦有樂焉。嘉慶元年冬十有一月壬寅朔武進劉逢祿纂。」（《穀梁廢疾申何、敘》，台北、漢京文化事業公司重編皇清經解本，卷一二九二，頁一。）

按：《西營劉氏清芬錄》第一集載：李兆洛養一齋校刊本，「其《申膏肓》、《廣膏肓》、《申廢疾》、《廣廢疾》各一卷，即總序《申何難鄭》四卷是也。」（〈文稿內篇〉，頁二二。）李氏校刊本《申廢疾》、《廣廢疾》各一卷，與今《皇清經解》庚申本之《穀梁廢疾申何》二卷異名。孫海波〈書劉禮部遺書後〉記其所見版本有：經解本、太清廔本、養一齋本（有刪增），今《經解》本之體例，上卷凡四十條，先節引傳文及何氏《廢疾》，並鄭玄釋《廢疾》於前，後則自題「難曰」，爲難鄭之詞；下卷凡百五十一條，衹節引傳文，皆《廢疾》所不具，先生自爲摘出而申之，間及范甯注，後則自題「申曰」，因申何氏之義。至於太清廔本、養一齋本則未見。

讀汪容甫《述學》，許其爲儒家雋才。

嘉慶初，余讀儀徵阮侍郎《敘錄》書，內有《述學》一編，汪容甫先生所撰述也。其學綜周、秦、兩漢而深通其條貫，其文兼漢、魏、六朝，下止中唐，而不苟爲炳炳麟麟，淵淵乎文有其質，儒家之雋才也。先生嘗紬校文宗、文瀾二閣全書，繩愆糾繆不下數百萬言，又嘗標舉國初以來大儒七人、通人十九，以詔後學，其自命蓋司馬遷、劉向、揚雄之儔。（〈汪容甫遺書序〉），《劉禮部集》，卷十，頁一。）

嘉慶二年丁巳（一七九七） 先生二十二歲

十月，從母舅莊述祖自濟南乞養奉母回籍，先生始從問《尚書》今古文家法、流別及二十八篇敘義、《夏時》等例、六書古籀之學，大稱善，莊氏謂「劉甥可師」。時莊氏有意治《公羊》，遂輟業。

嘉慶初，先生歸自泲南，余始從問《尚書》今古文家法及二十八篇敘義，析疑賞奇，每發神解。（《尚書今古文集解、自序》，頁一。）

少得西安程氏所搴漢石經，……後從舅氏莊先生治經，始知兩漢古文今文流別。（〈跋杜禮部所藏漢石經後〉，《劉禮部集》，卷九，頁二十。）

從舅莊先生述祖自濟南乞養歸，與語群經家法，大稱善。時莊先生有意治《公羊》，遂輟業。府君復從受《夏時》等例及六書古籀之學，盡得其傳，學益進。莊先生嘗曰：「吾諸甥中，若劉甥可師，若宋甥可友也。」（劉承寬〈先府君行述〉，《劉禮部集》，卷十一附，頁一。）

按：先生從莊氏受學之年，《尚書今古文集解、序》云：「嘉慶初，先生（廣慶按：指莊述祖。）歸自泲南。」時間不明確；劉承寬〈先府君行述〉云：「年十有八，補府學生；踰年，從舅莊先生述祖自濟南乞養歸，與語群經家法。」若依承寬所述，則先生於乾隆五十九年甲寅（一七九四），年十九從學於莊氏；惟據莊述祖撰〈先妣彭恭人行述〉，「嘉慶二年七月十五日」，莊氏於曹州府「同知任內詳請終養」，「九月，不孝奉吾母南歸；十月抵家。」（《珍藝宧文鈔》，卷七，頁十四。）又據宋翔鳳〈莊珍藝先生行狀〉云：「嘉慶丁巳歲，奉彭恭人歸里，色養著書，未嘗一日離左右。」（《樸學齋文錄》，卷三，頁十六。）則知莊氏歸自濟南，返抵里門，在是年十月，先生及門所受諸課，當在十月之後，故暫繫於此時。

又按：有關莊述祖有意治《公羊》一事，莊氏於〈夏小正音讀考序〉、《夏時明堂陰陽經》以何休《公羊解詁》三科條例，隱括《夏時》大正、小正、王事三等，謂此三等猶《春秋》之義；又劉逢祿《穀梁廢疾申何》：

> 傳曰：「言伐言取，所惡也。諸侯相伐取地于是始，故謹而志之。」
>
> 申曰：「昔嘗以爲，《穀梁》者，公羊氏之餘緒，長于《公羊》者十之一，同于《公羊》者十之二三，所謂拾遺補藝者也。莊子曰名述祖，余從母舅，《詩》、《書》、夏時義例、五經小學，多從受之。：『此《公羊》義，而稱「傳曰」，是其證矣。』」

《公羊傳》隱公四年。「（春王二月，莒人伐杞，取牟婁。）牟婁者何？杞之邑也。外取邑不書，此何以書？疾始取邑也。」《公》、《穀》咸以《春秋》外取邑不志，今志之者，深疾其爲春秋以來取地之始。莊氏以《穀梁》桓公四年引「傳曰」，而義同《公羊》，以證《穀梁》拾《公羊》義。先生取莊氏之說用申己意。又宋翔鳳《四書釋地辨證、上》（《浮溪精舍叢書十三種》本）嘗考陳轅濤塗東方觀兵，於東夷循海而歸之說，引「舅氏莊葆琛先生評」，述祖引《左氏》、《公羊》考之，謂「《公羊》爲得其實也。下師行糧食及爲諸侯憂，即《公羊》師不正之義，此解確不可易。」（頁五～六）此亦可證述祖於三傳有所深造自得、略有考辨，而爲劉、宋二人所取焉。是承寬言莊氏有意治《公羊》，此可徵也。

嘉慶三年戊午（一七九八）　先生二十三歲

五月三日，次子承寵生。

承寵以嘉慶三年五月三日子時生，其母夢日旁有雲霞氣如冠帔狀，僉曰：「此貴徵也。」俄頃而生。（〈次子承寵壙記〉，《劉禮部集》，卷十，頁三一。）

五月，生承寵。（〈滎陽恭人行略〉，《劉禮部集》，卷十，頁二七。）

冬，先生以舅氏莊述祖所著《夏小正經傳考釋》、《注補夏小正等例》，《夏小正等例文句音義》等書，多至數十萬言，慮學者不能盡讀，乃撮其大要，爲箋一卷，用申引而不發之旨，並附〈夏時等例表〉。

昔夫子有言：「我欲觀夏道，是故之杞，而不足徵也，吾得《夏時》焉。」又曰：「〈坤〉、〈乾〉之義，《夏時》之等，吾以是觀之。」史遷亦曰：「孔子正《夏時》，學者多傳《夏小正》」云。余年十有五，治《公羊春秋》條列之學，舅氏莊珍蓺先生爲言《夏時》之等，文約而旨無窮，與《春秋》相表裏，出所箸《説義》初本，讀之。觀其論制禮作樂之原，三統内外之辨，治秝明時之道，庶虞汁月之徵，郊禘視學之典，王宮民居之制，務農種桑之事，土宜土均之法，憂旱備潦之誼，嫁子取婦之節，養老送死之要，王馬國馬之則，蒐苗獮狩之令，偃武措刑之德，尊卑上下之別，改火救疾之政，涪化昆蟲之則，善善惡惡之旨，扶陽抑陰之義。愼始敬終之戒，富矣哉！洵太平之正經也。由是以知《春秋》改周之正，行夏之時，百世莫之能違者。夫子以告顏子，溫城董君亦云：「損文用忠，變文從質，三王之道若循環也。」莊氏所箸《考釋》、《注補》、《音義》等書，多至數十萬言，慮學者不能盡讀，嘉慶三年，冬日多暇，撮其大要，爲箋一卷，用申引而不發之旨。成學治古文者童而習之，條理五經，庶幾得隱括就繩墨焉。（〈夏時等列說敍〉，《劉禮部集》，卷二，頁十六。）

按：劉承寬〈先府君行述〉、《西營劉氏清芬錄》據《武進陽湖縣志》作《夏時經傳箋》一卷（《劉禮部集》，卷十一附，頁五；《西營劉氏清芬錄》第一集，〈文稿內篇〉，頁二一。），今《劉禮部集》著錄作《夏時等列說》。

嘉慶四年己未（一七九九） 先生二十四歲

陽湖洪亮吉力陳時政數千言，以言語過激，得罪聖聽而革職，發往伊犁。先生賦〈秋海棠寄洪稚存丈于伊犁〉七首，茲略錄一二：

斷腸猶自當春看，庭院秋深倚畫闌；欲向東籬尋伴侶，晚香依舊耐霜寒。昨夜西風昨夜霜，莫教檻外損孤芳；自含秋思無人問，一片紅雲墮夕陽。（《劉禮部集》，卷十一，頁二一～二二。）

按：洪亮吉（一七四六～一八〇九），字君直，一字稚存，晚號更生居士，陽湖人。乾隆庚戌進士，嘉慶四年充實錄館纂修官。上〈乞假將歸留別成親王極言時政啓〉，冀其轉達聖聽，成親王以原書進呈，大旨謂聖躬宜勤政遠佞，臣工多奔競營私。語過激，擬斬立決，特恩免死，八月二十七日，發往伊犁，交將軍保寧嚴加管束，五年始抵伊犁保寧將軍府衙，閏四月三十奉諭回籍；十四年，以疾卒於家，年六十四。著有《春秋左傳詁》十卷、《比雅》十二卷、《六書轉注錄》八卷、《漢魏音四卷》、《乾隆府廳州縣圖志》五十卷、《三國疆域志》二卷、《東晉十六國疆域志》六卷、詩文集若干卷等，經傳訓詁、地理沿革，尤所專門。（參清趙懷玉〈奉直大夫翰林院編修洪君亮吉墓誌銘〉、惲敬〈前翰林院編修洪君遺事述〉，收入《碑傳集》，卷五一，頁一～五；林逸編著《清洪北江先生亮吉年譜》。）

又按：先生賦詩有「悲秋情緒畫難工」語，殆即作於己未年秋，洪氏出都門之際，故暫繫此年。

宋翔鳳母爲莊述祖女弟，是年歸寧，命翔鳳留常州，述祖教以讀書稽古之道，家法緒論得聞其略，嘗云：「吾諸甥中，劉申受可以爲師，宋虞廷可以爲友。」（宋翔鳳〈莊珍藝先生行狀〉，《樸學齋文錄》，卷三，頁十七。）

按：宋翔鳳（一七七六～一八六〇），字于庭，長洲人。嘉慶庚申舉人，官湖南新寧縣知縣，以老乞歸。咸豐己未，重宴鹿鳴，加知府銜，十年卒，年八十五。宋氏通訓詁名物，志在西漢家法，微言大義得莊氏眞傳。著有《論語說義》十卷、《論語鄭注》二卷、《孟子趙注補正》六卷、《孟子劉熙注》一卷、《小爾雅訓纂》六卷、《周易考異》二卷、《卦氣解》一卷、《尙書略說》一卷、《尙書譜》一卷、《大學古義說》二卷、《四書釋地辨證》二卷、《爾雅釋服》一卷、《五經要義》一卷、《五經通義》一卷、《過庭錄》十六卷及《論語發微》、《經問》、《樸學齋札記》，統名曰《浮溪精舍叢書》。（參清徐世昌撰《清儒學案．宋翔鳳小傳》，卷七五，頁二八～二九。）

嘉慶五年庚申（一八〇〇）　先生二十五歲

是年，學使錢公賞其文，以廩生拔貢，時與同邑李申耆先生齊名，號常州二申。（劉承寬：〈先府君行述〉，《劉禮部集》，卷十一附，頁一～二。）

卣于公主山東省城講席，諸生中有經明行修者，雖貧乏，必進而飲食之；其有安于惰游者，雖豐其館穀，必卻之。與當事往還，匡其不及，不干以私。（劉逢祿：〈先府君行述〉，《劉禮部集》，卷十，頁二十四。）

是年，何紹基、徐有壬生。

嘉慶六年辛酉（一八〇一）　先生二十六歲

四月，三子承向生。夫人潘氏俱自乳哺，兒偶染疾，夏夜常左右抱之，膝行帳中，其困苦有非筆所能宣者。（〈滎陽恭人行略〉，《劉禮部集》，卷十，頁二七。）

先生選爲拔貢生。（劉逢祿〈先府君行述〉，《劉禮部集》，卷十，頁二四。）結識裘元善。

相逢辛酉歲，投契各歡然。（〈哭裘春洲同年〉，《劉禮部集》，卷十一，頁十八。）

按：裘元善，字葆初，號春洲，江西新建人。（參清朱汝珍輯《詞林輯略》，卷五，頁二六。）

嘉慶七年壬戌（一八〇二）　先生二十七歲

以拔貢生入都應朝考，時王父劉綸、二伯父劉躍雲故舊遍京師，先生閉戶讀書，不事干謁，初試一等三名，覆試被黜，董誥惋惜之，二伯父歸，述董誥知己之感及兩代交誼之情。

憶壬戌歲，逢祿以拔貢生應朝考，列一等三名，及覆試被黜，比折卷，公（廣慶案：指董誥。）大惋，詫曰：「此吾師文定公孫也，才又雋，奈何？」先少司馬青垣府君語之曰：「吾家教子弟以閉户讀書，不事干謁，得失命也。」歸述公知己之感，且語逢祿曰：「富陽董文恪公，先文定公道義交也。乾隆庚辰鄉試，文定公與介野園少宰典試事，時官生多磨厲爲文，發策決科者，輿論十不失一二。有同考官某素識公名，得一卷，呈介公，介公不取，某曰：『觀其詞采富麗，必董公子也。』介公大怒，曰：『科場法至嚴肅，果爾即奏聞。』先文定公爲寬解，乃悉取官卷付介公去取，官生卷之盡呈主試，自是始比揭曉。文恪公聞其事，退朝即率公踵門謝命稱弟子，故公師文定公云。」（〈記董文恭公遺事〉，《劉禮部集》，卷十，頁十。）

年二十有七，入都朝考，時文定公及伯父侍郎公故舊徧京師，府君閉户不往，初試一等第三，復試竟下第。（劉承寬〈先府君行述〉，《劉禮部集》，卷十一附，頁二。）

按：「公大惋」之「公」指董誥（一七四〇～一八一八），字雅倫，號蔗林，浙江富陽人，董邦達子。乾隆二十八年進士，散館授編修，擢內閣學士後，凡閱殿試朝考、並御試翰詹及考試差卷，皆與焉，官至軍機大臣、太保大學士，卒於嘉慶二十三年十月，諡文恭。（參清國史館原編《清史列傳》，卷二八〈董誥〉，頁一～三；清朱汝珍輯《詞林輯略》，卷四，頁二八。）

「先少司馬青垣府君」，申受之二伯父劉躍雲也。劉氏諱躍雲（一七三六～一八〇八），字服先，號青垣，武進人，劉綸仲子也。乾隆三十一年丙戌（一七六六）進士，殿試一甲三名，官至兵部左侍郎。四十五年庚子（一七八〇）扈蹕，南巡中途，有欲以金爲饋，避之，使不得見，曰：「吾父以廉介受主知，不敢改家風也。」視江西學時，公愼自持，不與地方一事，及滿，囊橐蕭然。詩宗白居易、蘇軾，文好歸有光，著有《貽拙齋詩文集》若干卷，生乾隆元年十二月二十二日，卒嘉慶十三年十月初五日，春秋七十有三。（參清趙懷玉撰〈誥授光祿大夫經筵講官兵部左侍郎劉君墓誌銘〉，收入《西營劉氏家譜》，卷九誌銘，頁七八～八二。）

「富陽董文恪公」即董邦達（一六九九～一七六九），字孚存，號東山，浙江富陽人。雍正十一年進士，官至禮部尚書，卒於乾隆三十四年七月，謚文恪。（參清國史館原編《清史列傳》，卷二十〈董邦達〉，頁二～三；清朱汝珍輯《詞林輯略》，卷三，頁十。）

介野園即介福佟佳氏，字受茲，號景菴，又號野園，鑲黃旗滿洲人。雍正十一年進士，散館授檢討，嘗四主會試、四主鄉試，其他殿廷衡文不可枚舉，官至禮部侍郎，卒於乾隆二十七年五月。（參清李桓輯《國朝耆獻類徵初編》引國史館本傳、陳康棋紀聞，卷四二，頁二三～二五；清朱汝珍《詞林輯略》，卷三，頁十二。）

始識張惠言于都門，與談《禮》學，後旋省親于山東書院而歸。

憶昔初入都，姝子守金閨；問禮喜得師，良友如壎篪；童烏能問字，神駿生渥洼。……壬戌之春，見茗柯先生，談《禮》經最樂，時董晉卿在甥館，江安甫已沒，彥惟幼稚也。（〈歲莫懷人雜詩十六章〉之九，《劉禮部集》，卷十一，頁十三。）

始識張先生惠言于都，與譚《周易》、三《禮》之學，旋省親于山東書院而歸。（劉承寬〈先府君行述〉，《劉禮部集》，卷十一附，頁二。）

按：張惠言（一七六一～一八〇二），字皋文，一字皋聞，號茗柯，武進人。嘉慶四年己未進士，改庶吉士，充實錄館纂修；六年，散館授編修；七年，以疾卒，距其生於乾隆二十六年，得年四十有二。惠言修學立行，敦禮自守，人皆敬之。少為辭賦，嘗擬司馬相如、揚雄之文；及壯，為文效韓愈、歐陽修；尤深《易》、《禮》，《易》主虞翻，《禮》主鄭玄，著有《周易虞事》九卷、《虞氏消息》二卷、《虞氏易禮》二卷、《虞氏易事》二卷、《虞氏易候》一卷、《虞氏易言》二卷、《周易鄭氏義》三卷。《周易荀氏家義》一卷、《周易鄭荀義》三卷、《易義別錄》十四卷、《易圖修辨》二卷、《易緯略義》三卷、《儀禮圖》六卷、《讀儀禮記》二卷、《茗柯文》集；又《說文諧聲譜》未竟，其子成孫續成之；《詞選》二卷，詞章家奉為圭皋焉。（參清惲敬撰〈張皋文墓誌銘〉，《大雲山房稿》初集卷四，頁二三～二五；清阮元撰〈張惠言傳〉，收入清錢儀吉纂錄《碑傳集》，卷一三五，頁一～二；清吳德旋撰〈張惠言述〉，收入清李桓輯《國朝耆獻類徵初編》，卷一三一，頁三九～四十。）

董士錫（一七八二～一八三一），字晉卿，一字損甫，武進人。副榜貢生，候選直隸州州判。母張氏，皋文、宛鄰之姐。董氏年十六，從其兩舅氏遊，皋文以文學伏一世，君承其指授，為古文、賦詩詞，皆精妙，又受虞仲翔《易》義、《禮》鄭氏學。以家貧遊幕四方，又歷主講通州紫琅書院、揚州廣陵書院、泰州書院講席，雖期以經術文章志於世用，然卒不得志，終以瘤敗而卒，年五十。所著有《齊物論齋集》、《賦》二卷、《文》六卷、《家譜》一卷、《詩》八卷、《詞》三卷、《外編》三卷，《遁甲因是錄》二卷；未成者，〈遯甲通變〉、〈形氣正宗賦〉。（參清吳育撰〈董晉卿傳〉，《私艾齋文集》，卷五，頁三五～三七；清吳德旋撰〈晉卿董君傳〉，收入清繆荃孫纂錄《續碑傳集》，卷七七，頁十～十一。）此以晉卿共習張氏學，故詩言「良友如壎篪」。

江承之，字安甫，歙縣人。從茗柯學，受鄭氏《禮記》，旁及鄭氏他書、先漢諸儒說，更受《儀禮》，未竟，於嘉慶五年正月病卒，年甫十八。茗柯檢其錄，《周易爻義》、《儀禮名物》皆無書；已具未就者有《鄭氏詩譜》、《虞氏易變表》。（參清張惠言撰〈江安甫葬銘〉、董士錫〈江承之傳〉，《碑傳集補》，卷四十，頁二二～二三。）

張成孫，字彥惟，茗柯子，國子監生。幼從父受《說文》形聲之學，嘗續成其父《說文諧聲譜》未竟之志，卷第篇例，多所增益，凡五十卷，所增者十之五；又與同縣董方立几席共治經史、曆算之學，于經精《禮》，能繼其父志，有《端盧勉一居文集》。（參清張成孫撰〈說文諧聲譜自序〉，收入《清儒學案》，卷一一七，頁二八～三二；張成孫撰〈董方立遺書序〉，《董方立遺書》，頁一～二。）此詩以「神駿」喻皐文，「渥洼」比彥惟，而據彥惟〈說文諧聲譜自序〉云：「成孫年十三歲，除既息學，先君子于鐙前授以許書，夕課二十字，令背誦而默寫，分六書譜之。」則童烏問字者，蓋指其初識《說文》形聲之義也。

六月，張惠言以疾卒，所撰《虞氏易言》二卷，自〈震〉以下十四卦未成，其甥董士錫以先生言《易》主虞氏義，於張氏若合符節，屬爲補完之；十月，先生撰成〈虞氏易言補〉。

右張皐文先生述《易言》二卷，自〈震〉以下十四卦未成而先生沒，其甥董士錫學于先生，以余言《易》主虞仲翔氏，于先生言若合符節，屬爲補完之。先生善守師法，懼言虞氏者執其象變，失其指歸，故引伸〈文言〉舉隅之例，一正魏晉以後儒者望文生義之失，于諸箸述爲最精。祿學識淺陋，又未嘗奉教先生，僅僅窮數日之力，以先生所爲《易》說，竟其條貫，而爲此稍爲疏通證明之，庶于師法少所出入。其于先生之意，有合有否，則不敢信焉爾。嘉慶七年冬十月，劉逢祿并記。（〈虞氏易言後記〉，《虞氏易言補》。）

按：此據李兆洛養一齋校刊本，書名題曰《虞氏易言補》，〈後記〉并載補完之年月，養一齋本見收於《虞氏易言》（《張皋文箋易詮全集十六種》五十七卷本，清嘉慶至道光間刊本。）之後，書口由上至下鐫有「皇朝經解」、「虞氏易言補」、「養一齋校刊本」字樣。今《劉禮部集》則題作〈易言篇〉，〈後記〉則無「嘉慶」以下十二字。養一齋本補完之形式與《劉禮部集》亦小異，養一齋本直引卦爻辭而疏通發明之，如「〈既濟〉：亨，小利貞，初吉終亂。……」，《劉禮部集》以問答形式出之，作「〈既濟〉：亨，小利貞，初吉終亂何？曰：……。」

嘉慶八年癸亥（一八〇三）　先生二十八歲

先生繕錄七經中睿斷之文，裁正四子書典故之說，成《四書是訓》十五卷，簡末有江蘇學政平恕後記。

吾師大學士劉文定公孫拔貢生逢祿，以文獻舊傳服習彝訓，以爲四子之書靡不該備，七經之理皆入寰内，研尋七經，或才力之未勝，問以四書，則童蒙而成誦，謹用繕錄七經中睿斷之文，裁正四子書典故之説，依乎章次，綜以義類，……。書成見示，善其究心經術，闡揚聖訓，遂付剞劂，《書》曰：「是彝是訓，于帝其訓。」謹取經語，用識編言。爰題曰《四書是訓》。……嘉慶八年七月户部左侍郎江蘇提督學政平恕謹記。（平恕：《四書是訓•後記》，頁一～二。）

按：平恕，字寬夫，浙江山陰人。乾隆三十七年壬辰進士，嘉慶三年擢內客學士兼禮部侍郎充江南鄉試正考官，旋授江蘇學政；四年六月因馬照事解任，以侍講學士降補；六年七月，復任江蘇學政，官至戶部左侍郎兼江蘇學政。著有《春書屋詩集》。（參清李桓輯《國朝耆獻類徵初編》，卷一〇一，頁二十～二一；清朱汝珍輯《詞林輯略》，卷四，頁三四。）

又按：是編見收於清劉世珩輯《聚學軒叢書》六十種本，先生未有序文，平恕〈後記〉作於是年七月，則是書當成於七月以前，今暫據〈後記〉時間繫於此年。又是書卷首書目大書《御纂周易折中》、《欽定書經傳說彙纂》、《欽定詩經傳說彙纂》、《欽定春秋傳說彙纂》、《欽定三禮義疏》、《御纂周易述義》、《御纂書義折中》、《御纂春秋直解》，江瀚以為「其書蓋藉以逢時，無關著述，……頗有挾天子以令諸侯之意。逢祿承其外祖莊存與之學，存與因當時人人詆《古文尚書》，遂著《尚書既見》以圖翻案，欲翻案而不能，則藉口於上書房講授以為說，逢祿或師其智，然而陋矣。」（〈四書是訓十五卷提要〉，《續修四庫全書總目提要（經部）》，頁九八一。）先生著述之旨，是否如江氏所言，藉以逢時，不得知之，姑錄於此，以備一說。

八月十三戌時，卣于公卒，先生聞訃奔喪，至濟南扶櫬歸里，恐廢先人行事不著，乃撰〈先府君行述〉，以誌其事親、宦遊、詩文之大略。（文見譜前「父召揚」部分。）

癸亥八月，先大夫疾終泲南，訃至，恭人方娠，大慟欲絕，猶忍泣勸慰太恭人，助余料理奔喪扶殯諸事，忘其有身也。（〈滎陽恭人行略〉，《劉禮部集》，卷十，頁二七。）

年二十有七，……踰年秋，聞訃奔喪，至濟南扶櫬歸里，貧，不克舉喪。（劉承寬〈先府君行述〉，《劉禮部集》，卷十一附，頁二。）

宋翔鳳過武進縣，憶與先生、莊綬甲兩外兄平常里巷旦夕過從、論道析疑之情景，而今綬甲遊於閩海，先生則奔喪於濟南，翔鳳亦將啓程赴黔，「此日天涯各苦辛」，因作〈常州懷莊四綬甲劉六逢祿兩外兄〉。

我來惆悵蘭陵道，官柳初殘雁飛早；酒熟何曾一醉酡，風多直欲成潦倒。我愛莊周意最眞，傳經劉向更無倫；尋常里巷過從慣，此日天涯各苦辛。莊生橐筆遊閩海，海外詩成鬢應改；波濤滿眼自棲遲，文字依人足慷慨。劉郎重繭走山東，垂白高堂憶朔風，舟行聞阻黃河決，涕淚麻衣路竟窮。如此飄零更何已，我復蕭條行萬里；雲樹今年冷客袍，江湖何處逢知己。楓落扁舟歲序侵，寒山寂歷寒江深，幾番鴻雁聞遙夜，各抱明明一寸心。（《憶山堂詩錄》，卷三，頁一～二。）

嘉慶九年甲子（一八〇四）　先生二十九歲

正月五日，四子承晏生。其舊氏潘黼堂適于是年元日生女，遂締姻焉。（〈四子承宴壙記〉，見《劉禮部集》，卷十，頁三三。）

是年，包世臣作〈述學一首示十九弟寄懷嘉慶甲子〉，言及與常州諸子交友論學之情，中有先生爲其條述《公羊》義例事。

幸每遇宿儒，容我居子弟；問難析其疑，一一銘心膂，劉生武進劉逢祿，字申受。紹何學，爲我條經例；證此獨學心，《公羊》實綱紀。《易》義不終晦，敦復有張氏武進張皋文先生，諱惠言。；觀象得微言，明辨百世俟。私淑從董生武進董士錫，字晉卿。，略悟消息旨。讀書破萬卷，通儒沈與李吳沈欽韓，字文起；陽湖李兆洛，字申耆。；益我以見聞，安我之罔殆。鄭學黃心通陽湖黃乙生，字小仲。，許學錢神解嘉定錢坫獻之。；既得明冊籍，又得親模楷。（包世臣：〈述學一首示十九弟季懷〉，《藝舟雙楫》，李星點校本《包世臣全集—中衢一勺、藝舟雙楫》，頁三〇二。）

按：包世臣（一七七五～一八五三或一八五五），字愼伯，安徽涇縣人，學著稱安吳先生。嘉慶十三年戊辰（一八〇八）中恩科舉人，官江西新喻知縣，因劾去官。爲書家大宗，喜兵家言，善農、禮、刑、兵、河漕、鹽等經制之學，江省督撫遇大兵、大荒、河漕、鹽諸鉅政，無不屈節咨詢，雖有用有不，而其言皆足傳於後。成豐三年癸丑（一八五三），以避粵賊之亂，卒於途，年七十九，著有《中衢一勺》七卷、《藝舟雙楫》九卷、《管情三義》八卷、《齊民四術》十二卷，總名《安吳四種》。（參清謝應芝撰〈書安吳包君〉，《續碑傳集》，卷七九，頁一；胡韞玉撰《清包愼伯先生世臣年譜》。）

嘉慶十年乙丑（一八〇五）　先生三十歲

先生服闋後，應聘主兗州講席，逢三十初度，作〈東魯講舍三十初度雜述八首〉。

乙丑年，三十初度，服闋應聘主袞州講席。（劉承寬〈先府君行述〉，《劉禮部集》，卷十一附，頁二。）

刷羽飛鴻待順風，楮生毛穎識心雄；殿前作賦嗤韓愈時余朝考下第。，帳底吹笙羡馬融。觀菿有人期道合王文考〈魯靈光殿賦〉

賦年二十觀莪于魯。，借書無主歎途窮；近來才氣都消滅，問舍求田計未工。

索米王門事久虛，當總攬鏡愧髭鬚；賦凌滄海堪糊瓿，書擬溫城失貫珠余少喜讀《蕃露》，既冠，纂輯胡母子都《春秋條例》、《春秋禮》、《申何難鄭》諸書，一輟于應試，再輟于遭故，尚未畢業。魯國諸生休問字，杜陵野老漫譏儒講舍有少陵祠。；登壇無佛稱尊處，慧日何從燭暗塗。

錦字椷開別幾春，琴聲鬢影感良辰；金泥岱頂花蟲粉，珠佩江皐玉手親。雲裡鳳鳴仙去早，斗閒星暗象回新；江郎詞思都忘卻，花片裁來墨未勻。

暑氣蘭池入夜無，倦移桃簟蔭高梧；窺簾月正藏珠斗，欹枕冰方滿玉壺。訪道神山風乍引，封侯客帳夢眞誣；新來眼纈花凝霧，怕見金羅雙鷓鴣。擬選樓頭月滿輪，殘霞新霽記前因；塵封萬卷嫏環地，鳥散千花錦繡春。苦恨舟車拋歲月，羸將杯炙暗酸辛；懸弧食報今如此，仲蔚寧終蒿裡人。

三聖祠中驗故吾舍兩兄早殤，先祖母禱于都中三聖祠，生時竝有夢應。，私情未報愧雛烏；遺書尚惜勤燈火深更讀書，祖母輒喚入內。；祖帳還期拜帝都丁未春，余方十二歲，祖母自家北上，猶云望女努力讀書，都中相聚不遠，迨壬戌入都，已棄養十四年。。賈傅能文名自達，潘郎華髮興先枯；寢園酹酒悲風動，家祚休忘獨力扶。

眉黛夫容賦子虛，文園善病茂陵居；捫參擬借天梯徑，觀海曾尋地記書。濕翠滿庭人小立，亂紅窺閣客常梳；爐香茗椀歸來早，寄語誅茅掃敝廬。過雨新林綠意敷，大堤人去踏青孤；錦囊久爇三生藁癸亥以前詩多散失。，玉笥猶藏五服珠。閬苑鶯聲春溜滑，花房蝶夢霧糢糊；犀香銀液支離甚，垂下晶簾讀道書。（《劉禮部集》，卷十一，頁十八～十九。）

按：「既冠，纂輯胡毋子都《春秋條例》」之事，至本年六月始克竟全功。（詳下。）胡毋子都嘗自作《條例》，何休略依之以通《公羊傳》義，多得其正。先生蓋以爲何氏義例既遠紹胡毋氏，則纂輯《春秋公羊解詁》義例，胡毋生之《條例》可得而見焉。惟書成之後，則題曰《何氏釋例》（見《公羊春秋何氏解詁箋・敘》），已不復以胡毋生《條例》爲名。是書阮元、李兆洛各爲梓行，《皇清經解》庚申補刊本、李氏校刊本皆題曰《春秋公羊經何氏釋例》。

同月（六月），先生於東魯講舍撰成《春秋公羊經何氏釋例》十卷三十篇。

敘曰：「昔孔子有言：『吾志在《春秋》。』又曰：『知我者，其惟《春秋》乎！罪我者，其惟《春秋》乎！』蓋孟子所謂行天子之事，繼王者之迹也。傳《春秋》者，言人人殊，惟公羊氏五傳，當漢景時，乃與弟子胡毋子都等記于竹帛，是時大儒董生下帷三年，講明而達其用，而學大興，故其對武帝曰：非六藝之科，孔子之術，皆絕之，弗使復進。漢之吏治經術，彬彬乎近古者，董生治《春秋》倡之也。胡毋生雖著《條例》，而弟子遂者絕少，故其名不及董生，而其書之顯亦不及《繁露》。緜延迄于東漢之季，鄭眾、賈逵之徒，曲學阿世，扇中壘之毒焰，鼓圖讖之妖氛，幾使羲轡重昏，昆侖絕紐，賴有任城何邵公氏修學卓識審，決白黑而定，尋董、胡之緒，補莊、顏之缺，斷陳元、范升之訟，鍼明、赤之疾，研精覃思，十有七年，密若禽、墨之守禦，義勝桓、文之節制，五經之師，罕能及之。天不祐漢，晉戎亂德，儒風不振，異學爭鳴，杜預、范甯吹死灰，期復然，溉朽壤，使樹萩，時無戴宏，莫與辨惑。唐統中外，並立學官，自時厥後，陸淳、啖助之流，或以棄置師法，燕説郢書，開無知之妄，或以和合傳義，斷根取節，生歧出之途，支室錯迕，千喙一沸，而聖人之微言大義蓋盡晦矣。大清之有天下百年，開獻書之路，招文學之士，以表章六經爲首，于是人恥鄉壁虛造，競守漢師家法，若元和惠棟氏之于《易》、歙金榜氏之于《禮》，其善學者也。祿束髮受經，善董生、何氏之書，若合符節，則嘗以爲學者莫不求知聖人，聖人之道，備乎五經，而《春秋》者，五經之筦鑰也。先漢師儒略皆亡闕，惟《詩》毛氏、《禮》鄭氏、《易》虞氏有義例可說，而撥亂反正，莫近《春秋》，董、何之言，受命如嚮，然則求觀聖人之志、七十子之所傳，舍是奚適焉？故尋其條貫，正其統紀，爲《釋例》三十篇；又析其凝滯，強其守衛，爲《箋》一卷、《答難》一卷，又博徵諸史刑禮之不中者，爲《禮議決獄》一卷，又推原左氏、穀梁氏之失，爲申何難鄭五卷，用冀持世之志，猶有折衷。若乃經宜權變，損益制作，則聰明聖知，達天德之事，□乎其未之聞也已。嘉慶十□六月蘭陵劉逢祿譔于東魯講舍。」（《春秋公羊經何氏釋例•敘》，卷一二八〇，頁二。）

按：〈敘〉云《箋》一卷、《答難》一卷、《禮議決獄》二卷、申何難鄭五卷，皆爲先生既冠以來之志，今〈敘〉所言，蓋草創而未就，《尙書今古文集解•序》云：「予自束髮治《春秋》，所擬《議禮決獄》、《答難》諸書，至今未能卒業。」（卷三二二，頁一。）《尙書今古文集解、序》作於道光四年十月五日以後（請參道光四年部分之考證。）是先生《春秋》學諸作，雖或於作〈敘〉時署明時間，不過草稿粗就，其後或有易稿增刪。惟今年譜有關其著述時間，仍以其〈敘〉文所署年月爲據。至於《公羊春秋何氏解詁箋》，則成於嘉慶十四年（詳後）。

《釋例》方竟，作〈閏六月三十重度時春秋釋例成題四章示諸生〉。

將母常懷去閏思義山詩：「欲去閏年留月小。」，懸弧兩度又相催；已秋願夏心原壯，似卷如流日豈遲。自此揮戈無善術，誰爲縮地感生離；銀雲櫛櫛瑤宮使，青鳥無憑月落時。

一月重尋翰墨緣，溫城絕業得珠聯《南宋館閣書目》謂：蕃露，冕之所垂，有聯貫之象。《春秋》比事屬辭，立名或取諸此。時纂輯《春秋條例》方竟。；窺園未免慚前哲，駐景方知絕幾編撰此書凡三易藁。天遣幽人在空谷，帝爲詞客展華年；擬將中壽安吾分，半世須教萬古傳。

弱冠精研志不磨，每從家法辨沿訛；引鍼難起邱明疾，入室先操武庫戈此書體例亦仿當陽，故云。。要使日星輝覆盎，還將峽石挽積波；經神絕業如相待，一瓣心香奉董何。

姬孔風流尚在茲，才疏焉敢抗顏師；譚經暫借扶風帳，識面期窺董子帷。金石至今聞擲地，靈光何處覓殘碑；當春桃李花如繡，三十登壇祇自嗤。（《劉禮部集》，卷十一，頁十九～二十。）

嘉慶十一年丙寅（一八〇六）　先生三十一歲

是年，先生歸里，力營貞于公葬事，相度經年，始得地方邑之東北，旋搆訟，不克葬。（劉承寬〈先府君行述〉，《劉禮部集》，卷十一，頁二。）

先生聞無錫馬玉姝貞義之行，因記〈書馬貞女〉一文，以章婦道，且引外王父莊存與之說，略論變事合經固深于從父母命之義，用駁歸熙甫不能達知經義。（《劉禮部集》，卷十，頁十三。）

陸耀遹客遊，先生及鄉里諸君分日設餞。陸氏於定遠道中作〈丹徒與周保緒進士濟相左越七日定遠道中郤寄兼呈洪稚存學使亮吉趙味辛青州懷玉兩丈暨里中諸君子〉，詩言其事云：「里中祖帳慰行路，十日不許春帆開稚存、味辛兩先生及行仲平、管道民、崔宇卿、惲吉士、黃璞山、趙屺山、劉申受、劉祀谷諸君，分日設餞，至上巳解纜。。」（《雙白燕堂詩集》，卷三，頁一。）

按：陸耀遹（一七七一～一八三六），字邵文，祁孫從子，縣學生。道光元年舉孝廉方正，試二等，以校官用，得淮安府學教授，而君游廣東，當事者強留之，遂歷十餘歲。後適改選得阜甯縣教諭，比抵任，而病已不起矣。詩宗錢、劉，醞釀至深，能自成家，酷嗜金石文字，隨所搜輯摹拓。著有《雙白燕堂詩文集》、《金石續編》。（參清李兆洛撰〈陸君劭文傳〉，《養一齋文集》，卷十四，頁四。）

朱珪卒。

嘉慶十二年丁卯（一八〇七） 先生三十二歲

正月二十日，五子承宣生。（《家譜》，卷三，頁九一。）

按：先生〈滎陽恭人行略〉作「承定」，劉承寬〈先府君行述〉及《家譜》作「承宣」。

舉順天鄉試中式，時莊太恭人已抱病。

丁卯科順天鄉試舉人。（〈先妣事略〉，《劉禮部集》，卷十，頁二六。）

是年，余舉順天鄉試，時太恭人已抱病，恭人與季妹侍湯藥。（〈滎陽恭人行略〉，《劉禮部集》，卷十，頁二七。）

明年丁卯，舉順天鄉試，編修孔先生昭虔故世治《公羊春秋》者也，得府君卷，大驚；座主戴文端公、桂文敏公、蔣少司農，皆國士遇之。（劉承寬：〈先府君行述〉，《劉禮部集》，卷十一附，頁二。）

按：孔昭虔，字元敬，號荃溪，廣森子，山東曲阜人。嘉慶六年辛酉進士，由編修官至貴州布政使，有《鏡虹遺室遺集》，阮文達稱其能以詞章世其家學。（參清朱汝珍輯《詞林輯略》，卷五，頁六；徐世昌撰《清儒學案、孔先生昭虔小傳》，卷一〇九，頁五十。）

「戴文端公」即戴衢亨，字荷之，號蓮士，江西大庾人。乾隆四十三年進士；嘉慶十二年，協辦大學士，充經筵日講起居注官，官翰林院，掌院學士，尋充順天鄉試正考官，官至太子少師體仁閣大學士，嘉慶十六年卒，年五十七，謚文端。（參清李桓輯《國朝耆獻類徵初編》，卷三七〈戴衢亨〉，頁一～十七。）

「桂文敏」即覺羅氏桂芳，字子佩，號根仙，又號香東，滿洲鑲藍旗人。嘉慶四年進士，散館授檢討，官至軍機大臣、漕運總督，謚文敏，著有《敬儀堂詩文稿》。（參清朱汝珍輯《詞林輯略》，卷五，頁五；李放纂輯《皇清書史》，卷二八，頁三。）

是年，莊曾儀卒。

嘉慶十三年戊辰（一八〇八）　先生三十三歲

陸祁孫「三月試禮部」，「四月既下第」，仍滯留京師，等待「明年值萬壽，有詔徵俊英」，劉申受等知其心懷鬱結，思鄉情切，則邀其樂飲，託諸吟詠，以遣愁寂。陸氏作〈耀遹書至知自西安南返不果北來卻寄〉一詩，述其勸酒交吟之景。

> 今我留京師，菀塞無歡衿；殷勤相慰藉，豈乏空谷音。汪竹海、竹素劉芙初、申甫及蔡浣霞、香延許青士、藕舲；知我鄉思深；勸我酌清酒，爲我動高吟。我時發狂言，故態不自禁；一笑未及已，百感忽復侵。倚閭正愁寂，我樂吁何心；默默對庭柯，淒然感移陰。（《崇百藥齋文集》，卷六，頁三～四。）

春，先生會下第，方歸營葬卣于公；八月復丁內艱，與妻潘氏共襄含斂，竭誠盡敬，先生又苫次痁作，內外之事，悉由其妻獨任勞瘁，其治喪悉依《禮經》。是冬，始克合葬，並撰〈先妣事略〉，以誌其母家學淵源、治家課子之賢德。

太孺人姓莊氏，世爲里中望族，幼嘗逮事外曾王父浙江海寧兵備道南村公暨外曾王母錢太夫人，南村公邃于理學，嘗授以《毛詩》、《小戴記》、《論》、《孟》及小學、《近思錄》、《女誡》諸書；外王父禮部侍郎方耕公爲當代經學大儒，又獲聞六藝諸史緒論，故自幼至老酷耽書籍，馬、班、范、陳之史，溫公之《通鑑》、尤周覽不倦。年二十五，歸我先考卣于府君，逮事先王父文定公及先主母許太夫人。先王父薨三年，喪畢，世父、伯父之官京師，太孺人隨府君歸守墓田，時家居壁立，府君常以詞翰客游，薪水有時不繼，太孺人處之泊如也。……比不孝長，察所與游，多經明行修士則喜，趣治酒食，必令洗腆，以故辱與不孝游者，不知太孺人之食貧也。喜學晉、唐人書，點畫端勁，從母舅葆琛先生謂神似南村公；中年學爲詩，無閨閣脂粉氣，所存二十八章，名《操縵室藁》，秘不示人，亦未嘗與人談及文字，曰：「非女子所尚也。」……爲不孝逢祿延師取婦及嫁兩妹如禮，皆太孺人勤儉所助，而積勞亦深矣。自先府君旅沒于外，常鬱鬱有肝疾，即聞不孝逢祿舉京兆試，感念府君，輒悒悒不樂，年來舊疾遂發，醫藥罔效。……太孺人生于乾隆九年四月十日辰時，痡于嘉慶十三年八月二十有八日巳時，終于正寢，享年六十有五。（《劉禮部集》，卷十，頁二五～二六。）

戊辰，予歸，旋遭大故，共襄含歛，謁誠盡敬，余又苦次疻作，內則延醫視藥，禱祝灶神，外則支應親友弔唁，獨任勞瘁。（〈滎陽恭人行略〉，《劉禮部集》，卷十，頁二八～二九。）

按：八月復丁內艱之事及〈先妣事略〉一文，請參譜前「母莊氏」部分。

嘉慶十四年己巳（一八〇九）　先生三十四歲

三月初五，先生六子承寶生。（《家譜》，卷三，頁九一。）

先生以董仲舒《春秋繁露》非章句訓詁之學，而何休《春秋公羊解詁》則整齊傳義，傳經有功，故寶持篤信；而謂晉、唐以來難何休者，皆不得其升堂入門之鑰，故析其凝滯，強其守衛，作《公羊春秋何氏解詁箋》一卷。又以鄭玄《發墨守》研之未深，作《發墨守評》一卷。

余嘗以爲：經之可以例求者，惟《禮•喪服》及《春秋》而已；經之有師傳者，惟《禮•喪服》有子夏氏、《春秋》有公羊氏而已。漢人治經，首辨家法，然《易》施、孟、梁邱，《書》歐陽、大小夏侯，《詩》齊、魯、韓師説，今皆散佚，十亡二三。世之言經者，於先漢則古《詩》毛氏，於後漢則今《易》虞氏，文辭稍爲完具；然毛公詳故訓而略微言，虞君精象變而罕大義，求其知類通達，微顯闡幽，《公羊傳》在先漢有董仲舒氏，後漢有何邵公氏，子夏傳有鄭康成氏而已。先漢之學，務乎大體，故董生所傳非章句訓詁之學也。後漢條理精密，要以何邵公、鄭康成二氏爲宗。喪服之於五禮，一端而已；《春秋》始元終麟，天道浹，人事備，以之網羅眾經，若數一二、辨白黑也。故董生下帷講誦三年，何君閉户十有七年，自來治經孰有如二君之專且久哉？余自童子時，癖嗜二君之書，若出天性，以爲一話一言，非精微眇、通倫類，未易窺其蘊奧。何君生古文盛行之日，廓開眾說整齊傳義、傳經之功，時罕其匹，余實持篤信謂晉唐以來之非何氏者皆不得其門、不升其堂者也。何君生古文盛行之日，廓開眾說，整齊傳義，傳經之功，時罕其匹，余實持篤信，謂晉、唐以來之非何氏者，皆不得其門、不升其堂者也。康成兼治三傳，故於經不精，今所存《發墨守》，可指說者惟一條，然多牽引《左氏》，其於董生、胡母生之書，研之未深，概可想見，而何君稱爲入室操矛，宏獎之風，斯異於專己黨同者哉！余初爲何氏《釋例》，專明墨守之學，因析其條例，以申何氏之未著及他說之可兼者，非敢云彌縫匡救，營衛益謹，自信於何氏繩墨少所出入云爾。康成《六蓺論》曰：「注《詩》宗毛爲主，毛義若隱略，則更表明；如有不同，即下己意，使可識別。」余遵奉何氏，竊取斯旨，以俟後之能墨守者董理焉。嘉慶十四年，武進劉逢祿譔。（《公羊春秋何氏解詁箋・敘》，卷一二九〇，頁一。）

按：是書題曰箋者，體例仿鄭箋《毛詩》，凡何休《春秋公羊解詁》義若隱略者，先生則表明之；義若俱失，或有不同，則下己意。其所箋釋者，皆摘錄傳文、《解詁》，凡九十二條，以申《解詁》之義，周中孚《鄭堂讀書記》評曰：「折衷眾家，以歸于是，或詳或略，皆極精密，于何氏繩墨少所出入，猶著《釋例》之用意也。」（《鄭堂讀書記》，卷十一，頁二三三～二三四。）

又按：《發墨守評》未見敘文，《春秋公羊經何氏釋例・敘》云：「又析其凝滯，強其守衛，爲《箋》一卷、《答難》一卷。」依此而言，《何氏解詁箋》乃析其凝滯之作，《答難》一卷乃強其守衛。《答難》一卷，李兆洛校刊本作《廣墨守》一卷；《何氏解詁箋》，李氏本作《公羊申墨守》一卷（詳見道光四年。）。今學海堂《皇清經解》本所收《發墨守評》一卷，蓋即《答難》之文，故《何氏解詁箋、敘》實括此二書（《何氏解詁箋》、《發墨守評》。）著作之旨趣。《經解》本之《發墨守評》所刻僅五條，而所評又只一條（見《發墨守評》，重編皇清經解本，卷一二九一，頁一～二。），〈敘〉謂「今所存《發墨守》可指說者惟一條」，《箋》所指說之一條，未見收於《發墨守評》。今以〈敘〉言《發墨守》之事，故將《發墨守評》之作亦繫於此年。

冬，與同里臧庸、莊綬甲仿陸德明《經典釋文》體例，采輯異文古訓，爲《五經考異》，先生專治《易》、《春秋》，又與弟子潘準纂次《禮經考異》。

余束髮誦經，感于司馬文正公之言，凡讀書必先審其音，正其字，辨其句讀，然後可以求其義，欲先校夫子所正。今所存者，《易》十二篇、《尚書》二十八篇、〈序〉一篇、《詩》三百五篇、〈序〉一篇、《禮古經》十七篇、《春秋》十一篇，仿陸元朗《經典釋文》之例，采輯舊本經籍所引，旁稽近代名儒深通經義小學者之言，彙爲一編，以爲童蒙養正之始基，奪于他務，未暇爲也。己巳之冬，乃與同里之學者臧庸、莊綬甲分經掇拾，二君以予向治《易》、《春秋》，屬籑次焉。臧君爲《詩攷》幾成而逝，莊君爲《尚書攷》將半而中輟；弟子潘準夙慧嗜學，尤明《禮經》，獨與余窮數日之力，藁本裒然。（〈五經考異敘〉，《劉禮部集》，卷九，頁七。）

案：臧庸（一七六七～一八一一），字西成，又字拜經，本名鏞堂，武進縣人。嘗師事盧文弨，並從錢大昕、王昶、段玉裁講學術，助阮元輯《經籍纂詁》，後復補訂《纂詁》，校勘《十三經注疏》，其爲學，根據經傳，剖析精微，著有《拜經日記》八卷、《拜經堂文集》四卷、《月令雜說》一卷、《樂記》二十三篇、《注》一卷、《孝經考異》一卷、《臧氏文獻考》六卷、《子夏易傳》一卷、《詩考異》四卷、《韓詩遺說》二卷、《訂譌》一卷、《盧植禮記解詁》一卷、《爾雅古注》三卷、《說文舊音考》三卷、《蔡邕月令章句》二卷、《王肅禮記注》一卷、《聖證論》一卷、《帝王世紀》一卷、《尸子》一卷、《賈唐國語注》二卷、《校鄭康成易注》二卷、《蕭該漢書音義》二卷，皆詳過于人。嘉慶十六年卒于吳美存編修氏館，年四十五。（參清阮元撰〈臧拜經別傳〉，鄧經元點校本《揅經室集、揅經室二集》，頁五二四。）

嘉慶十五年庚午（一八一〇）　先生三十五歲

三月三日，洪梧招同何青、張琴、包世臣、劉逢祿、趙味辛修禊廣陵湖上，趙味辛屬同人各賦五言四韻，其後詩意有未盡，再賦。詩中表達人生際遇窮達各有命定，無須論計，況名利富貴，俯仰之間，已爲陳蹟，不如但乞康彊之身，安排適時、適性之人生，惜眼前景，陶然自得，樂在其中。

上巳剛逢巳，今辰是選辰；禊修螢苑路，客步竹溪塵。池館關心廢，煙花到眼新；平湖如曲水，把琖冐辭頻。（趙味辛〈庚午三月三日日在丁巳同年洪太守梧招同何大令青張茂才琴包世臣劉逢祿兩孝廉修禊廣陵湖上予以上巳剛逢巳爲首句次句亦用干支爲對屬同人各賦五言四韻〉，《亦有生齋詩鈔》，卷二六，頁三～四。）

清明時節竟無雨，共櫂蘭舟尋竹鄔；勝遊後至怕客嗔，險韻先拈眞自侮。今朝上巳適丁巳，往祓水濱方卓午；遭逢多是夙交契，脱略何妨互爾汝。三篙漲滿似揩鏡，一片花飛疑鬭舞；舷邊馴鷗意相狎，樹底流鶯啼獨苦。頗誇詩句欲驚人，任訪園亭休問主；短簫長笛雜歌吹，紅粉青娥豔眉嫵。興來還拍洪厓肩，酒到宜澆趙州土；漫隨杜牧去尋春，請與樊遲同學圃。此生窮達亦何論，要貴安排得其所；行吟空效楚騷客，拾翠翻輸漢遊女。素心能數幾晨夕，陳蹟只爭一仰俯；不如閒處急行樂，有魚可烹筍可煮。酾滿猶能逞豪氣，射覆時復作隱語；輕煙昨已入朱門，新月今纔懸玉宇。須臾湖上散燈舫，彷彿城頭催戍鼓；眼前景傲谷口鄭，身後評從汝南許。儻使醉鄉容我留，敢惜飢驅因老阻；紛紛富貴匪思存，但乞康彊天或予。

（趙味辛〈前詩意有未盡再用東坡上巳日與二三子攜酒出遊韻〉，《亦有生齊詩鈔》，卷二十六，頁四。）

按：洪梧，字桐生，一字植垣，歙縣人。乾隆庚戌，成進士，改庶吉士，授編修，典浙江鄉試，纂修全唐詩，出知沂州府，歸主揚州安定梅花書院。博通古今，工詞翰，亦邃於經學，著有《易箴》二卷、《賦古今體詩》。（參清徐世昌《清儒學案、洪先生梧小傳》，卷七九，頁四五；清李元度纂《清朝先正事略》，〈洪梧事略〉，卷三五，頁十一。）

何青，字數峰，歙縣人。太學生，官知縣，有《味餘樓稿》。數峰風雅宜人，竹君爲安徽學使，特加識拔，然數奇不遇，溷於鹽筴，近始鳴琴花縣，世論惜之。（參清張維屏輯《國朝詩人徵略》，卷四二，頁五。）

張琴，不詳。

趙懷玉（一七四七～一八二三），字億孫，群稱味辛先生，武進人，恭毅公申喬四世孫。乾隆四十五年南巡召試，賜舉人，授內閣中書，出爲山東青州府海防同知，署登州、兗州二府，丁父憂歸，遂不仕，凡里居二十一年，道光三年二月卒，年七十有七。所著有《亦有生齋文集》五十九卷、《續集》八卷，歛氣就律，肖其爲人。（參清陸繼輅撰〈山東青州同知趙君懷玉墓誌銘〉，收入《碑傳集》，卷一一〇，頁十七～十八。）此廣陵湖修禊事，各賦五言四韻，今《劉禮部集》未見有賦詩唱和之作，別有〈題趙億孫所藏石鼓文次昌黎韻〉詩，乃懷玉勸其治金石學，申受乃「雞囟矻矻忘轞軻」，探索研尋，「矎借此本書萬遍，洗滌俗學回江河。」（詩見《劉禮部集》，卷十一，頁十六～十七。）

是歲，始過汪孟慈里居，孟慈者，汪容甫之子。

予與孟慈相聞蓋十年矣。丁卯之歲，幸爲同年生。去歲，予來揚州，始過其里居，門巷湫隘，庭宇翛然，孟慈病新愈，不克縱言，而其意思清妙淵遠，蝌蝌如不及，益歎容甫先生之蘊，其文學徒爲世所訾病，不昌于身，必昌于子，無足憾也。（〈禮堂授經圖記〉，《劉禮部集》，卷十，頁七。）

按：汪喜孫（一七八六～一八四七），字孟慈，後改名喜荀，揚州甘泉人，中子。嘉慶丁卯十二年鄉試舉人，報捐內閣中書，復改捐戶部員外郎；乙巳，補河南懷慶府知府，道光丁未二十七年八月初三日巳時勤官而死，春秋六十有二。孟慈博覽群籍，於文字聲音訓詁多所究心，殷殷請益於父執王懷祖、劉端臨、段茂堂，於政治沿革得失留心講求，下筆爲文，皆有關世用，不作無益之語，著有《國朝名臣言行錄》、《經師言行錄》、《尙友記》、《從政錄》、《孤兒編》、《且住庵詩文稿》、《大戴禮記補注》，凡若干卷，又編集名公先輩所譔傳誌詩文爲《汪氏學行記》。（參清王翼鳳撰〈河南懷慶府知府汪公墓表〉、劉文淇撰〈道銜懷慶府知府汪君墓表〉，二文俱見《續碑傳集》，卷四三，頁二～九。）

又按：「去歲來揚州」乃指作〈禮堂授經圖記〉之前一年，而作〈記〉時間，蓋作於嘉慶十六年辛未（一八一一），其理據有三：一、是〈記〉引汪孟慈之言：「今奉違庭誥已十有八年。」孟慈父汪容甫卒于乾隆五十九年十一月二十日（一七九四），下推十八年，則為嘉慶十六年辛未（一八一一）；二、嘉慶十五年庚午（一八一〇）三月，先生與趙味辛等修禊于廣陵（江南揚州府江都縣）湖上，正符合「去歲來揚州」事。其三，劉承寬〈先府君行述〉云：先生「喪葬之事，積載瘁瘏；兩浙、廣陵，連年旅食。」（《劉禮部集》，卷十一附，頁二）十三年冬，合葬事畢，痁作積載；十四年冬，猶與臧、莊為《五經考異》之事，則連年旅食兩浙、廣陵，當在十四年冬以後至十六年赴春官試以前。以此三點故推是〈記〉蓋作於嘉慶十六年，而繫始過孟慈里門於嘉慶十五年。然〈記〉文中，先生有云：「予抱鮮民之痛，已忽忽十年。」卣于公卒於嘉慶八年八月十三日（一八〇三），「忽忽十年」當是嘉慶十七年（一八一二），若以此論，則〈記〉作於十七年，始訪孟慈則是十六年事，而十六年時，先生已赴都門應春官試，似又不合。今暫依前說，而存疑後者。又若申受於嘉慶十五年始過其揚州里門為是，則先生與孟慈「相聞蓋十年矣」，蓋在嘉慶六年，本文即據此上推。

嘉慶十六年辛未（一八一一）　先生三十六歲

赴都下應春官試，館于阮元邸寓。

辛未，公之外孫劉逢祿應春官試，館于邸寓；公之從外孫亦時來講學，益歎公之流澤長也。（阮元〈莊方耕宗伯經說序〉，《味經齋遺書》，頁一。）

按：阮元（一七六四～一八四九），字伯元，號雲臺，江蘇儀徵人。生於乾隆二十九年（一七六四），五十四年己酉進士，改庶吉士，授編修，官至體仁閣大學士，卒於道光二十九年（一八四九），享年八十有六，諡文達。阮氏生平持躬清慎，爲政崇大體，所至必以興學教士爲急，在浙江則立詁經精舍，在廣東則立學海堂，其論學宗旨，在於實事求是，自經史小學及金石詩文，鉅細無所不包，而尤以發明大義爲主，著有《性命古訓》、《論語孟子論仁論》、《曾子十篇注》、《揅經室集》；編纂《疇人傳》、《淮海英靈集》、《鐘鼎款識》、《山左兩浙金石志》、《經籍纂詁》、《十三經校勘記》，隨筆記錄，有關於掌故者，有《廣陵詩事》、《小滄浪筆談》，所刻之書尤多，最著者爲《十三經注疏》、《皇清經解》，嘉惠後學甚溥。（參清劉毓崧撰〈阮文達公傳〉、清李元度〈阮文達公事略〉，二文見《續碑傳集》，卷三，頁十四～二十。）

禮部試榜發，不第，聞董誥長子淇卒，遂往弔，得一見董誥。

公於嘉慶戊辰、辛未兩主禮部試，逢祿與飴孫皆不得第。辛未榜發後，聞公長子淇卒，逢祿往弔，得一見公。公年七十有二，辭甚謙，意甚温，耳目甚聰明，容甚莊以厲，親視上車而後退。（〈記董父恭公遺事〉，《劉禮部集》，卷十，頁十二。）

會試不第，歸而長女生。（〈滎陽恭人行略〉，《劉禮部集》，卷十，頁二八。）

七月，臧庸卒，年四十五，其所爲《詩考異》亦未竟也。

臧君爲《詩考》，幾成而逝。（〈五經考異敘〉，《劉禮部集》，卷九，頁七。）

按：阮元〈臧拜經別傳〉謂臧氏考輯古義之書甚多，其中有「《詩考異》四卷，大旨如王伯厚，但逐條必自考輯，絕不依循王本。」（《揅經室二集》，鄧經元點校本《揅經室集》，頁五二四。）臧氏《詩考異》四卷，殆《五經考異》分經掇拾之一耶！先生謂「臧君為《詩考》幾成而逝」，則此四卷亦未竟之作也。

為汪孟慈撰〈禮堂授經圖記〉，略憶弱冠時讀汪容甫遺著，想見其為人之景（文見乾隆六十年部分。），及其與孟慈相聞識荊之經過（文見嘉慶十五年部分。），並述作〈記〉之緣由。

予友汪子孟慈既撰次其先人《述學》之書，而復屬居琴塢氏系之以授經圖，且哀而言曰：「喜孫年六歲，先人寫定皇象本〈急救篇〉、管子〈弟子職〉，教授于禮堂；明年更授以鄭康成《易》注、《禮》注、衛包未改本《尚書》、顧炎武《詩本音》。嘗謂友人：商瞿生子，一經可遺；惜旦莫入地，不及見其成立耳。今奉違庭誥已十有八年，尚未獲傳先人之學，恐遂弗克負荷，于幸有以教之。」……予抱鮮民之痛，已忽忽十年，所學日就荒落，無以自振，將忝其先人，于孟慈之輯先生書而圖其授受之意，益哀感悚惕而不能自已也。（《劉禮部集》，卷十，頁七。）

按：先生未明示作〈記〉時間，繫於此年之理證，見嘉慶十五年按語。

嘉慶十七年壬申（一八一二）　先生三十七歲

三月二十八日，先生弟子潘準年十八而逝。準字念諼，常州陽湖人，從先生受《公羊》、《禮經》，尤明《禮經》，嘗與先生纂次《禮經考異》，稿本裒然，惜不幸夭折，《禮經考異》亦杳不可得。先生傷其短折，作〈反招魂〉以娛哀之。

潘準，字念諼，常州陽湖人也，以嘉慶十七年三月二十八十卒，年十九。少不好弄，長有遠度，丰神鏡朗，志節淵沉，未屆十載，能通九經，文章百氏，淹若夙貴。……年十八，舉秀才，斯向日之聲，初馳方里，乃未三月而病作，病五月而竟卒。（方履籛〈潘念諼誄〉，《萬善花室文□》，卷三，頁五～六。）

弟子潘準夙慧嗜學，通六書九疇經緯文史，年十八而逝，凡三代禮樂及一切宮室歌舞之盛，屈、宋、枚、馬所陳，咸棄之矣，作〈反招魂〉以娛哀之。（〈反招魂〉小序，《劉禮部集》，卷一，頁三四。）

弟子潘準夙慧嗜學，尤明《禮經》，獨與余窮數日之力，藁本裒然，惜不幸夭折，屬其父索之叢帙中，杳不可得，歲月如流，良朋難覯。（〈五經考異敘〉，《劉禮部集》，卷九，頁七。）

弟子潘準、莊繽澍從受《公羊》、《禮》，而潘早夭，府君痛之，于是有〈反招魂〉之作。（劉承寬〈先府君行述〉，《劉禮部集》，卷十一附，頁八。）

按：方履籛〈潘念諼誄〉未明潘氏生年，但記卒日，云年十九，先生則云「年十八而逝」，相差一歲，先生蓋略潘氏之生年或卒年不計，故云十八，今仍依先生之說。

夏，薛子韻弟子張潤見先生《易考異》、《春秋考異》舊稿，喜而善之，手書付之梓人。

壬申之夏，甘泉弟子張潤見余舊稿而善之，手書付之梓人，以爲續攷群經者倡，嘉其意，勿以未定阻也。《詩攷》可以校訂，《書攷》促莊君成之，《禮經攷》陽童有靈，其不至人琴俱亡也，俟後出焉。（〈五經考異敍〉，《劉禮部集》，卷九，頁七。）

案：甘泉者，薛傳均也。字子韻，揚州甘泉人。嘉慶丁卯補博士弟子，肄業梅花書院，師事歙縣洪梧（桐生），於《十三經注疏》及《資治通鑑》功力尤深，而大端尤在小學，成《說文答問疏證》六卷，《文選古字通疏義》則草創未就，卒於道光九年八月二十日，得年四十有二。（參清劉文淇撰〈文學薛君墓志銘〉，《續碑傳集》，卷七二，頁七～八。）

張潤，未詳。

九月，先生長女殤。（劉逢祿〈滎陽恭人行略〉，《劉禮部集》，卷十，頁二八。）

十一月，先生撰成《左氏春秋考證》一卷、《後證》一卷、《箴膏肓評》一卷。

敍曰：「隋〈經籍志〉有何氏《春秋左氏膏肓》十卷，又有服虔《膏肓釋痾》十卷。今鄭氏所箴尚存百分之一二，而服氏之書亡，無由盡見何邵公申李育之意，甚可惜也。然何君於《左氏》未能深著其原，於劉歆等之坿會本在議而勿辨之科，則以東漢之季，古文盛行，《左氏》雖未列學官，而嚴、顏高才生俱舍所學而從之久矣。左氏以良史之材，博聞多識，本未嘗求坿於《春秋》之義，後人增設條例，推衍事蹟，強以爲傳《春秋》，冀以奪《公羊》博士之師法，名爲尊之，實則誣之，左氏不任咎也。觀其文辭贍逸，史筆精嚴，才如遷、固，有所不逮，則以所據多春秋史乘及名卿大夫之文，固非後人所能坿會，故審其離合，辨其眞僞，其眞者，事雖不合於經，益可以見經之義例，如宋之盟楚，實以衷甲先晉，而《春秋》不予楚是也；其僞者，文雖似比於經，斷不足以亂經之義例，如展無駭卒而賜氏、單伯爲王朝卿、子叔姬爲齊侯舍之母、鄫世子巫爲魯之屬是也。事固有離之則雙美，合之則兩傷者。余欲以《春秋》還之《春秋》，《左氏》還之《左氏》，而刪其書法、凡例及論斷之謬於大義、孤章絕句之依坿經文者，冀以存《左氏》之本眞；幸《國語》、太史公書時有以導余先路，而深惜范辯卿、李元春、何邵公諸老先生之書多佚，無能爲《左氏》功臣者。今援群書所引何、鄭之論三十餘篇評之，更推其未及者證之，以質後之君子，未知其有合焉否也。嘉慶十七年十一月日武進劉逢祿篹。」（《左氏春秋考證一卷後證一卷箴膏肓評一卷•敘》、重編《皇清經解》本，卷一二九六，頁十三～十四。）

按：《經解》本三書共一〈敘〉，今《劉禮部集》卷三只刻入〈申左氏膏肓序〉，全文同於《經解》本，惟篇末省略撰〈敘〉時間而已。至於《文稿內篇》引錄之養一齋本，除略引〈申膏肓自序〉外，復節引《左氏春秋考證》原序：「《春秋考證》原序略謂：《左氏》不傳《春秋》，其改稱《春秋左氏傳》，始於劉歆《七略》。歆治《左氏》，引傳文以解經，其傳中則附會《史記》魯君子左邱明之語，設君子曰、書曰云云，唐、宋以來考《左氏》者以爲口實；又臆造爲不赴告故不書、不行禮故不書即位之屬，使宋以後謂《春秋》第據赴告文，別無褒貶，予故推本《國語》、

《公》、《穀》、《史記》、《漢書》，專闢劉歆之僞，以補任城所未備。」（劉祺編纂《武進西營劉氏清芬錄第一集、文稿內篇》，頁二二。）若引錄爲實，則除〈申左氏膏肓序〉外，原另有《春秋考證、序》，蓋亦先生後來改訂，而遺留原序初稿。孫海波〈書劉禮部遺書後〉記其所見之版本：「經解本　太清廔本　養一齋本　按養一齋本《春秋公羊釋例》後錄卷三《左氏申膏肓》，即《箴膏肓》改定本；後錄卷四，《左氏廣膏肓》，注云：原名《左氏春秋考證》。首有嘉慶十七年自序甚長，亦改定本也。行狀云：『又推原左氏、穀梁氏之得失，爲申何難鄭四卷』者，是也。平氏云：『又有《左氏春秋考證》二卷。』蓋據《經解》本也，未得其實。」據孫氏所述，則《經解》本之《箴膏肓評》、《左氏春秋考證》爲初名，後改定本名《左氏申膏肓》、《左氏廣膏肓》，養一齋本所刊，即改定本，惜今未見。惟孫氏著錄《左氏春秋考證》二卷、《後證》一卷、《箴膏肓評》一卷，並引行狀「申何難鄭四卷」徵實四卷之說，疑有誤解，既言「推原左氏、穀梁氏之得失」，則其中二卷當爲《穀梁申廢疾》、《穀梁廣廢疾》，另二卷則爲《左氏申膏肓》、《左氏廣膏肓》，而養一齋本之《左氏廣膏肓》，是否包括《經解》本《左氏春秋考證》、《後證》兩卷爲一卷，則不得而知。今《經解》本之《左氏春秋考證》一卷，凡一百十九條，摘錄傳文以證其非《左氏》舊文，乃劉歆等所僞造；〈後證〉一卷共二十四條，摘引《史記》、《兩漢書》、《說文》、孔疏、劉向《別錄》，分別證明《左氏》不傳《春秋》，咸爲劉歆所改竄。〈箴膏肓評〉一卷，以傳文爲綱，何休《膏肓》、鄭玄《箴膏肓》附之，而先生各爲之評論，或評《左氏》之僞，或譏《左氏》之誣，要在申何難鄭，大體如此。

冬至日，先生作《論語述何》二卷。

敘曰：《後漢書》稱何邵公精研六經，世儒莫及，作《春秋公羊解詁》，覃思不窺門，十有七年，又注訓《孝經》、《論語》、《風角》、《七分》，皆經緯典謨，不與守文同說，梁阮孝緒《七錄》、隋〈經籍志〉不載《孝經》、《論語》之目，則其亡佚久矣。惟虞世南《北堂書鈔》有何休《論語》一條，大類董生正誼明道之旨，史稱董生造次必於儒者，又稱何君進退必以禮，二君者游於聖門，亦游、夏之徒也。《論語》總六經之大義，闡《春秋》之微言，固非安國、康成治古文者所能盡；何君既不爲守文之學，其本依於《齊》、《魯》、《古論》、張侯所定，又不可知，若使其書尚存，張於六藝，豈少也哉？今追述何氏《解詁》之義，參以董子之說，拾遺補闕，冀以存其大凡。孔、鄭諸家所著，區蓋不言。其不敢苟同者，如魯僭禘、妾母不稱夫人，當亦引而不發之旨。九京可作，其不以入室操矛爲誚讓乎？嘉慶十有七年冬至日蘭陵劉逢祿課。（《論語述何•敘》，重編《皇清經解》本，卷一二九八，頁九～十。）

按：今《劉禮部集》與《皇清經解》本之《論語述何》，其形式不盡相同，內容亦有詳略。茲舉例以說明之：

《劉禮部集》本：

「我愛其禮」，何謂也？曰：經書文公四不視朔，有疾猶可言，自是無疾，亦不視朔朝廟，大惡不可言也，故于餼羊發之。凡《論語》與《春秋》相表裡，皆聖人口授之微言，不箸竹帛者也。（卷二，頁二九。）

《皇清經解》本：

「我愛其禮」經書文公四不視朔，有疾猶可言，自是無疾，亦不視朔朝廟，大惡不可言也，故於餼羊發之。（卷一二九七，頁九。）

《劉禮部集》引《論語》章句，皆出以「何謂也」詰問之形式，後申其義；《經解》本但引章句，後發明微言，略去「何謂也」問句之語。述何之內容亦有增刪詳略之別，大抵《經解》本之《述何》二章，上章九十一條、下章四十七條，凡一三八條；《劉禮部集》本之《述何》，上篇四十條，下篇二十七條，共六十七條。後者雖有少許合前者數條章句述義爲一者，然《經解》本拾遺補闕之義較多。《劉禮部集》所存之《述何》上下篇，蓋爲先生初稿，《經》本所收則先生增衍潤飾而成書耶？版本有異，而其闡《公羊》微言大義於《論語》則一，風氣一開，宋翔鳳《論語說義》、戴望《戴氏注論語》、王闓運《論語訓》、康有爲《論語注》，遂競以《春秋》發明《論語》矣。

嘉慶十八年癸酉（一八一三）　先生三十八歲

二月十二日，先生七子承安生。（《家譜》，卷三，頁九一。）

九月，祠屋大門將圮，夫人潘氏庀匠飭材，多質簪珥以辨。（〈滎陽恭人行略〉，《劉禮部集》，卷十，頁二八。）

嘉慶十九年甲戌（一八一四）　先生三十九歲

邵陽魏源從先生學《公羊》。

嘉慶癸酉二十歲，舉明經。明年，侍春煦公起復入都，遂留從胡墨莊先生問漢儒家法。……是時，問宋儒之學於姚敬塘先生學塽，學《公羊》於劉申受先生逢祿，古文辭則與董小槎太史桂敷、龔定菴禮部諸公切磋焉。（清魏耆〈邵陽魏府君事略〉，《魏源集》，頁八四八。）

按：魏源（一七九四～一八五七），字默深，湖南邵陽人。道光二十四年甲辰中式禮部會試，以知州發江蘇，權揚州府東臺縣事，官至高郵知州。咸豐七年丁巳卒，年六十有四。著有《詩文集》、《聖武記》、《海國圖志》、《書古微》、《詩古微》、《公羊古微》、《曾子發微》、《高子學譜》、《孝經集傳》、《孔子年表》、《孟子年表》、《小學古經》、《大學發微》、《兩漢今古文家法考》，輯有《皇朝經世文編》、《論學文選》、《明代兵食二政錄》等若干卷。（參清魏耆撰〈邵陽魏府君事略〉，《魏源集》，頁八四六～八六一。）

先生會試中式，始成進士；朝考時，以〈尚德緩刑疏〉入選，改庶吉士。

甲戌，余會試中式，改庶吉士，承寬入學。（〈滎陽恭人行略〉，《劉禮部集》，卷十，頁二八。）

甲戌年，三十有九，始成進士。房師程先生祖洛手錄其經策以出，總裁則章文簡公、周大司空、王大宗伯、寶少司空也。殿試二甲，朝考入選，改庶吉士。（劉承寬〈先府君行述〉，《劉禮部集》，卷十一附，頁二。）

臣謹按：董子《春秋》顯經隱權、先德後刑之義，而參之天道，驗之王政，備矣。陽爲德，故日主賞；陰爲刑，故月主刑。月麗日生明，故有晦朔弦望，具納甲消息之象，而日無變動，故日爲經而天顯之，月爲權而天隱之。開元《占經》所載，巫咸、甘石《星經》占讚，其論德刑之理至詳且悉，臣以爲出東漢人附益，非司馬遷所見舊本，不足遠徵，而五緯者，有虞氏所爲，在璇璣玉衡以齊七政者也。歲星主德，熒惑主禮，塡星主信，三者皆陽也。故或十二歲一周天，或二歲一周天，或二十八歲一周天，皆有晦朔，亦皆有弦望，雖參午而見，不爲經天，示不晝見，推其遲速，以本天居日之上，聖人尚之，以修德焉。太白主兵，辰星主刑，二者皆陰也。權不可顯，天以之附日而行，以日所行之歲爲歲，故或在日上，或在日下，或在日前後左右，皆有晦朔而無弦望，法不得參午而見，參午則爲經天、爲晝見，乃失其常度，聖人則之，以措刑焉。董子又曰：聖人詳春夏之政，以布德也；天之於陰也，少取以成秋，其餘以歸之冬。聖人之法秋冬也，少取以立嚴，其餘以歸之喪。蓋人以喜怒哀樂肖天地溫涼寒暑之氣，喜樂可長也，哀猶可詳也，而惟怒爲不可縱，懼干天地之和也。抑臣又考<舜典>益稷象刑之義，荀況解謂象天道而作刑，而漢初君臣皆依伏勝古訓，謂上世畫衣冠、異章服而民不犯，蓋刑期無刑，辟以止辟，聖人不得已而用之。夫子有言：「道之以政，齊之以刑，民免而無恥；道之以德，齊之以禮，有恥且格。」故刑者，禮之律令；禮者，德之科條。禮防於未然，刑制於已然，而其本要在於德。《左氏春秋》曰：「夏有亂政而作禹刑，商有亂政而作湯刑，周有亂政而作九刑，三辟之興，皆叔世也。自是晉鑄刑鼎，鄭用竹刑，而二國遂以不振。」秦用商鞅，法如牛毛，李斯復尚督責之術，昔人謂：「周過其數，秦不及期」。又云：「周衰無寒歲，秦亡無燠年。」蓋一則尚德，一則尚刑也。漢初務寬大，約法三章，餘悉除秦苛政，網漏於吞舟之魚，吏治蒸蒸，黎民乂安，所以開基四百者以此。然孝文用黃老，而天下殷富；孝武用酷吏，而天下煩擾。說者謂：老、莊之弊流爲申、韓，勢有必至，理有固然，皆失德之本也。臣謹按：《春秋》始元終麟之義、修母致子之說，以爲元者善之長，人君當繼天奉元，養成萬物，仁德全備，則仁瑞自來。漢陳寵上言：三微之月不用刑，合於〈中孚〉卦氣議獄緩死之誼。仲舒之對、溫舒之書，其言精深醇美，皆可採擇。我皇上聖恩廣大，本堯舜之心以爲心，酌周、孔之教以立教，伏讀御製，明愼用刑，說于雷動電明之象，寓和風甘雨之思，德洽生成，祥敷寰宇，謐刑之治，復見於今日矣。臣謹疏。（〈尚德緩刑疏甲戌朝考〉，《劉禮部集》，卷九，頁二四～二五。）

按：程祖洛，安徽歙縣人。嘉慶四年進士，十九年充會試同考官，後歷官江西按察使，湖南、山東布政使，陝西、河南、湖南、江蘇巡撫，工部侍郎，擢閩浙總督等職，卒於道光二十九年，晉贈太子太保銜，諡簡敬。（參清李桓輯《國朝耆獻類徵初編》，卷一九八，頁二二～三十。）

「章文簡公」即章煦（一七四五～一八二四），字曜青，別號桐門，浙江錢塘人。嘉慶三十七年壬辰進士，嘉慶十九年甲戌充會試正總裁，後官至文淵閣大學士，加太子太保，道光四年卒，年八十，諡文簡。（參清龍汝言撰〈太子太保文淵閣大學士章公墓誌銘〉，收入《續碑傳集》，卷二，頁十三～十五。）

周大司空，未詳。

「王大宗伯」即王念孫（一七四四～一八三二），字懷祖，號石臞，高郵人。乾隆乙未進士，改庶吉士，散館改工部主事，洊升郎中，遷御史，轉吏科給事中，官至直隸永定河道，道光十二年卒，年八十有九。著有《廣雅疏證》二十三卷、《讀書雜志》八十二卷，手編《詩》三百篇、九經、《楚辭》之韻，分古音爲二十一部；《導河議》上、下篇等。（參清阮元撰〈王石臞先生墓誌銘〉，《碑傳集補》，卷三九，頁十四～十八；徐士芬〈封光祿大夫原任直隸永定河道王公事略狀〉，《續碑傳集》，卷七二，頁十七～十九。）

既改庶吉士，循例拜見董誥，時董誥以病不及見。

甲戌榜發，公閱題名錄，至逢祿名，大喜，謂編修俞君曰：「吾師文定公之孫，今中式矣。」喜動顏色。既改庶吉士，循例往投刺，時公病下利，不及見。（〈記董文恭公遺事〉，《劉禮部集》，卷十，頁十二。）

是秋，乞假南歸，在籍二載。（劉承寬〈先府君行述〉，《劉禮部集》，卷十一附，頁二。）

是歲，常州亢旱，仁宗嘉慶皇帝有救荒之政，以蘇民困。于時城北士庶亦發揮古者恤鄰之意。先生則倡仿古社倉之法，期耕三餘一之遺意，眾人皆日然，遂書其法，以告于鄉黨。先生爰是撰〈城北協濟錄序〉，述其緣由始末。

古之言荒政者孰爲善？其鄭之罕米之樂與！………甲戌歲，常州亢旱，天子軫念災區，發帑普賑，郡邑長官復率士大夫裒多益寡，得錢幾二十萬緡，得以廣皇仁，蘇民困。于時城北士庶觀感奮興，因念古者恤鄰之意，取公局賑冊口數稍廣之，以卹户爲口，六百有奇，聚粟百石有奇，大口日給三合，吾子半之，自三月朔至五月止，葬埋醫葯之費在其中，楮墨升斗之費在其外，雖不能無饑人，而死亡者末已。抑又聞之，詩曰：「逮天之未陰雨，徹彼桑土，綢繆牖户。」城北之爲户者千，上户十之一，下户十之三，若仿古社倉之法，取上户、中户樂歲之奇，而聚穀於公所，使老成辨護者謹司之，亦庶幾耕三餘一之遺意乎！僉曰：「然。」遂書之，以告于吾黨。（《劉禮部集》，卷十，頁五。）

嘉慶二十年乙亥（一八一五）　先生四十歲

十月，承寵入學，承宇生。先是夫人潘氏連舉七子一女，皆躬自乳哺，至是始雇乳媼焉。（〈榮陽恭人行略〉，《劉禮部集》，卷十，頁二十八。）

是年，段玉裁卒。

嘉慶二十一年丙子（一八一六）　先生四十一歲

以王父劉綸所御狐白裘賜長子承寬，期許衣缽相傳，詩以記之。

晏子狐裘三十年，我公四世澤方綿；素絲退食中朝望，白簡清風兩袖傳。嘉宴已叨宮錦賜，故香重染御爐煙；紹衣莫忘司空訓，芸館清芬繼昔賢。先文定公乾隆初元丙辰鴻博，伯父少司空公以是年生，丙子舉人，丙戌探花。予告回里時，以承寬嘉慶初元丙辰生，期以衣缽云。（〈以先文定公所御狐白裘賜長子承寬詩以記之〉，《劉禮部集》，卷十一，頁二十。）

按：據小注二伯父劉躍雲丙子舉人，而先生中進士乞假回里，是年丙子，承寬舉鄉試中式，推知此詩蓋作於是年鄉試之前，勉以休忘家祚。

以卣于公所用圭硯賜次子承寵，貽詩勉之。

經籯貽子更貽孫，手澤猶新感墨痕；賜硯昔因懷舊德，析圭從此沐皇恩。紬書叔重探精奧，學《易》慈明細討論；載誦清芬傳弟子，世家江左重吾門。（〈以先大夫所用圭硯賜次兒承寵詩以勗之〉，《劉禮部集》，卷十一，頁二十～二一。）

按：是詩亦未繫年，蓋與〈以先文定公所御狐白裘賜長子承寬詩以記之〉同時而作。詩云「析圭從此沐皇恩」，亦頗符先生中進士，析圭而爵之意耶！

六月，爲長子承寬納婦黃氏。是年，承寬舉鄉試中式。（〈滎陽恭人行略〉，《劉禮部集》，卷十，頁二八。）

十一月，次女生。（〈滎陽恭人行略〉，《劉禮部集》，卷十，頁二八。）

是年，先生從舅氏莊逑祖、文友洪飴孫卒。

先生於是年歲暮，思鄉感舊，懷念鄉黨諸君子，先作〈歲莫懷人小序〉，其後詩成，觸興連及，刪存十六首，題爲〈歲莫懷人雜詩十六章〉，多與原小序不相應，觀小序及十六首雜詩，其感舊懷友之對象：祖父劉綸、伯父劉躍雲、父劉召揚、外王父莊存與、從母舅莊逑祖、內兄莊綬甲、表弟宋翔鳳，此家族親戚者；莊傳永、張皋文、孫淵如、惲子敬、李申耆、陸繼輅、陸邵聞、董晉卿、董方立、吳山子、丁若士、祝筱山、周儀暐、潘準等，此師友交游、弟子從學者。

昔魯多君子，宓賤擇乎里仁，能自得師，子輿友先鄉國，豈非近取反求，固中智要術與？余年及無聞，不殖將落，回憶二三十年鄉黨諸君子，亡有臣質之痛，存增離索之懼者，則有其人焉。敦行孝友，厲志貞白，吾不如莊傳永；思通造化，學究皇墳，吾不如莊珍埶；精研《易》、《禮》，時雨潤物，吾不如張皋文；文采斐然，左宜右有，吾不如孫淵如；議論激揚，聰敏特達，吾不如惲子居；博綜今古，若無若虛，吾不如李申耆；與物無忤，泛應曲當，吾不如陸邵聞；學有矩矱，詞動魂魄，吾不如董晉卿；數窮天地，進未見止，吾不如董方立；心通倉籀，筆勒金石，吾不如吳山子。歲莫懷人，思鄉感舊，輒成五言古詩若干首，獨寐晤歌，聊以自厲。至若四方之士，心所景行者，良多其人，然天下之善，非一曲之見所敢品量也。

案：府君先作是序，其後詩成，觸興連及，刪存十六首，多與序不相應，故別存于此，以當先友之記。承寬謹識。（〈歲莫懷人詩小序〉，《劉禮部集》，卷十，頁二。）

高樓亘雲漢，初月臨綺牕；彷彿雲中君，調弦落寒江。蓮花然錦帳，明珠縣玉釭；忽乘白鳳飛，芳意王母通。王母厭芳意，小謫塵寰中；仙骨終不移，淄水欲涴容。何時反瑤臺，將爲御兩龍。

束髮弄柔翰，結交多素心；蘭言愜幽契，芳思通瑤琴。忽疑從何來，言自玉宇中；別如商與參，會若雲與風。誰謂河漢廣，牛女長頻光；誰云岱華聳，日月還相望。所思杳冥冥，魂夢時飛揚。

皓月照霽雪，朗如行玉山；恍遇同袍友，風霜洗容顏。憶昔童冠時，會吟涉簡園；園中羅珍木，池上栖夗央。玉樹初作花，光暉溢中唐；叢桂生周阿，綠篠夾回廊。清歌引商羽，和以風花香；坐我青玉案，飲我瓊瑤漿。饑驅竟何之，此意竟欲忘；奔駒怛逝川，神仙愕景光。

阮咸痛孤露，報劉志未伸；爲人和以介，直諒能博聞。久作關隴行，冠蓋紛逢迎；蒐奇富金石，裘馬自生光。婚嫁願既從，歸興殊難償；一卷冰雲文，嵩華如毫芒。周孔通夢寐，賈董羅門牆；所重行誼敦，梓里相扶將。惠我尺素書，馳以兩驌驦。

按：「阮咸」即指陸耀遹（劭文），陸繼輅〈寄祝二〉：「我時攜仲容，君亦偕士衡。」又〈聞洪四胙孫，稚存先生子。補學官弟子并寄洪三符孫都下〉：「咸籍齊年將及壯舍姪劭文。」（分見《崇百藥齋續集》，卷一，頁二二；卷二，頁六～七。）西晉阮咸字仲容，阮籍爲阮咸叔父，二陸亦如籍、咸，皆叔姪齊名。

仙人號若士，聳聲出雲表；抗論萬三古，秦漢一何小。摛華耀朝日，妙理蘊夕宙；盎盎春在蘭，亭亭月當柳。一朝棄妻子，東海擬高蹈；相攜童男女，遠訪徐福島。故人倘見思，回舟須及蚤。

按：此懷丁履恆之作。丁履恆（一七七〇～一八三二），字若士，一字道久，晚自號東心，常州武進人。生而英異，好學深思，無所不貫，爲人倜儻爽邁，表裡如一，而內行篤修。文章學術，淬厲磨濯，於漢、宋諸儒，必求有得於心，不務立門戶。嘗磊落有經世之志，益講求農田、水利、錢法、鹽政、兵制，著爲論說，以待求取。每當友朋聚處，斗酒爲樂，或相規過失，或商論古今，輒至痛哭，蓋誠發於中而憤形於外，非一往感慨不能自已者。嘉慶辛酉拔貢，官至山東肥城縣知縣，享年六十三。所著有《春秋公羊例》、《左氏通義》、《毛詩名物志》、《宛芳樓雜著》、《思賢閣文稿》、《說文諧聲表》、《思賢閣詩稿》、《倚聲寫韻齋詞稿》、《望雲聽雨山房札記》、《愛日堂自治官書稿》各若干卷。今見存有《思賢閣集》十四卷（詩集八卷、詞草二卷、文集四卷）。（參清吳育撰〈敕授文林郎山東肥城縣知縣丁君家傳〉，《私艾齋文集》，卷五，頁三三～三五。）詩言若士有遠避東海、遐棲高蹈之舉，先生表達懷思，勸其早回舟。

筱山古畸士，與世殊枘鑿；鑒物德操智，孤忠鄴侯激。微言發深省，神遠心自窅；疾惡若鳩羽，甘善飲醇醪。恬淡貞素誠，不器適大道；獨抱堯許情，悠然對蒼昦。

按：此懷祝百十之詩。祝百十（一七六六～一八二七），字筱山，又字子常，江陰縣學生，道光辛巳元年，舉孝廉方正，祝氏以衰疾不赴廷對，奉旨給六品冠帶，卒於道光七年正月九日。幼而工詩，憑襟獨得，多發天然，歷覽三唐，歸宿魏晉，投贈之作、懷舊之篇，言哀已歎，挹之不盡。洎乎晚年，興寄蕭遠，出入阮嗣宗、陶淵明間，亦其志相肖，有《華蕚集》若干卷。（參清李兆洛〈孝廉方正祝君行狀〉，《養一齋文集》，卷十二，頁二九～三一；吳育撰〈祝聘君墓誌銘〉，《私艾齋文集》，卷四，頁十七～十八。）詩言筱山篤於交友，見善稱之，見不善必規之，微言辨別曲中，而能發人深省；雖有「君子不器」、無所不施之才，惜不耦於世，獨懷許由去祿逃隱之情也。

嶺梅發春華，澗松動寒響；當今箸作才，暐也乃絕唱。滮源薄騷雅，短咏彌清暢；窮愁醒欲狂，豪素畀炎丙。安得梁王園，枚馬同俯仰。

按：「�」指周儀暐（一七七七～一八四六），字伯恬，陽湖人。少與申耆、陸祁生、張翰風咸以文章、學識有盛名，其未仕時，嘗客廣東，當道相爭引重，儀暐無所干，歸裝惟積詩盈尺，體貌枯瘠而才思瞻逸，工六朝文詞，尤深於詩。嘉慶九年舉人大挑二等，選授安徽宣城縣訓導，俸滿，擢陝西山陽縣知縣；鄧廷楨見儀暐〈韓城驛詩〉，愛重之，調署鳳翔，去山陽時，民皆見思，旋以鄧氏及君之友魏襄相繼而卒，君悲傷成疾，遂卒、時道光二十六年，得年七十，有《夫椒山館詩集》二十一卷《補遺》一卷。（參清梅曾亮撰〈周伯恬家傳〉，收入《續碑傳集》，卷七八，頁九～十。）先生稱其爲「當今箸作才」，欣賞其短詠清暢之詩作；然傷其窮愁鬱，落落於世，故有歌哭當狂，豪素付丙炎之舉，盼今能有如漢梁孝王般之伯樂，使儀暐能俯仰其間也。

清時重經術，孔思本天授；茗柯絕世材，假年志不就；金淵與玉海，孰啓後賢覆。申耆亦博綜，一麾用差謬；若得曠世遇，禮樂庶可復。

按：此詩懷張惠言、李申耆二人。張惠言號茗柯，其生平、著述之簡歷，參見嘉慶七年按語。李兆洛（一七六九～一八四一），字申耆，晚號養一老人，門弟子群稱養一子，江蘇陽湖人。嘉慶十年乙丑（一八〇五）進士，改庶吉士，散館授安徽鳳臺縣知縣，在縣七年，以父憂歸，遂恬退不復出。主講江陰暨陽書院，居之二十年，而卒於家，時道光二十一年七月，享年七十有三。精於曆算、輿地兩業，著《歷代輿地沿革圖》、《歷代地理韻編》，又成天地球及天文圖地球；編有《駢體文鈔》、《皇朝文典》、《鳳臺縣志》、《舊言集》《江二喬草集》各若干卷。歿後，門人編刊《養一齋文集》、《詩集》。（參清包世臣撰〈李鳳臺傳〉、魏源〈武進李申耆先生傳〉、蔣彤〈養一子述〉，皆收入《續碑傳集》，卷七三，頁一～十四。）先生稱申耆「博綜今古」，若得禮遇，則禮樂之世可期；惟申耆自鳳臺縣歸，終不復出山，而以講學、梓人自隨。

憶昔初入都，姝子守金閨；問《禮》喜得師，良友如壎篪。童烏能問字，神駿生渥洼；忽忽十數年，流轉各天涯。夔曠不相遇，韶舞爲誰攜；鄭音易爲好，趍舍惟自知。壬戌之春，見茗柯先生，談《禮經》最樂，時董晉卿在甥館，江安甫巳沒，彥惟幼稚也。

按：張茗柯、董晉卿、江安甫、張彥惟生平，參見嘉慶七年按語。

董生平子流，制作侔造化；探奇赴關隴，獨唱定無和。莫言命不諧，行藏兩俱可；明歲來京華，天屬早安妥。會當排金門，清時待名佐。

按：「董生」指「數窮天地」之董祐誠（一七九一～一八二三），初名曾臣，鄉舉後乃更今名，字方立，陽湖縣人，嘉慶戊寅舉人。始工漢魏六朝文，能爲沈博絕麗之文，復肆力於歷數、輿地、名物之學，既乃精求典章禮儀、政治利弊之要，思以用世自期，而乃不永其年，齎盛志以沒，時道光三年七月二十八日，年三十三。其兄基誠裒其遺書，〈割圜連比例術圖解〉三卷、〈橢圜求周術〉一卷、〈堆垛求周術〉一卷、〈堆垛求積術〉一卷、〈斜弧三邊求角補術〉一卷、〈三統術衍補〉一卷、〈水經注圖說殘稿〉四卷、〈文甲集〉二卷、〈文乙集〉二卷、〈蘭石詞〉一卷，書九種，凡十六卷，題曰《董方立遺書》。（參清張琦撰〈序〉、張成孫〈董方立遺書序〉、李兆洛〈董方立傳〉，見《董方立遺書》。）張衡字平子，致思於天文、陰陽、歷算，作渾天儀，崔瑗稱平子「數術窮天地，制作侔造化」（《後漢書•張衡傳》）申受引之，以讚譽同里之後進，並勉其明歲來京再試禮部，當得列位金馬門矣。

慟絕潘氏子，共學能適道；悲哉十八齡，六蓺爲嗜好。文采斐漢京，數術恣蒐討；經誼匡賈鄭，書文辨古籀。戠歲痛失恃，報劉矢純孝；三立希德言，寸志豈安飽。前苗已不秀，後籜彫復蚤；吾道壞干城，大哀惟國寶。我夢哭失聲，怛吒病妻覺。

按：此追念弟子潘準若籜之早彫，於先生共學適道之志業中，有如干城之傾、國寶之失。請並參嘉慶十七年部分。

吾鄉大儒宗，好古竟忘耄，味經善識大味經，外王父齋名。。珍蓺益精眇珍蓺，從母舅葆琛先生齋名。，經心闕雲霧，豁若日星皎；辭官爲養志，解橐富緗縹；廿年正夏時，絕學三代表；晚歲窮古籀，匡許到秋杪；至樂無與談，見我麈困倒；淫思欲骨立，諫果知味妙。從游綬與鳳綬，莊卿珊；鳳，宋于亭。，敏魯各深造，著作滿一家，竹帛永持保。

按：此稱其外家莊氏學之特色、成就及其從游者莊綬甲、宋翔鳳，其生平、著作，皆詳述於前。

憶我歌驪駒，三老稱兕觥。南華貫全史，戲謔理愈莊；趙孟善賦詩，酒政累十觴；淵翁眞淵藪，郇爵紛琳瑯。女樂羅後庭，弦管水中央；江山盛文藻，園榭列眾芳。神仙不易得淵翁近校《抱朴•內篇》。，彭祖眞無疆太公年近九旬，去歲重赴鹿鳴宴。；何當解纓組，相與共翱翔。

按：「三老」者，一爲孫星衍（一七五三～一八一八），字淵如，江蘇陽湖人。乾隆五十二年丁未進士，授編修，散館改刑部主事，廔遷至山東兗沂曹濟道，在官多所平反，或依古義平讞。以丁憂歸，主浙江詁經精舍講席，問以經史疑義等，聽諸生搜討條對，以觀其器識。服闋，補山東督糧道，任凡六年，引疾歸居有年，嘉慶二十三年卒於江寧，距生於乾隆十八年九月，得年六十有六。星衍早年文辭華麗，繼乃沉潛經術，博極群書，勤於著述，撰集《古文尚書》馬、鄭、王注十卷及逸文三篇，又為《尚書今古文注疏》；其餘撰集有《周易集解》、《夏小正傳校正》、《魏三體石經殘字考》、《孔子集語》、《史記天官書考證》、《寰宇訪碑錄》、《平津館金石萃編》、《孫氏家藏書目》內外編、《問字堂文稿》、《岱南閣文稿》、《五松園文稿》、《平津館文稿》、古今體詩若干卷、校刊之書亦有數種。（參清阮元撰〈山東糧道淵如孫君傳〉，《揅經室集、揅經室二集》，卷三，頁四三二～四三九。）「趙孟善賦詩」，蓋指趙懷玉；「南華貫全史」者，殆指莊氏，惟不詳其為何人。

昔作之江游，湖山滌塵襟；劉阮得仙侶，汗漫涉海潯。龍湫天下奇，雁峰雲外尋；朝發夫容邨，軟綠鋪崎嶔。曾巒百盤上，萬嶺排碧簪；雙剪刺青空，側成錦屏風。石髮漾巖際，百筵張廣龕；山僧代扶笻，肩舁當解驂。常雲終古潤，火燄色黯黮；或如僧聽經，或如鳳諧琴。玉女忽啓牕，雙將亙百尋；奇葩燦列宿，仙鳥揚清音。折華綴飛輿，蜂蝶時相侵；應接無淹晷，客感何攖心。此中可長年，便欲投吾簪。

我祖純廟初，奏賦明光宮，裒然冠天下，相業善始終；伯父繼惇敏，壯歲躋秩宗。我父蓄厚德，履滿恆執沖；翠華蒞南邦，特達契聖衷；若纘褱頹緒，又見韋平風；梗介避權貴，託跡類阨窮；舜華榮一朝，松柏能忍冬；靜心悟物理，庭誥齊窮通；志欲定家儀，祭法明功宗。吁嗟世祿宜，周澤延滕公；廟室固不毀，收族寧齊同。曾孫守經意，登降習禮容；何時成先德，保世期亢宗。

按：此敘其王父劉文定公綸、伯父躍雲科第文章並盛，勳業爛然，一作相，一爲卿貳，名位鼎盛；其父卣于公召揚雖蒙欽賜內閣中書，然以生性梗介，不耐奔走當途，未嘗赴補。先生陳父祖功德之業，砥礪自勉，並誌子孫毋忘先德，毋墜厥宗。

道南搆寢廟，因陋宜古今；圖書出天府，彝器珍南金。蔭門古桐柏，閱世亦已深；寢廷植嘉卉，高下紛岡岑。春秋風日佳，啜茗發微吟；秇菊臨廣軒，延客操雅琴。荷風動疏簾，晨馨清妙心；傑閣頫城隅，瑤箏散幽襟。錦鱗唼花影，綠篠媚碧潯；石梁跨通渠，迴廊轉華鐙。雖無鼎鐘奉，清顯世所欽；作書寄徐淑，此樂逾纓簪。

按：先生〈歲莫懷人雜詩〉十六章，未明述其成詩時間，〈小序〉但云「年及無聞，……回憶二三十年鄉黨諸君子。」無聞之齡，見《論語、子罕》：「四十五十而無聞焉，斯亦不足畏也已。」則是詩蓋作於四十、五十之間。詩中言孫星衍「近校《抱朴、內篇》」，據張紹南撰《孫淵如先生年譜》載：「嘉慶十八年癸酉，君六十一歲，……是年與方督部維甸、繼觀察昌校刊《抱朴子、內篇》。」（卷下，頁十四）是年先生三十八歲，年未及無聞；孫氏卒於嘉慶二十三年，先生則四十三歲，然詩意不見有臣質之痛，顯然孫氏是時猶健在。又詩中有「何當解纓組，相與共翺翔」、「憶我歌〈驪駒〉，三老稱兕觥。」〈驪駒〉乃客欲告別所歌之詞，先生於嘉慶十九年成進士，是秋乞假南歸，在籍二載，此蓋回憶乞假將期滿，欲告別故里，三老爲之餞別盛景，則是詩蓋作於四十一歲歲暮赴京任職之途以後。又詩中云「作書寄徐淑，此樂逾纓簪。」「徐淑」指其夫人潘氏，道南浙江鄞人，先生見道南寢廟圖書彝器之富，庭臺風緻之雅，欲寄書潘氏，潘氏攜家北上重聚在二十四年五月以前，時先生四十四歲，故此詩蓋作於潘氏北來之前，在嘉慶二十一年至二十三年歲暮，時先生四十一至四十三歲之間，今暫繫於二十一年歲暮之時。猶待詳考者，有「太公年近九旬，去歲重赴鹿鳴宴」，此無疆之彭祖爲何人？若得知其人，則是詩寫作之時間亦可從赴鹿鳴宴推知矣。

嘉慶二十二年丁丑（一八一七）　先生四十二歲

先生居散館時，以題爲韻，作〈三階平則風雨時賦〉。（《劉禮部集》，卷一，頁四六～四八。）

五月，先生自散館庶吉士，改禮部祠祭司兼儀制司事，時安徽某州民伯仲共一子而兩娶，仲婦無出，欲繼其伯之次孫爲仲嗣，並欲令此次孫服所嗣祖母承重服及母服三年，而降其父母與兄之服，乃欲以財與之。部中以「慈母如母，今律亦然」示之，先生則上〈禮無二適議〉駁之，議上，其案始定，同先生之議者，有閔人梁章鉅。

丁丑，余散館改禮部。（〈滎陽恭人行略〉，《劉禮部集》，卷十，頁二八。）

嘉慶二十有二年五月，余自庶吉士改禮部祠祭司兼儀制司事，安徽巡撫咨稱：某州民某兄弟異居，伯有子一人，仲無子而歿，伯爲子娶婦，有孫三人，仲之妻亦爲伯子取其姪爲婦，婦仍無子，欲以伯之孫幼者一人爲嗣，請于州府，欲令此子爲仲妻服祖母承重服三年，又爲其婦服母服三年，而降其父母與兄之服，乃以財與之，否則別擇疏族爲後。州府以仲之婦某係中表聯姻，本難謂爲妾媵，欲許如繼母服而降其本生母，其應嗣之兄弟皆不可，咨請部示。部中議曰：「伯之孫某，義可得其資財，而不肯爲持服，若如所請，是欺老寡而教天下以薄禮云。慈母如母，今律亦然，請以此示之。」駁曰：「禮云：『慈母如母』者，父命妾子之無母者曰：女以爲母。命妾之無子者曰：女以爲子。于是鞠育教誨，恩義兼深，故慈母如母、妾貴君命、子貴父命也。今是子嫡母親生無恙，未嘗受仲婦之撫養，不得以妾子之無母者比；且古者士大夫之妾媵皆姪娣也。孰謂內嬭不得謂妾乎？仲之妻止當爲伯子納妾，不得爲伯子取妻，爲取妻是二適也；且禮所謂承重加降者，所以重本尊統，故有適子則無適孫，父以傳子，祖以傳孫，文家宗法則然，非僅資財之謂也。古者兄弟異居，同財有餘則歸之宗，仲既無嗣，仲之妻當以其財歸于伯，伯使子主其生，事葬祭禮也。仲之妻且不得私其財，仲爲伯子所別取之婦又安得私其財？使是子也，利其財而外其所生；是婦也，私其財而不夫其夫，尚不爲教天下以薄乎？且世俗有兄弟四五人而共一子者，若皆爲取婦，而孫又止一人，是三年之喪終其身無已也。」議者又曰：「繼母慈母之名既不得爲比矣，仲之妻若婦死，是子也以祖母之服若叔母之服，服之如何？」駁曰：「禮云：伯母叔母疏衰，踊不絕地；姑姊妹之大功，踊絕于地；伯母叔母恩殺而服重者，名義然也。仲之妻死，是子以從祖祖母之服服之；仲之婦有女，則以庶母之服服之，如無女，則父妾也。于禮，無母名也。禮云：士妾有子而爲之緦，無子則已。不得以叔母例，議上，案乃定。同余議者，閩君梁章鉅也。（《劉禮部集》，卷三，頁九～十。）

丁丑、散館改禮部主事。……又嘉慶二十二年，安徽巡撫咨稱，某州民伯仲共一子，各爲取婦，而仲之婦仍無出，將繼其伯之次孫爲仲嗣，欲令其服所嗣祖母承重服及母服，乃以財予之，其當嗣之兄弟皆不可，乃請之州府。州府以仲爲伯子所別取之婦，係中表聯姻，難謂妾媵，持不能決，咨請部示。部中欲引慈母如母之律以許之，否則或令其子爲仲妻，若婦持祖母及叔母之服。府君再立駁藁，析義至精，同司無以難，其案始定，若集中〈禮無二適議〉是也。（劉承寬〈先府君行述〉，《劉禮部集》，卷十一附，頁二、三。）

案：梁章鉅（一七七五～一八四九），字閎中，一字茝林，晚年自號退庵，福建長樂人。嘉慶七年壬戌進士，改庶吉士，散館改禮部儀制司主事，官至江蘇巡撫兼理兩江總督，卒於道光二十九年六月，年七十有五。著有《論語集註旁證》、《孟子集註旁證》、《夏小正經傳通釋》、《三國志旁證》、《文選旁證》、《退庵隨筆》、《歸田瑣記》等書，凡七十餘種。（參清林則徐撰〈誥授資政大夫兵部侍郎都察院右副都御史江蘇巡撫梁公墓誌銘〉，收入《碑傳集補》，卷十四，頁十五～二一。）

改官儀部後，始識歷城尹濟源，尹氏乃卣于公之高才弟子，先生自其處獲外王父莊存與甲子會試墨卷。

嘉慶十有五年，歲在庚午，禮部以各省鄉會試卷向貯南庫閱二十科，紛不可容，奏請焚之，以杜傳寫抄襲之弊，得旨報可，于時歷城尹君濟源以戊辰庶吉士改官儀部，與典斯役，于敗簏中獲此卷，重其爲先賢手筆，謹藏之，越八年丁丑，余以庶吉士改官儀部，始識尹君，尹君故先君子主講濼源書院時高第弟子，興言及此，憮然三歎，蓋是年吾先妣太恭人誕生之年也。

先妣又嘗謂祿曰：「乾隆甲子科前期，上聞士習不端，懷挾擬題之風日甚，思痛懲之，命親王大臣嚴立搜檢之法，得一人者，賜軍役一金，士子褫及褻衣，貢院內外枷杻相屬，比日晡，受卷入場者寥寥也。公與同里圃三司空俱退歸寓舍，將就寢矣，忽傳旨，盡放進，比欽命題下，曳白者乃至二千餘人，下詔切責，并裁減各省中額，而公與司空俱于是科獲雋。公出永濟崔公紀之門，且曰：『合觀三場，讀書眞種子也。』即連捷登上第，越歲大考，翰詹擬董仲舒天人冊第三篇，公素精董子《春秋》，且于原文冊曰：『以下四條，一字不遺。』上大嘉歎，即擢侍講。」嗚乎！音容如在，手澤猶新。（〈記外王父莊宗伯公甲子次場墨卷後〉，《劉禮部集》，卷十，頁八～九。）

按：尹濟源，字東沆，一字霽園，號竹農，山東歷城人。嘉慶十三年進士，散館改禮部主事，官至湖北巡撫，善書。（參清朱汝珍輯《詞林輯略》，卷五，頁十七；清李放纂輯《皇清書史》，卷二四，頁十三。）

「圃三司空」，即劉星煒（一七一八～一七七二），字映瑜，號圃三，江蘇武進人。乾隆戊辰進士，改庶常，散館授編修，官至工部侍郎，卒於乾隆壬辰正月，享年五十五。公學術淵厚，尤擅儷體，著有《思補齋集》。（參清蔣士銓撰〈資政大夫工部左侍郎圃三劉公墓誌銘〉，《碑傳集補》，卷三，頁十～十三；陶湘編《昭代名人尺牘集小傳》，卷一，頁二。）

崔紀，本名珺，字南有，號虞村，永濟人。康熙五十七年戊戌進士，以庶吉士官編修，官至左副都御史、江蘇學政。君生於康熙三十二年，卒於乾隆庚午八月，得年五十有八。著有《周易講義》、《學庸講義》、《論語溫知錄》、《讀孟子箚記》、《讀周子箚記》，《詩》、《書》講義未刊者共十四卷。（參清王善橚撰〈西湖北崔公紀墓誌銘〉、沈廷芳撰〈資政大夫提督江蘇學政都察院右副都御史崔公墓誌銘〉，《碑傳集》，卷七十，頁八～十二。）

陽湖陸繼輅作〈丁丑下第南歸塗中寄懷都門師友〉，中有懷先生之作。

四海同文韻豈殊，東京以後古音疎；劉郎絕業看成日，銷得吳孃玉腕書劉禮部逢祿。（《崇百藥齋文集》，卷十二，頁五。）

案：先生有《詩聲衍條例》一卷、《表》一卷、《長編》二十六卷之作，將以推陳第、顧炎武、江永、段玉裁、孔廣森、莊述祖、張惠言等古音學未竟之志，欲析其義類，考其離合，集其大成，以諧聲統六書之綱。（見〈詩聲衍序〉，《劉禮部集》，卷七，頁一～四。）又莊述祖〈與劉甥申甫書〉云：「頃閱大箸《毛詩聲衍》部分，較前益密。」（《珍藝宧文鈔》，卷六，頁二三。）據陸氏詩所示，則《詩聲衍》於是年已屬稿而未竟。

爲二子承寵納婦謝氏。

丁丑，余散館改禮部，爲承寵納婦謝氏。（〈滎陽恭人行略〉，《劉禮部集》，卷十，頁二八。）

是年，惲敬卒。

嘉慶二十三年戊寅（一八一八）　先生四十三歲

十月，太保大學士董文恭病薨，先生悲愴塡膺，感念董公對其先府君卣于公及申受本人兩代知遇之恩（事見乾隆四十一年、嘉慶七年、十九年部分），乃書〈記董文恭公遺事〉一文，追憶兩世之交誼，並引述惲子居、洪飴孫言和珅之事，以彰董公賢德及其臨事變而從容鎮定之遺事。

嘉慶二十有三年十月　日，太保大學士董公薨于賜第，逢祿聞之，胸臆惝怳，如有所不能言。憶……故友惲子居敬曰：「敬居京師，未嘗見公，聞公居，太夫人憂，常徘徊一室，若有所甚憂，或執象笏擊几，笏爲之裂。竊疑公與珅同居樞密，必有甚不得已者，公服闋來京師，和珅尚沮之。敬有族子某，微者也，公與之故，爲猶子取其孤女，敬以此知公賢。敬謁選，適得富陽公先來拜曰：余族單而守法，某在此未嘗得罪閭里，想不以侵擾先壠，故煩賢大夫心也。嘉慶初元，和珅勢甚張，外而封畺大吏，領兵大員，內而掌銓選，理財賦，決獄訟，主諫議，持文柄之大小，臣工順其意，則立榮顯，稍露風采，折挫隨之。太傅朱文正公以德行文學受兩朝知遇，敭歷中外，垂五十年，時以內禪禮成，例得進冊，珅多方遏之；既上，珅又指摘之，純皇帝諭曰：『師傅之職，陳善納誨，體制宜爾，非汝所知也。』旋以吏部尚書協辦大學士召今皇上作詩寄賀，屬藁未竟，珅取以白上皇曰：『嗣皇帝欲市恩于師傅邪？』上皇色動，顧董公曰：『汝在軍機刑部之日久，是于律意云何？』公叩頭曰：『聖主無過言。』上皇默然良久，曰：『卿，大臣也，善爲朕以禮輔導嗣皇帝。』乃降旨，朱珪仍留兩廣總督之任，旋又改巡撫安徽，是時直內庭者無不色變震恐，公從容謝過，書旨而退。」洪祐甫飴孫曰：「癸酉秋九月，林清、李文成等倡亂三省，公時扈駕，謁東陵回，次白澗行宮，猝聞禁城盜警，皆恍惺不知所計，有議欲奉駕之京，東調大兵成列而後進者，公曰：『是滋亂也，獻俘者且至矣。』即日扈駕進次煙郊，適提督英公和以所統兵焚橫郝及宋家庄、董家庄賊穴，并擒賊，目迎駕還宮，三日而定，論功，公與托公津、桂公芳、盧公蔭溥、英公和皆第一，蔭襲有差，其臨變鎮定如此。」……自是聞公失明且病喘，遂成永訣矣。感念兩世受公之知，悲愴塡膺，其事之大者，自有國史及神道碑書之，至樞機密勿，又非小臣所得聞，謹綴其遺事，俟采擇焉。（《劉禮部集》，卷十，頁十～十二。）

按：惲敬（一七五七～一八一七），字子居，一字簡堂，陽湖人。乾隆四十八年癸卯舉人，五十二年，充咸安宮官學教習，歷官浙江富陽、江西新喻、瑞金諸縣，最後署南昌府吳城同知，嘉慶十九年，以失察黜官；二十二年八月卒於常州鳴珂里，春秋六十有一。少好齊梁駢儷之作，稍長，治古文；四十後，益研精經訓，深求史傳興衰治亂得失之故，旁覽縱橫、名、法、兵、農、陰陽家言，較其醇駁而折衷于儒術，將以博其識而昌其辭，以期至于可用而無弊。同州之爲古文者，張惠言、秦瀛、趙懷玉、吳德旋、吳育、董士錫、顧翃咸推君無異辭。著有《大雲山房文稿》初集、二集各若干卷、《子居決事》四卷。（參清陸繼輅撰〈瑞金知縣惲君墓誌銘〉，《崇百藥齋文集》，卷十七，頁十七～十八；清吳德旋撰〈惲子居先生行述〉，收入繆荃孫輯《國朝常州詞錄》，卷十三，頁十四～十五。）

洪飴孫字孟慈，一字祐甫，常州陽湖人，北江先生長子也。生於乾隆三十八年閏三月十六日（西元一七七三年），以嘉慶二十一年七月十六日卒於官。其學博聞強識，于經通小學，于史通地理、氏族、目錄、職官，而于亡書之學尤精，拾遺補闕，足以成一家，撰《世本輯補》十卷、《補續漢書藝文志》三卷、《補三國職官表》三卷、《史目表》二卷、《毘陵經籍志》四卷、《青埵山人詩》十卷，皆成書，《隋書經籍志考證》、《諸史考略》、《世本識餘》各數十卷，皆未成。申受與洪氏結交，當在束髮受學之際，飴孫弟洪符孫撰〈敕授文林郎湖北東湖縣知縣先伯兄行略〉云：「伯兄年十六負笈從莊寶琛先生遊，後又師事莊先生宇逵，與同縣莊君曾儀、丁君履恆、黃君載華、陸君繼輅、黃君乙生、陸君耀遹、莊君綬甲、劉君逢祿、莊君軫訂交，商榷古今，是正文字，而識解遂益進。」吳育撰〈皇清文林郎湖北知縣洪君傳〉亦云：「君幼從莊珍藝、達甫兩先生受經，而與同縣莊曾儀傳永、丁履恆道久、黃載華璞山、乙生小仲、陸繼輅祁生、耀遹紹文、莊綬甲卿珊、軫叔枚、劉逢祿申甫爲文學之友。」（參清洪符孫撰〈敕授文林郎湖北東湖縣知縣先伯兄行略〉、吳育撰〈皇清文林郎湖北東湖縣知縣洪君傳〉、李兆洛撰〈皇清文林郎湖北東湖縣知縣洪君墓誌銘〉、方履籛撰〈湖北東湖縣知縣洪君墓碑〉，皆收入《青埵山人詩》附錄部分，頁一～十一。）

「太傅朱文正公」即朱珪（一七三一～一八〇六），其生平詳參乾隆四十九年按語「朱文正公」條。

英和，姓索綽絡氏，字樹琴，號煦齋，滿洲正白旗人。乾隆五十八年癸丑進士；嘉慶十八年三月，調禮部右侍郎，八月，扈蹕熱河，九月，直隸、長垣教匪不靖，賊渠林清逆黨乘閒擅入禁城，命英和署步軍統領回京察辦，尋獲林逆於黃村西之宋家莊，上以平匪優敘，後官至戶部尙書協辦大學士，卒於道光二十年。（參李桓輯《國朝耆獻類徵初編》，卷三九〈英和〉，頁二十～三四；清朱汝珍輯《詞林輯略》，卷四，頁四七。）

托津富察氏，字知亭，滿洲鑲黃旗人。嘉慶十八年九月，教匪林清逆黨闌入禁城，命托津回京察治，林清就獲，詔優獎，授協辦大學士，後官至太子太傅，大學士致仕，卒於道光十五年，年八十有一，諡文定。（參清趙爾巽等撰《清史稿、托津列傳》，卷三四一，頁一一一〇二～一一一〇五。）

桂芳即桂文敏，生平請參嘉慶十二年按語。

盧蔭溥，字霖生，號南石，山東德州人。乾隆四十六年進士；嘉慶十八年九月，調戶部左侍郎，時林清勾結豫東教匪煽亂，陷滑縣，並潛入禁城謀變，夜半聞報，至行在面進機宜，越日從駕還京，事平，優敘，賜紫禁城騎馬，充經筵講官；後官至體仁閣大學士，諡文肅。（參清國史館原編《清史列傳》，卷三六〈盧蔭溥〉，頁十六～十八；趙爾巽等撰《清史稿、盧蔭溥列傳》，卷一二八，頁一一〇七～一一〇九。）

是年，孫星衍卒。

嘉慶二十四年己卯（一八一九）　先生四十四歲

春，仁和龔自珍應恩科會試，不售，留京師，始從劉逢祿學《公羊春秋》，遂大明西京微言大義之學，時龔氏年二十八。（吳昌綬編〈定盦先生年譜〉，《龔定盦全集類編》，頁四七一。）

昨日相逢劉禮部，高言大句快無加；從君燒盡蟲魚學，甘作東京賣餅家就劉申受問《公羊》家言。。（〈雜詩、己卯自春徂夏在京師作，得十有四首〉，《龔定盦全集類編》，卷十七，頁三九六。）

端門受命有雲礽，一脈微言我敬承；宿草敢祧劉禮部，東南絕學在毘陵年二十有八，始從武進劉申受受《公羊春秋》，近歲成《春秋決事比》六卷，劉先生卒十年矣。。（〈己亥雜詩〉，《龔定盦全集類編》，卷十六，頁三六八。）

按：龔自珍（一七九二～一八四一），字爾玉，又字璱人，更名易簡，字伯定，又更名鞏祚，號定盦，又號羽琌山民，浙江仁和人，段玉裁外孫。道光九年會試中式；十七年，改禮部祠祭司主事；十九年，乞假南遊；二十一年，卒於丹陽，得年五十。著有《尚書序大義》、《大誓答問》、《尚書馬氏家法》、《左氏春秋服注補義》、《左氏決疣》、《西漢君臣倆春秋之義》者各一卷、《春秋決事比》六卷、《己亥雜詩》等。（參清黃守恆撰〈定盦年譜稿本〉，《碑傳集補》，卷四九，頁十三～十七。）今有《龔定盦全集》刊行於世，得具見其學術詩文之成就。

夫人潘氏攜家北來，至都數日，次女殤。五月，孫受穀生。是年，承寵舉順天鄉試。食指浩繁，潘氏大費擘畫，始與汪氏二妹相見，多敘十八年來悲歡離合諸事，情好無間，有過同胞焉。（〈滎陽恭人行略〉，《劉禮部集》，卷十，頁二八。）

案：「汪氏二妹」者，先生有妹三人，二妹適杭州汪繩勳。（《家譜》，卷二，頁八三～八四。）

嘉慶二十五年庚辰（一八二〇）　先生四十五歲

秋，七月，仁宗皇帝升遐，先生居署，治大喪檔案。

庚辰秋，七月，仁宗睿皇帝木蘭熱河賓天，問至京師，禮部堂官奔赴熱河者二人，司員奔赴者，滿二人、漢一人，留署職大喪檔案者漢一人，則禮部主事臣劉逢祿實忝任之。（〈庚辰大禮記注長編恭跋〉，《劉禮部集》，卷九，頁十九。）

八月，潘氏率子婦及孫歸省，始知潘氏之外姑及伯兄俱逝。

庚辰八月，遂買舟率次子婦及孫歸省，舟至郡城，內兄霽岩喪服相見，驚知外姑及伯兄俱於八月逝世，恭人大慟，時方咯血，暈仆幾絕，隆冬送葬，舟中號擗，幾墜城河。（〈滎陽恭人行略〉，《劉禮部集》，卷十，頁二八。）

先生從外兄莊綬甲錄寄外王父莊存與遺書與阮元。

元于庚寅歲建學海堂講舍于粵東，思欲蒐采皇朝説經之書，選其精當，臚其美富，集為大成，為後學津逮。茲劉君從外兄莊綬甲錄寄宗伯公遺書凡　種，元受而讀之。（阮元〈莊方耕宗伯經説序〉，《味經齋遺書》，頁一。）

按：「庚寅歲」在道光十年（一八三〇），時先生已歿，如何錄寄莊存與遺書？據清張鑑撰《雷塘庵主弟子記》載：阮元於嘉慶二十五年庚辰（一八二〇）「三月初二日，開學海堂，以經古之學課士子。」（收入清張鑑等撰、黃愛平點校《阮元年譜》，頁一三二，北京　中華書局，一九九五年十一月。）則「庚寅」蓋為「庚辰」之誤，故繫此事於是年。

道光元年辛巳（一八二一）　先生四十六歲

仁宗大事，先生以喪紀為禮之極，大喪為國家萬事之根本，乃披集大禮，自去歲七月始事，至是年三月奉安，典章具備；四月，仁宗圜丘升配事畢，而全檔子告成，創《庚辰大禮記注長編》十二卷及〈恭跋〉，言其始末，以為後世考禮儀者蹟焉。

起嘉慶二十五年七月二十七日，軍機大臣受顧命大臣飛寄留京辦事王大臣信，留京王大臣傳知百官成服，迄道光元年三月二十六日奉安昌陵，禮成，又恭載四月初六日常雩圜邱升配事，而全檔子告成。所徵者凡十類：一，上諭；二，隨旨；三，題奏本摺；四，禮部咨各衙門文移；五，各衙門咨禮部文移；六，禮部頒各直省及五十一旂蒙古、八十七旂喀爾喀文移；

七，朝鮮國王咨部文移；八，禮部存記清漢字檔子；九，內閣恭擬祭文；十，翰林院恭擬祭文而朝鮮國王祭文附焉。敬手勒成六卷。喪紀爲禮之極，大喪爲國家萬事之根本，恭讀遺詔有之，曰：「《書》有陟方之文」，古帝王崩于巡狩，蓋有之矣，則是不得以爲變禮。今所記注皆經常也，敬以告儒之纂官書及後世攷禮儀者。嗚乎！我朝列祖列宗，大慈大孝大法大守之原，至尊至重，禮官不能詳也，禮官所能記載，蹟焉而已。道光元年四月二十九日，禮部祠祭司主事臣逢祿恭跋。（〈庚辰大禮記注長編恭跋〉，《劉禮部集》，卷九，頁十九。）

若嘉慶二十五年，睿皇帝升遐，府君居署數旬，晝夜討論，口諮手錄，因成《庚辰大禮記注長編》十二卷，自始事以至奉安山陵，典章備具，體例謹嚴，其後承修官書遂全用其藁。其裒輯者，則有……《庚辰大禮紀注長編》十二卷。（劉承寬〈先府君行述〉，《劉禮部集》，卷十一附，頁二、三、七。）

按：〈恭跋〉作「勒成六卷」、〈行述〉著錄十二卷，頗見出入，今未見刻本。

仁宗圜丘升配一事，先生書上尙書王文簡公，請復古禘祀之禮，事不果行而失稿，止別存〈禘議〉。

謹按：禘從示，從帝，言配帝之祭也。又禘者，諦也，審諦其德而差優劣也本劉向《說苑、修文篇》，張純謂審諦昭穆，大繆。，謂以人鬼配天神，丕視功載，以作元祀，其禮參於郊祀天地，其義通乎南郊定謚，故周禘嚳，稱天以諦祖宗之功德，禘文王，稱文祖以諦子孫之功德，天事尊而不親，故高圉、亞圉僅列報祭太王、王季，祧於四親，周公宗祀之典，遇隆大舜瞽瞍不得配帝。，禮創夏商，郁乎煥哉！自生民以來，未有盛於此時者也。魯千大禮，夫子不言，漢氏德衰，諸儒守缺，張純混昭穆之義張純云：禘者，諦諟昭穆尊卑之義。杜預亦謂三年喪畢祧廟，致主大祭，以審昭穆。夫昭穆尊卑，禮有定序，何煩審諦乎？，康成訛大饗之文<禮器>大饗其王事與鄭以爲祫祭，陳祥道正之，以爲大禘以大饗及五帝，且諸侯亦有大祫，不得專言王事也。，匪惟文獻不足，蓋亦有天運焉。子曰：大旅具矣，不足以饗帝，苟不固聰明聖知達天德者，其孰能行之？今本《周易》、《詩》、《書》、《禮》、《春秋》、《孝經》、《論語》之文，攷諸《國語》、《周官》、漢儒傳記之說，正其舛謬，志其大略，……。（〈禘議〉，《劉禮部集》，卷三，頁一。）

若嘉慶二十五年，……明年，仁宗升配，奉旨圜丘，享位三昭三穆，餘地似少，命大學士及禮部詳議，府君擬上書大宗伯，既而失稟，止別存〈禘議〉，藏于家。（劉承寬〈先府君行述〉，《劉禮部集》，卷十一，頁三。）

明年，仁宗升配，奉旨圜丘，享位三昭三穆，餘地似少，命大學士及九卿詳議，先生書上尚書王文簡公，請復古禘祀之禮，事不果行。（戴望〈故禮部儀制司主事劉先生行狀〉，《謫麐堂遺集》，文一，頁二三。）

按：魏源曾將先生〈禘議〉遺稿，整理成文：「源案：原藁以各經爲次第，條例諸說，各爲之議，統貫難尋，今鰓理成文，略窺恉趣。其異于鄭氏者，在不信《周官》、〈月令〉，而取徵六蓺，惟是禘嚳之禮終不可知。今既不取圜邱昊天之說，而與文王宗祀同在明堂，同號文祖，又非冬禘、春郊、秋季大饗之謂，則未知同于五年夏禘行之而時有先後乎？抑別有說乎？郊祫明堂，古今聚訟，前修既逝，請益無從，聞疑載疑，以俟來哲。邵陽魏源識。」（《劉禮部集》，卷三，頁七～八）蓋魏源於先生禘禮之說異于鄭氏，亦頗有見疑處，惜其已逝，但能載錄其說，以待後學論其是非。

又按：「尚書王文簡公」即王引之（一七六六～一八三四），字伯申，號曼卿，念孫長子，高郵人。嘉慶四年（一七九九）進士，由翰林院編修累禮部尚書，改工部尚書，卒於位，賜諡文簡，生乾隆三十一年，卒道光十四年。著有《經義述聞》三十二卷、《周秦名字解詁》、《太歲考》二十八篇、《經傳釋詞》十卷。（參清湯金釗撰〈誥授光祿大夫經筵講官工部尚書加二級諡文簡伯申王公墓誌銘〉、龔自珍〈工部尚書高郵王文簡公墓表銘〉，收入《續碑傳集》，卷十，頁六～十一。）

五月，夫人潘氏復拊櫬北來。（〈滎陽恭人行略〉，《劉禮部集》，卷十，頁二八。）

道光二年壬午（一八二二）　先生四十七歲

先生將外王父莊存與甲子次場墨卷歸之內兄莊綬甲，爰作〈記外王父莊宗伯甲子次場墨卷後〉一文，謹記其獲卷因緣及聞諸先妣有關乾隆甲子科舉士習之風（此一部分，請參前嘉慶二十二年。）。

公于諸孫中，尤愛綬甲，綬甲生于甲午，長予二歲，至相得也。……嗚呼！音容如在，手澤猶新，忽忽八十年，距公即世已三十四年，先妣即世已十有五年矣，而尹君乃從煨燼之餘得此，猶惜予晚進不能盡得鄉會試三場硃墨本也，爰謹記而歸之內兄綬甲。（《劉禮部集》，卷十，頁八～九。）。

按：先生獲莊氏墨卷之時間，依其文字所述，殆在嘉慶二十二年（一八一七）。至於作記之時間，若以乾隆甲子科考（一七四四）至今「忽忽八十年」，則記文作於道光三年（一八二三）；如以莊存與卒於乾隆五十三年（一七八八），「距公即世已三十四年」，則當作於道光元年（一八二一）；而先生母喪於嘉慶十三年八月二十八日（一八〇八），文云「先妣即世已有十五年矣」，則記文當寫於道光二年（一八二二），時間不一，今暫繫於道光二年。

秋，龔自珍撰〈劉禮部庚辰大禮記注長編序〉。（《龔定盦全集類編》，卷三，頁四七～四八。）

按：是〈序〉與先生〈恭跋〉一文全同，唯文末署名、序跋時間有異。

道光三年癸未（一八二三）　先生四十八歲

七月，董方立卒，年三十三。先生嘗誦〈張衡傳〉「術數窮天地，制作侔造化」之言以稱之，今高才早歿，先生傷之，有〈夢董方立〉詩。

金鴟黯慘碧天泣，終南雲海玻璃溼；仙人攜手步玉京，閣道瓏玲出閶闔。四圍奇樹千尋立，天梯岧屼慈恩塔；九重百轉似瓊樓，織女雲車手堪接。龍文丹鼎噴氤氳，銀液瑤漿鎮魄魂；素娥二八奏奇舞，明瀾回轉花繽紛。軒皇玉簡世難識，蒼沮撓隸親摹勒君于六書九數、天文地理之學皆詣極微眇，夢中示我手製金版數種。；枕上猶聞海水聲，犬雞唱曉星無色，（《劉禮部集》，卷十一，頁十七。）

同里董君祐誠高才早歿，于是有〈夢董方立〉之詩。（劉承寬：〈先府君行述〉，《劉禮部集》，卷十一，頁八。）

按：李兆洛〈董君方立傳〉：「方立諱祐誠，陽湖縣人，……生於乾隆五十六年五月二十日，卒於道光三年七月二十八日，年三十三。」（《養一齋文集》，卷十三，頁二七。）先生〈夢董方立〉詩未繫年，此據董氏卒年，暫繫於是年。

是年，趙懷玉卒。

道光四年甲申（一八二四）　先生四十九歲

三月，先生八子承宇殤。（〈滎陽恭人行略〉，《劉禮部集》，卷十，頁二八。）

補儀制司主事，每有大疑，輒援古事、據經義以決之，非若一般掌理文書之小吏，但曉簿書期會而已。如駁通禮館改適孫祖在為祖母服期為服斬，議上〈適孫為祖父母持服議〉（《劉禮部集》，卷三，頁一二～一三。）；武進張氏女為姑毆死，議上〈張貞女獄議〉（同上，頁一四～一五），且作〈張貞女誄〉，（同上，卷十，頁十四。）稱其令德孔儀，取義成仁，並彰胥吏舞文亂法之癉；又如河南學臣請以湯斌從祀孔廟，先生援后夔、周公不能化朱均、管、蔡為喻，凡此皆法漢儒推經義以解疑難，惟其議上，有司或不從，或有得旨允行者。

道光四年，補儀制司主事。……道光四年，開通禮館，湯少宗伯欲派府君纂修，既而不果。其後，聞館中有改適孫祖在爲祖母服期爲服斬一條。府君謂：先王之禮，曷可輕易？乃復爲駁議，以俟後世，若集中〈適孫爲祖母持服議〉是也。武進張氏女適胥汪某，其姑強使與人通，不從，毆死之，使聞于女氏曰：于律，毆殺謀殺子婦，流二千里；威逼致死，杖八十，折贖吾夫若子，習于吏即訟必毀，而家事以不聞。府君議曰：「案：《康誥》：父不慈，子不祗，『不于我政人得罪，天惟與我民彝大泯亂』；『其速由文王作罰，刑茲無赦。』言不孝不慈，其律均浮于元惡大憝也。《春秋》之例，專殺大夫稱國，其有罪無罪，以葬別之。言有罪且不得專殺，其罪貶絕也。殺世子母弟目君，其罪誅也，視專殺命卿加一等，《白虎通》云：『父殺其子當誅何？言天地所生，王者所教養，父不得而專也。』《禮•喪服》：爲舅姑服期；傳謂從服。蓋婦于舅姑，以人合其恩，輕于父子。今律，父殺子之罪輕于平人；古律，父殺子之罪，且重于平人，況以淫姑而戕貞婦乎？魯哀姜以淫故，殺二嗣子，爲齊桓所誅，《春秋》韙之，宜引以折斯獄。後讀律例駁案新編，乃知純廟已有駁例，默符經義，而俗吏不知遵用爲可慨。」若集中〈張貞女獄議〉是也。道光四年，河南學臣請以湯文正公斌從祀聖廟，議者以湯公康熙中在上書房獲譴，乾隆間曾經奉駁難之。府君執筆曰：「后夔典樂，猶有朱均；呂望陳書，難匡管、蔡。」汪文端善而用之，遂奉俞旨。（劉承寬〈先府君行述〉，《劉禮部集》，卷十一附，頁三～四。）

按：湯斌，字孔伯，號潛庵，河南睢州人。順治九年壬辰進士。康熙二十六年不雨，詔臣工直言得失，靈臺郎董漢臣以諭教元良、慎簡宰執奏，語侵執政，下廷議，有欲重罪漢臣者，尋奉特旨免議，而余國柱時為大學士，以斌當九卿會議時，有慚對董漢臣之語，國柱愈恚，摘其語上聞，傳旨詰問，以其奏詞不明，降旨嚴斥，後調工部尚書，於是年十月卒，年六十有一。乾隆元年，賜謚文正，有《洛學編》、《潛菴語錄》、詩文諸集。（參清國史館原編《清史列傳》，卷八〈湯斌〉，頁四～八。）

〈行述〉云道光四年湯斌得奉俞旨從祀聖廟，然據陸言輯《政學錄》云：「道光三年，奉旨原任尚書湯斌學問精醇，……洵能昌明正學，遠契心傳，著從祀文廟，以崇實學而闡幽光。」（見清李桓輯《國朝耆獻類徵初編》引，卷四八，頁五四～五五。）若《政學錄》所言為是，則劉承寬蓋紀年有疏誤耶？

汪文端即汪廷珍，字玉粲，號瑟庵，江蘇山陽人。乾隆五十四年己酉進士，授編修，官至禮部尚書、協辦大學士，卒於道光八年，賜文端，著有《實事求是齋詩文集》。（參清李元度撰〈汪文端公事略〉，收入《續碑傳集》，卷三，頁六～七。）

七月，越南貢使請改諭中「外夷」為「外藩」，先生為牒復之，據經論事，以釋其疑，貢使無辭而退。

本年七月，越南貢使陳請為其國王母乞人葠，得旨賞給，而諭中有外夷貢道之語，其使臣欲請改為外藩，部中以詔書難更易而拒之，又恐失遠人心，府君乃為牒復之，曰：「案：《周官•大司馬》職方氏，王畿之外分九服，夷服去王國七千里，藩服去王國九千里，是藩遠而夷近也。又許氏《說文》謂羌狄蠻貊字皆從物旁，惟夷從大從弓者，東方大人之國，夷俗仁，仁者壽，有東方不死之國，故孔子欲居之。且乾隆閒，奉上諭，申飭四庫館不得改書籍中夷字作彝裔字，舜東夷之人，文王西夷之人，我朝六合一家，盡去漢、唐以來拘忌嫌疑之陋，使者無得以此爲疑。」遂無辭而退。其據經決事有先漢董相風，類此至多，惜平日無紀載，苫塊餘生，又無從訪質，掛一漏百，哀曷可言。（劉承寬〈先府君行述〉，《劉禮部集》，卷十一附，頁四～五。）

先生推舅氏莊述祖未竟之志，撰《尚書今古文集解》三十卷、《書序述聞》一卷，時所擬《議禮決獄》、《答難》諸書，至今未能卒業，《詩聲衍》創稿粗就，繕寫未遑。

《尚書今古文集解》何爲而作也？所以述舅氏莊先生一家之學，且爲諸子授讀之本也。嘉慶初，先生歸自沛南，余始從問《尚書》今文古文家法及二十八篇敍義，析疑賞奇，每發神解，忽忽數十年，久不省錄。今年夏，先生子循博來京，旋卒旅寓，啓其行篋，而先生所爲《書序說義》一卷、《尚書授讀》一卷在焉，尋繹雒誦，音容如在。先生學通倉籀，溫故知新，其所創獲，近轢諸儒，遠質姚姒，所恨記錄過疏，引而不發；亦有親承口授，或反缺然，緒論微言，不箸竹帛。傳而不習，自古歎之，湮沒駸尋，玩愒滋濯，爰推舅氏未竟之志，綴爲是編。其例凡五，一曰正文字：《尚書》已罹七厄，見段氏撰異序。故經文之下，必先審其音訓，別其句讀，詳其衍脫，析其同異，段氏旁徵蔓衍，煩賾爲患，芟蕪存英，什僅二三，從簡要也。二曰徵古義：馬、鄭、王注采自《後案》，不復疏其出典，其差繆過甚，如以夏侯等書轉爲古文、孔壁本轉爲今文之類，悉爲釐正，嚴家法也。三曰袪門戶：孫疏好古，雖《史記》周公奔楚、揃爪沈河之說，必篤信不疑；《後案》祖鄭，雖殛鯀在元圭告成之後、《金縢》誅官屬黨與之誣，必曲申其是，遷周、孔以就服、鄭，實爲大惑；至《僞孔傳》于導渭條漆沮亦曰洛水、〈顧命〉篇夾兩階戺爲堂廉，致爲精確，不可以人而廢言，集眾思，廣公益也。四曰崇正義：六宗四載，三江九江，諸家聚訟，詳載博辨，體同考索；至于因中星而及歲差之西法，說璣衡而詳後世之銅儀，有乖說經，概從薙汰，懼支蔓也。五曰述師說：凡聞自莊先生及外王父莊宗伯公者，皆別出之；獨下己意者，以「謹案」別之。其《書序說義》亦詳爲引申，附諸其後，明授受也。予自束髮治《春秋》，所擬《議禮決獄》、《荅難》諸書，至今未能卒業，又爲《詩聲衍》若干卷，以明六書音韵之學，創藁粗就，繕寫未遑，復以炳燭餘明，旁及是學，人壽幾何，蠡海難罄，望古寥闃，知後人能董而理之否耶，姑藏篋笥，以訓子孫云。」（《劉禮部集》，卷九，頁二～三。）

按：《毘陵莊氏族譜》：「莊循博，行五，字詵枝，一字緒經，號辛甫，……生於嘉慶辛酉七月二十六日，卒于道光甲申十月初五。」（卷十，頁二七。）今據莊氏「旋卒旅寓」之卒年，推知「今年夏」爲道光四年（一八二四）夏，而是書之起作，蓋在十月初五以後，故暫繫二書起作，於此年。又劉承寬〈先府君行述〉亦明先生述作之旨歸：「鄭氏于三《禮》而外，于《易》、《詩》非專門，其《尚書》注已亡，或掇拾殘闕，欲申墨守，或旁蒐眾說，支離雜博，皆淺涉藩籬，未足窺先王之淵奧，乃別爲《尚書今古文集解》三十卷，別黑白而定一尊，由訓故以推大義，冀他日與各經傳注竝立學官焉。」（《劉禮部集》，卷十一附，頁五

～六。）至於《書序述聞》一卷，述其聞於舅氏莊述祖《書序說義》者也；題曰「莊先生曰」，明授受也；間附己意，則以「謹案」別之，亦詳爲引申其義。

又按：莊述祖〈答蔣松如問夏時說義書〉云：「近欲撰《尚書今古文集解》，僅載馬、鄭、王三家注及《史》、《漢》所引異同，亦不能遽定其是非，讀大箸《禹貢詳說》，實事求是，縷晰條分，……述祖不過章句破碎，致遠恐泥者，何足語於大道哉？」（《珍藝宧文鈔》，卷六，頁十七。）今〈序〉言〈尚書授讀〉一卷，蓋莊氏所欲撰《尚書今古文集解》之初稿，故逢祿稱其「記錄過疏，引而不發」歟？而先生是書，不惟與莊氏所欲撰者書名相同，其徵古義部分，亦僅載馬、鄭、王注，足徵其取莊氏未竟之遺稿，以推其說，撰爲是編。

是年，李兆洛在暨陽校刊先生所著《公羊釋例》。初刻於邗上，未成，兆洛取以歸爲補刊之，并移書京都，索其別種，而終未爲作序。李氏嘗謂蔣彤：吾於《公羊》未得其深也。（蔣彤編《清李申耆先生兆洛年譜》，卷二，頁二一。）

凡爲《春秋》之書十有一種，宮保阮公、申耆李公各爲梓行于廣東、揚州。（劉承寬〈先府君行述〉，《劉禮部集》，卷十一附，頁五。）

按：《西營劉氏清芬錄》（第一集）〈文稿內篇〉著錄：「《春秋公羊經何氏釋例》十卷、《釋例》後錄六卷。」並云：「是書爲李氏兆洛校刊本原本。《釋例》三十篇，曰張三世、曰通三統、曰異內外、曰時日月、曰名、曰褒、曰譏、曰貶、曰誅絕、曰律意輕重、曰王魯、曰建始、曰不書、曰諱、曰朝聘會盟、曰大國卒葬表、曰小國進黜表、曰秦楚吳進黜表、曰大夫卒、曰侵伐戰圍入滅取邑、曰地、曰郊禘、曰闕疑、曰主書、曰災異，皆類次傳注於前，而總釋其義於後，蓋倣杜預《左氏釋例》體也，釐為十卷。其〈公羊申墨守〉、〈廣墨守〉各一卷，原名《公羊解詁箋》，即禮部總序《箋》一卷、《會難》二卷是也，〈廣墨守〉十七條以下原稿缺佚，魏氏源取禮部《公羊通義條記》補之；其〈申膏盲〉、〈廣膏肓〉、〈申廢疾〉、〈廣廢疾〉各一卷，即總序《申何難鄭》四卷是也，《廣膏肓》原名《春秋左氏考證》。李氏共釐為六卷，總名曰《釋例後編》，總序又有《議禮決獄》，未經刊入。」（頁二二。）今未見李氏校刊本，不知其刊行時間。《釋例後編》六卷卷名與學海堂《皇清經解》所刊先生之作，亦各有出入，茲列表以明異同：

劉逢祿《春秋公羊經何氏釋例・敘》（嘉慶十年作，先生三十歲）	學海堂《皇清經解》所刊先生之作（據先生書敘）	李兆洛校刊先生之作（據〈文稿內篇〉引）
尋其條貫，正其統紀，為《釋例》三十篇	《釋例》三十篇（成於嘉慶十年，先生三十歲）	《釋例》三十篇
析其凝滯，強其守衛，為《箋》一卷，《答難》二卷	《何氏解詁箋》一卷，《發墨守評》一卷（成於嘉慶十四年，先生三十四歲）	《公羊申墨守》一卷，《公羊廣墨守》一卷（十七條以下原稿缺佚，魏源取劉逢祿《公羊通義條記》補之。）原名《何氏解詁箋》，即《何氏釋例・敘》「《箋》一卷、《答難》二卷。」
推原《左氏》、《穀梁》之失，為《申何難鄭》五卷	《左氏春秋考證》一卷，《後證》一卷，《箴膏肓評》一卷（成於嘉慶十七年，先生三十七歲），《穀梁廢疾申何》二卷（成於嘉慶兀年，先生二十一歲）	《廣膏肓》一卷（按：劉逢祿原名《左氏春秋考證》一卷。）《申膏盲》一卷，《申廢疾》一卷，《廣廢疾》一卷，即總序（《何氏釋例・敘》）《申何難鄭》四卷。

又按：劉逢祿謂「《申何難鄭》五卷」（經解本〈敘〉作「五卷」，文集〈敘〉作「二卷」，劉承寬〈先府君行述〉作「四卷」（《劉禮部集》，卷十一附，頁五。）李氏校刊本亦謂「四卷」，而作四卷之分，《皇清經解》本所收，則有五卷之作。

道光五年乙酉（一八二五）　先生五十歲

次子承寵自武昌歸，染瘵疾；是年，長婦患痢，夫人潘氏爲料理醫藥服食，自夏徂冬，寢食俱廢。（〈滎陽恭人行略〉，《劉禮部集》，卷十，頁二八。）

道光六年丙戌（一八二六）　先生五十一歲

分校禮闈，見鄰房有浙江、湖南二卷，經策奧博，以爲此必龔自珍、魏源也。亟力薦之，不售，先生痛惜之，作〈題浙江湖南遺卷〉詩，龔、魏齊名自此始。並裒輯《春闈雜錄》一卷。

丙戌，余分校禮闈。（〈滎陽恭人行略〉，《劉禮部集》，卷十，頁二九。）

之江人文甲天下，如山明媚兼嶙峋；盎盎春溪比西子，浣花濯錦裁銀雲。神禹開山鑄九鼎，罔兩頫伏歸洪鈞；鋒車昔走十一郡，奇祥異瑞羅繽紛。茲登新堂六十俊浙卷七百餘，獨分得六十卷。，就中五丁神力尤輪囷；紅霞噴薄作星火，元氣翁鬱煇朝暾；骨驚心折且揮淚，練時良吉齊肅陳。經旬不寐探消息，那知鎩翮投邊塵；文字遼海沙蟲耳，司中司命何歔嗔？更有無雙國士長沙子，孕育漢魏眞經神，尤精選理轢鮑謝，暗中劍氣龍騰鱗，侍御披沙豁雙眼，手持示我咨嗟頻湖南玖肆五策冠場，文更高妙，予決其爲魏君源。。翩然雙鳳冥空碧，會見應運翔丹宸，萍蹤絮影亦偶爾，且看明日走馬塡城闉。（〈題浙江湖南遺卷〉，《劉禮部集》，卷十一，頁十七～十八。）

其裒輯者，則有《春闈雜錄》一卷……。丙戌，分校禮圍，鄰房有浙江、湖南二卷，經策奧博，曰：「此必仁和龔君自珍、邵陽魏君源也。」亟勸力薦，不售，于是有傷湖南、浙江二遺卷之詩。（劉承寬〈先府君行述〉，《劉禮部集》，卷十一附，頁八。）

道光丙戌，武進劉申受禮部逢祿分校春闈，一浙江卷，一湖南卷，荐而不售，賦《兩生行》以哀之。龔、魏兩先生齊名所由來也。（《羽琌山民逸事》）

道光丙戌會試，劉申受禮部爲同考官，得龔定庵卷，狂喜，亟薦之。魏默深卷在某侍御房，猶豫不遽薦。劉讀其文，異之，乃促令亟薦。然龔、魏竟下第，劉痛惜之。（徐珂：〈龔定庵魏默深會試下第〉，《清稗類鈔•考試類》，頁一〇四。）

按：《春闈雜錄》一卷，未見刻本，先生既分校春闈於是年，則斯編蓋纂於分校禮闈之時或稍後，故暫繫諸此。

先生與宋翔鳳、莊綬甲、張瓚昭言封建皆信《孟子》、疑《周禮》，龔自珍引爲共鳴。

我稽十三經，名目始南宋；異哉北海君，先期適兼綜。《詩》

箋附庸毛，《易》爻辰無用；《尚書》有今文，隻一本作雙義餽貧送。四辨餽〈堯典〉，三江餽〈禹貢〉；《魯論》與《孝經》，逸簡不可諷。《爾雅》賸一鱗，引家亦摭弄；排何發《墨守》，此獄不可訟。吾亦姑置之，說長　驚眾；惟有《孟》七篇，千秋等塵封。我疑〈經籍志〉，著錄半虛哄；義與歆莽違，下筆費彌縫；何況東漢年，此書未珍重。余生惡《周禮》，〈攷工〉特喜誦；封建駁子輿，心肝爲隱痛。五帝而六天，誕妄讖所中；同時有四君，偉識引余共。堂堂十七篇，姬公發孔夢；經文純金玉，注義峙麟鳳。吾曹持議平，功罪勿枉縱；鄭功此第一，千秋合崇奉。鄭兼治十三經，人間完本有《詩》、三《禮》，四錄本有《廣膏肓》、《起廢疾》、《發墨守》、《易》、《書》、《魯論》、《孝經》、《爾雅》注也。《孟子注》見《隋、經籍志》，《隋志》殆未可信。莊君綬甲、宋君翔鳳、劉君逢祿、張君瓚昭言封建皆信《孟子》，疑《周禮》，海內四人而已，張說爲尤悲也。（龔自珍〈同年生胡戶部培翬集同人祀漢鄭司農於寓齋禮既成繪爲卷子同人爲歌詩龔自珍作祀議一篇質戶部戶部屬檃括其指爲韻語以諧之〉，《龔定盦全集類編》，卷十五，頁三五六～三五七。）

按：自珍是詩作於「丙戌」年，故繫諸此。

又按：張瓚昭（一七七三～一八四九），字洵甫，又字璞園，號斗峰，湖南平江人，著有《天文分野說》。

六月，汪氏二妹卒，夫人潘氏往視疾視歛，如喪手足，汪氏諸母以爲難。（〈滎陽恭人行略〉，《劉禮部集》，卷十，頁二九。）

道光七年丁亥（一八二七）　先生五十二歲

二月，長婦黃氏卒。

> 丁亥二月，長婦黃氏卒。臨終執恭人手，泣曰：「慈姑愛我有過親母，願世世爲子女，孝謹奉侍，以報罔極。」（〈滎陽恭人行略〉，《劉禮部集》，卷十，頁二九。）

四月初六，次子承寵以病瘵棄世，得年三十，葬東北鄉沈家村，著有《麟石詩文鈔》。先生撰〈次子承寵壙記〉，述其好學嗜古，肆力詩文之學行，痛其所作多弔古傷逝、哀愁怨苦之音。

> 四月，承寵以瘵卒。（〈滎陽恭人行略〉，《劉禮部集》，卷十，頁二九。）

> 承寵，行二，字麟石，……卒于道光丁亥四月初六日，葬東北鄉沈家村，著有《麟石詩文鈔》二卷。（《家譜》，卷三，頁八八。）

> 承寵……，四歲，其兄承寬受毛詩，隨坐他几，默然耳，受數月，其兄畢業，母試叩之，背誦如流，承寬長二年，年十三，讀十三經畢，兒輒先後之，尤好王子安、李長吉、夏節愍集，烏乎！其竟以兆其年邪？兒年十四，爲制舉文極似雲間諸子奇縱之作，間學章羅幽雋，神骨曲肖，舅氏莊珍埶先生及余諸友皆賞其才藻，年十八，補縣學生，戊寅爲之授室謝氏，已卯年

二十二，偕眷屬來京師舉順天鄉試，房師河南王柳溪給諫尤賞其經策，明年以婦多病，奉母南歸，適遘外祖母及舅氏之喪，子身內慰母哀，兼理病婦，外助舅氏經營喪葬，明年仍侍母北上，賦質既弱，所遭又逆，半年以來，心力交瘁。初，兒之挈眷來京也，形容槁瘠已異曩時，然力學嗜古，孜孜不輟，古文篆隸、漢魏六朝樂府詩，罔不肆力，三應禮闈，皆不第，丙戌以余分校，例不與試，初館津門，後館武昌，流覽山川，弔古傷逝，多哀怨愁苦之音，余及知好常戒之，不能改也。病中猶手不釋卷，客秋自知不起，賦〈茂陵秋雨病相如〉二律以見意，呼群弟爲書所箸文百數十篇，自校勘之，……初六日卯時，遂棄去，年三十，子受穀甫九歲。嗚乎！……今將褒次其遺稿，求友人之善屬文者序而傳之。以某月某日令承寬送其喪歸里，汝其知邪？其不知邪？（〈次子承寵壙記〉，《劉禮部集》，卷十，頁三一～三二。）

按：劉承寵之遺稿，附錄於《劉禮部集》卷十二，題曰《麟石文鈔》。

八月二十六日，四子承宴以送兄嫂柩至通州，染蠱疾卒，葬豐西鄉牛郎廟昭穴。先生傷之，作〈四子承宴壙記〉，記其孝友淳篤之行。又三婦趙氏亦病歿，十月訃至。是年喪子婦各二。

承宴又以送兄嫂柩至通州，悲傷暴露，遂染蠱疾，於八月移寓，三日而卒，而承向自壬午就婚南中趙氏，生子女三人，而婦病歿，訃亦以十月至，是年喪子婦各二。（〈滎陽恭人行略〉，《劉禮部集》，卷十，頁二九。）

承宴……讀書敏不及諸兄，然孝友淳篤過之，年十三，凡經傳詩古文辭，兄所習者，無不習也；好蘇氏論古之文，來京師數歲，試國學，輒高等，每月所得膏火資，俱以奉母，人與言飲酒觀劇嬉遊諸務，輒謝曰：性不近也。歲丙戌十二月爲授室，時承寵已抱病不可治，與易居處，侍兄疾，逾年彌謹，逮其沒也，慟甚，五月送之通州，數日夜廢寢食，遂得氣虛中滿之疾，醫者寒熱補瀉兼投，遂以不治，即于丁亥八月二十六日沒，……十一月二十九日女賢生。（〈四子承宴壙記〉，《劉禮部集》，卷十，頁三十三。）

承宴，行四，字子懿，……卒于道光丁亥八月二十六日，葬豐西鄉牛郎廟昭穴。（《家譜》，卷三，九〇～九一。）

立冬日，吳澈翁招諸同人賞菊，時先生新寓與象円故居鄰，回憶嘉慶二十三年戊寅之游，忽忽十年，故塡〈哨遍〉詞，重簡澈翁。（《劉禮部集》，卷十一，頁二四。）

宋翔鳳賦〈贈姚仲虞文學配中〉，詩中言及姚氏欲與先生通尺牘，商量《易》學。

吾友包君愼伯甘説士，姚子姓名早在耳；百聞或未及一見，心頗遲疑口諾唯。茲來僻邑誰相知，邑人譽子同一辭；不愁寂寂耳目際，惟有躍躍心神馳。聞聲急相見，握手明相思。著書一編示赤綠，治《易》三古追黃犧；何止條流分漢學，周秦百氏歸揚搉。張候絕業竟同情，惠子遺文謝先覺；欲通尺牘劉原甫申受，始見今時有門户。……樵夫漁父各有詞，還待端蓍占出處。（《洞簫樓詩紀》，卷十，頁九～十。）

按：張惠言《周易虞氏義•序》：「元和徵士惠棟始考古義孟、京、荀、鄭、虞氏，作《易漢學》，又自爲解釋曰《周易述》。……其所自述，大抵宗禰虞氏，而未能盡通則旁徵他說以合之。」（頁三）惠言則專主虞翻《易》學，而先生言《易》亦主虞仲翔氏，於張惠言言若合符節，張氏述《易言》二卷，自〈震〉以下十四卦未成而沒，先生嘗作《虞氏易言補》完之，故詩言「始見今時有門戶」。

翔鳳又作〈論易一首贈姚仲虞〉，詩中稱先生爲人海一魁碩，而勉姚生此行，於《易》學之切磋，當有如洛陽宮鐘聲相應耳。

師法闕典午，元風雜《周易》；……惠君合比類，張君事分擘；孟喜博今古，鄭虞繼壇席。……張君注《易》時，吾曾預親炙；今存卯金子，人海一魁碩。行當洛鐘應，莫患東琴隻；生將出門去，先到中吳驛。愼藏篋中書，送爾如金石；俗學茲方盛，由使駭魂魄。（《洞簫樓詩紀》，卷十一，頁十六～十七。）

是年，祝百十卒。

道光八年戊子（一八二八）　先生五十三歲

春，五子承宣又得癇疾，夫人潘氏疊遭逆境，絕無生理，遂憂勞成疾。（〈滎陽恭人行略〉，《劉禮部集》，卷十，頁二九。）

是年莊存與文孫綬甲刻其祖所著《易說》若干卷成，以示董士錫，士錫循誦既畢，於十月十日撰〈易說序〉，稱先生所作《春秋公羊經何氏釋例》，源自其外王父莊存與。

其時莊先生存與以侍郎官于朝，未嘗以經學自鳴，……嘉慶間，其彌甥劉逢祿作《公羊釋例》，精密無耦，以爲其源自先生。……道光八年十月十日後學董士錫謹序。（《味經齋遺書‧彖傳論》卷前〈序〉，頁三～四。）

先生撰〈跋杜禮部所藏漢石經後〉，略敘漢七經殘石拓本之所猶存者，以告當世講求漢魏經師家法之學者。

少得西安程氏所摹漢石經，心好之，但有志隸書，後從舅氏莊先生治經，始知兩漢古文今文流別。……蔡邕等承詔書七經立石，以整齊學者，《易》不可見，《書》則歐陽、夏侯，《詩》則《魯詩》，《春秋》則《公羊》嚴氏兼載顏氏異同，《論語》則兼載盍、包、毛、周異同，《禮》則兼書小戴，其可徵者，皆今文也。漢殘石拓本，唐世猶在秘府，宋人見拓本者有鄱陽洪景伯氏、成都胡宗愈氏、越州石熙明氏，三家各重橅上石，胡氏字最多。吁！漢石雖亡，宋三家石紙本今有存者，即熹平之嫡孫，其距古豈不近哉？曩錢唐黃氏易得宋拓《尚書》三十字、《論語》五十九字，皆洪氏石；吾邑孫氏星衍得宋拓《尚書》五十餘字，亦洪氏石；滇杜君薇之爲禮部郎，使長沙，得宋拓《尚書》九十二字、《魯詩》百十字，《儀禮‧聘禮》八十四字、《公羊傳》十八字、《論語》百三十五字，大都四百十九字，則未知其爲鄱陽本與？成都本與？仁和龔君自珍嘗得宋皇祐重摹魏邯鄲淳三體石經《尚書》三十九字、《左傳》三十八字，龔君盛稱淳親見秘府孔壁古文，且言石經有今文古文兩者之學，邕一字，今文家也，淳三字，古文家也，爰牽連記，以諗世之講求漢魏經師家法者。（《劉禮部集》，卷九，頁二十～二一。）

按：杜薇之，字紫垣，號浣花，又號芸香，雲南昆明人。嘉慶十四年進士，散館改主事，官至陜西榆林府知府。（參清朱汝珍輯《詞林輯略》，卷五，頁二二；清李放纂輯《皇清書史》，卷二四，頁九。）

又按：吳昌綬《定盦先生年譜》將龔自珍「嘗得宋皇祐重摹魏邯鄲淳三體石經」一事，據先生是篇跋文，繫之於道光八年（見《龔定盦全集類編》，頁四八二），郭延禮《龔自珍年譜》從吳氏之說（見頁一四〇。）。今暫依吳說，繫跋文於是年。

龔自珍成《太誓答問》一卷，先生有序。

戊子歲，成《尚書序大義》一卷、《太誓答問》一卷、《尚書馬氏家法》一卷。（《己亥雜詩》「孔壁微芒墜緒窮」詩自注，《龔定盦全集類編》，卷十六，頁三六八。）

是集劉（逢祿）有序，曹（家駒）有跋。（龔自閎《龔氏科名錄》〈太誓答問〉條注。）

按：《龔氏科名錄》，台灣地區似未見，此轉引自郭延禮《龔自珍年譜》，頁一四〇。江瀚撰〈太誓答問〉一卷提要，亦云：「是編道光中有汪遠孫刻之於浙，前有劉逢祿序。」（《續修四庫全書總目提要•經部》，頁二九四。）今《劉禮部集》、《龔定盦全集類編》〈太誓答問〉篇俱未見先生是序，今暫依郭氏，暫於是年。

龔自珍賦〈常州高材篇送丁若士履恆〉，備述乾、嘉以來常州諸名流，如臧庸、惲敬、孫星衍、趙懷玉、管繩萊、洪飴孫、莊綬甲、張琦、周儀暐、董祐誠、陸繼輅、丁履恆，皆先生所素識，詩末云：「龔子忽有感，一官投老誰能留，珠聯璧合有時有，一散人海如鳧鷗。噫！才人學人一散人海如鳧鷗，明日獨訪城中劉申受丈。」（《龔定盦全集類編》，卷十五，頁三五九～三六〇。）

道光九年己丑（一八二九）　先生五十四歲

春，少宗伯汪公、果勇候楊公以先生所呈之平安峪爲上吉之萬年吉地，據圖入奏，並裒輯爲《東陵勘地圖說》一卷。

今春，從少宗伯汪公、果勇候楊公遍勘東陵，重相萬年吉地，咸以府君所呈之平安峪爲上吉，據圖入奏。楊公曰：「君此事亦能以經斷之乎？」府君乃爲從容古者葬不及泉，引漢文帝灞陵及劉向論昌陵事，爲臣子忠慮之至，楊公歎爲眞讀書人。……其裒輯者，則有……《東陵勘地圖說》一卷。（劉承寬〈先府君行述〉，《劉禮部集》，卷十一附，頁四。）

按：「少宗伯汪公」，不詳何人，猶待查考。「果勇侯楊公」即楊芳，字誠村，貴州松桃廳人。生而沈毅，有幹略，通經史大義，應試不售，遂入伍，身經百戰，戰必躬先士卒，所向未嘗挫創，屢荷恩賚，道光六、七年平回酋張格爾反，斬擊殆盡，八年正月詔封三等果勇侯，十八年遷廣西提督，調湖南提督，二十六年薨，年七十有七。楊氏兼資文武，負著述才，著有《平平錄》等書凡十餘種。（參清李元度撰〈楊勤勇公事略〉，收入《續碑傳集》，卷四八，頁十七～二一。）

又按：先生《東陵勘地圖說》一卷，《劉禮部集》未收，亦未見刻本，〈行述〉云及葬不及泉、二陵之論，則先生不惟據圖入奏，其依經斷事之說，當亦見載於斯編，惜今未見刻本。

魏源以孔廣森與先生之《公羊》學著作，但爲何休拾遺補闕，而於董仲舒之書未詳焉，遂撰《董子春秋繁露》七卷，發揮《公羊》微言大義，以補胡母生、何休所未備。是書以《春秋繁露》為主，先生《春秋公羊經何氏釋例》之通論大近乎董生者附諸後；又撰《詩古微》初稿二卷，發揮齊、魯、韓三家《詩》之微言大義，先生撰〈詩古微序〉，嘉美其志大思深，不獨使今學鉤沈起廢，其所張皇幽眇三科九旨之微言，又足為《公羊》之干城大道。

《董子春秋發微》七卷，何為而作也？曰：所以發揮《公羊》之微言大誼，而補胡母生《條例》、何邵公《解詁》所未備也。《漢書、儒林傳》言「董生與胡母生同業治《春秋》」，而何氏注但依胡母生《條例》，於董生無一言及；近日曲阜孔氏、武進劉氏皆《公羊》專家，亦止為何氏拾遺補缺，而董生之書未之詳焉。……故抉經之心，執聖之權，冒天下之道者，莫如董生。今以本書為主，而以劉氏《釋例》之通論大義近乎董生附諸後，為《公羊春秋》別開閫域，以為後之君子亦將有樂於斯。（《魏源集》，頁一三四～一三五。）

嘗怪西京立十四博士，《易》則施、孟、梁丘氏，《書》則歐陽、大小夏侯氏，《詩》則齊、魯、韓氏，《禮》則大、小戴氏，《春秋》則公羊、顏、嚴氏，《穀梁》江氏，皆今文家學，而晚出之號古文者十不與一，夫何家法區別之嚴若是，豈非今學之師承遠勝古學之鑿空？非若《左氏》不傳《春秋》，逸《書》、逸《禮》絕無師說，費氏《易》無章句，《毛詩》晚出，自言出自子夏，而〈序〉多空言，傳罕大義，非親見古序有師法之言與？若〈漢廣〉德廣所及，〈白華〉孝子之潔白，〈崇邱〉萬物得極其高大，〈雨無正〉眾多如雨而非所以爲政之類，皆望文爲義；其釋風之平王、齊侯，頌之成王、成康，雅之王命南仲及〈楚茨〉四十餘詩，皆刺幽王之類，又多不槷于人心，非若〈魯〉、〈韓〉佚說，每詩輒實以某人某事，其言徵實不誣，夫有所受之也。西漢專門傳受之學，至東京而漸決藩籬，鄭康成氏總群儒而通六蓺，其學則于《禮》深，于《易》、《書》、《詩》、《春秋》淺，故注《禮》用今文、采《韓》說，及解《易》、《詩》、《書》、《春秋》乃皆舍今學而從古文，聊以創異門户，存一家之說。其後鄭學大行，于是《齊詩》漢代即亡，《魯詩》亡于西晉，與《易》、《書》之今文諸家同墜于地，《韓詩》、《公羊》雖存，自唐代已號絕學，而《韓詩》復亡于北宋，寧非東京諸儒階之厲哉？而世之說者顧曰：「三家《詩》多述本事，猶之不修之《春秋》也？《毛詩》則財以聖人之義法，猶之君子修之云爾。」果爾，則請以《春秋》義法覈之。《詩》何以風先乎雅？著《詩》、《春秋》之相終始也。風者，王者之迹所存也；王者之迹息而采風之使缺，《詩》于是終，《春秋》于是始。《春秋》宗文王，《詩》之四始莫不本于文王，首基之以二南，《春秋》之大一統也；終運之以三頌，《春秋》之通三統也；周南終〈麟趾〉，召南終〈騶虞〉，《春秋》之始元終麟也；變風始于邶、鄘、衛，《春秋》之故宋也；王次之，《春秋》之新周也；變雅始于宣王之征伐，《春秋》之內諸夏而外吳楚也；魯頌先乎商頌，《春秋》之寓王也；頌以商爲殷者，謂救周之文敝，宜從殷之質也；託夏于魯，明繼周以夏，繼夏以商，三王之道若循環，終則又始，《易》終〈未濟〉之義也。王者因革損益之道，三王五帝不相襲，託王者於斯，一質一文，當殷之尚忠；敬文迭施，當夏之教也，是《春秋》之通義也。孔子序《書》，特韞神恉，紀三代，正稽古，列正變，明得失，等百王，知來者，莫不本于《春秋》，即莫不具于《詩》，故曰：《詩》、《書》、《春秋》，其歸一也，此皆刪述之微言大義，《毛序》、《毛傳》曾有一于此乎？則所謂子夏傳之者，不足據矣。《詩》之爲用在于禮樂，而二雅、《小序》莫能詳其祭祀燕饗之所用，間〈草蟲〉于〈采蘋〉，與《儀禮》樂章不合，則所謂太師次弟者不足據矣。分邶、鄘、衛爲三，與《左氏》不合，以〈抑〉詩爲衛武刺厲、以〈昊天有成命〉之成王爲成其王業之王，與《國語》不合，以宣王、南仲伐玁狁爲文王詩，與大雅及周、秦、傳記皆不合，則所謂國史序之者又不足信矣。以《齊》、《魯》、《韓》遺説質之，則數者往往符合，今文之師受，遠勝古文之鑿空如此，鄭、許皆古學，而箋《詩》輒用《韓》義以輔毛，《説文》引《詩》亦三家多于毛，古學之不能廢今文又如此。皇清漢學昌明，通儒輩出，于是武進張氏始治虞氏《易》，曲阜孔氏治《公羊春秋》，今文之學萌芽漸復，惟《書》則江、段、孫、王皆雜采馬、鄭、王、孔，無所決擇，王氏反主鄭説以破古義，尤爲傎繆；《詩》則顧炎武、閻若璩、胡渭、戴震，皆致疑于毛學；而尚不知據三家古義以正其源流。邵陽魏君默深治經，好求微言大義，由董子書以信《公羊春秋》，由《春秋》以信西漢今文家法，既爲《董子春秋述例》以闡董、胡之遺緒，又于《書》則申《史記》、伏生《大傳》及《漢書》所載歐陽、夏候、劉向遺說，以難馬、鄭，于《詩》則表章魯、韓墜緒，以匡傳箋，既與予說重規疊矩，其所排難解剝，鉤沈起廢，則又皆足干城大道，張皇幽眇，申先師敗績失據之謗，箴後漢好異矯誣之疾，使遺文湮而復出，絕學幽而復明，其志大，其思深，其用力勤矣。予向治《春秋》今文之學，有志發揮成一家言，作輟因循，久未卒業，深懼大業之陵遲，負荷之隕越，幸遇同志勇任斯道，助我起予，昔之君子其亦有樂于斯乎？如曰不然，以俟來哲。(《劉禮部集》，卷九，頁六。)

按：魏源《董子春秋發微》七卷，其書未見，但存〈序〉文，〈序〉未注明成書年代，今據先生〈詩古微序〉云「既為《董子春秋述例》」，則推其著成時間當在《詩古微》之前。王家儉《魏源年譜》亦繫魏源是書於此年。

又按：《詩古微》有初刻二卷本，二刻二十卷本。初刻二卷先成，惟未著明成書年代，據胡承珙〈答陳碩甫明經書〉：「魏默深聞刻有《詩古微》二卷，不知其去歲到杭州，頃已寄書都中，向索所著矣。」(《求是堂文集》，卷三，頁一四。)答陳奐書撰於道光九年；〈與魏默深書〉又云：「自丙戌奉書後，曠焉三載。……前承示大箸《詩古微》一冊，發難釋滯，迥出意表。」(《求是堂文集》，卷三，頁三五。)丙戌為道光六年，「曠焉三載」則為道光九年己丑，是初刻二卷已刊行於世；又陳世鎔〈秦淮旅舍喜晤魏默深同年源〉詩自注：「君所著《詩古微》乃三十以作。」(《求志居集》，卷一四，頁一三。)源生於乾隆五十九年（一七九四），以三十歲而作，則為道光三年（一八二三）。近人林美蘭《魏源詩古微研究》即據上述二陳文獻，論「初刻二卷本，當撰成於道光三年之前，而於道光九年刊本行世。」（頁三五～三六）先生為魏源撰〈詩古微序〉，年月不明，以先生卒於是年八月，則是序蓋撰於道光九年八月之前，王家儉《魏源年譜》（頁三九～四六）、黃麗鏞《魏源年譜》（頁八三～八九）咸以是序繫於道光九年，今亦暫從其說。

五月初九日，五子承宣暴卒，葬牛郎廟穆穴。

承定舊病復發，於五月初九日暴卒，余亦時病不寐，恭人欲泣不敢，恐益傷余及諸子心也。（〈滎陽恭人行略〉，《劉禮部集》，卷十，頁二九。）

承宣，行五，字子宣，算學生。生于嘉慶丁卯正月二十日，卒于道光己丑五月初九日，葬牛郎廟穆穴。（《家譜•世系》，卷三，頁九一。）

六月十八日辰時，夫人潘氏卒，先生撰〈滎陽恭人行略〉，以誌其食苦三十餘年，承顏含笑，奉事父母舅姑之敬，撫育子女，恩勤鞠育之勞，義待親戚後生之行。

戊子春，承定又得痼疾，恭人疊遭逆境，絕無生理，遂憂勞成疾矣。自冬徂春，藥治罔效，發熱十旬，醫多束手，……卒於道光九年己丑六月十八日辰時，得年五十四歲。（《劉禮部集》，卷十，頁二九。）

八月十六日未時，先生卒於京師，春秋五十有四，葬豐東鄉沈家村庚山甲向兼卯三分。長子承寬撰〈先府君行述〉，以誌先生之學行、仕官、著述。

府君諱逢祿，字申受，亦字申甫，號思誤居士。先世當明洪武初自鳳泗駐防常州，是爲西營劉氏，自高、曾以上詳府君所爲先中書公行狀。祖文定公諱綸，舉乾隆丙辰博學鴻詞科，仕至文淵閣大學士、軍機大臣、太子太傅、入祀賢良祠。文定公娶于許，有子三人：長，乾隆戊子舉人，廣西南寧府同知，諱圖南；次，乾隆丙戌一甲三名進士，官工部左侍郎，諱躍雲；其季諱召揚，字卣于，乾隆甲辰召試第一，授內閣中書，棄官家居，爲文定請建專祠、庀祭器、置墓田，終身不仕，即府君考也。……大抵府君于《詩》、《書》大義及六書小學，多出于外家莊氏，《易》、《禮》多出于皐文張氏，至《春秋》則獨抱遺經，自發神悟，主山東講舍時，爲《釋例》三十篇，又析其凝滯，強其守衛，爲《箋》一卷、《答難》二卷，又推原左氏、穀梁氏之得失，爲《申何難鄭》四卷；又斷諸史刑禮之不中者，爲《禮議決獄》四卷；又推其意爲《論語述何》、《中庸崇禮論》、《夏時經傳箋》、《漢紀述例》各一卷；其雜涉蔓衍者，尚有《緯略》一卷、《春秋賞罰格》二卷，凡爲《春秋》之書十有一種，宮保阮公、申耆李公各爲梓行廣東、揚州。咸謂《春秋》自唐、宋以來，郢書燕說，國朝經學大昌，如嘉定錢氏、河間紀氏、棲霞郝氏，皆號通儒，而其說《春秋》皆襲宋、元直錄其事、不煩褒貶之說，其弊不至于等經朝報束付高閣不止。近日曲阜檢討孔先生潛心大業，紹明絕學，箸爲《公羊通義》，而尚不能信三科九指大義微言千鈞一髮；至若鉤幽起墜，干城禦侮，張筆削之權于三統之內，續董、胡之薪于二傳之外，擇精語詳，醇乎其醇，則自漢以後，府君一人而已。府君以東漢經師有家法可尋者，今惟何、虞、許、鄭四君子，虞氏之《易》，雖惠、張創通大義，學者尚罕得其門而入，因別爲《易虞氏變動表》一卷、《六爻發揮旁通表》一卷、《卦象陰陽大義》一卷、《易言補》一卷、《易象賦》、《卦氣頌》一卷，撮其旨要，約其義例，以便綴學之士。鄭氏于三《禮》而外，于《易》、《詩》非專門，其《尚書》注已亡，或掇拾殘闕，欲申墨守，或旁蒐眾説，支離雜博，皆淺涉藩籬，未足窺先王之淵奥，乃別爲《尚書今古文集解》三十卷，別黑白而定一尊，由訓故以推大義，冀他日與各經傳注竝立學官焉。許君《説文》爲形書，而古韻未有專籍，近世顧、江、段、孔推衍遞密，而收字未有全數，入聲未審分配，乃研極精微，分爲二十有六部，每部先收《毛詩》字，次收《説文》字，次收《廣韻》字，每字復爲推其本音，詳其訓故，又爲《條例》一卷，共名《詩聲衍》二十有七卷，集古韻之大成。此四端皆府君所學之大者。又嘗欲爲《五經攷異》，仿陸德明《經典釋文》之例，以存異文古訓，先成《易》一卷、《春秋》一卷；又取《史記、天官書》及甘、石《星經》爲之疏證二卷；又有少時所箸《毛詩譜》三卷、《詩説》二卷；其未成者，尚有《九章舉隅》及《小學啓蒙》二書，無卷數，此皆府君手箸之書。其裒輯者，則有《石渠禮議》一卷、《庚辰大禮紀注長編》十二卷、《春闈雜錄》一卷、《東陵勘地圖説》一卷，又手摹兩京十六省輿地圖一冊。大抵府君之學，其異于世儒者有二：一曰通大義而不專章句：嘗謂《毛傳》詳詁訓而略微言，虞翻精象變而罕大義，求其知類通達，微顯闡幽者，則《公羊傳》在先漢則有董仲舒氏，後漢則有何劭公氏，子夏〈喪服傳〉有鄭康成氏而已。先漢之學，務乎大體，故董生所傳非章句訓詁之學；後漢條理精密，要以何劭公、鄭康成氏爲宗。然二傳雖皆可以條例求，而喪服于五禮特一端，《春秋》則文成數萬，其旨數千，天道浹，人事備，以之貫群經，無往不得其原；以之斷史，可以決天下之事；以之持身治世，則先王之道可復也。二曰求公是而祛門户：說者謂府君墨守何學，然《箋》中規何五十餘事，至于母以子貴及夫人子氏、惠公仲子之屬，則并舍《公羊》而從《穀梁》，甚至宋災故一條，則竝舍三傳而從宋儒劉原父、胡安國之說，于其不苟爲異，益知其同者之非苟同也。其說《詩》、《書》與鄭異義十之四五，一洗近世專己守殘之陋。又嘗謂《漢志》有《公羊外傳》五十餘篇，今佚不存，《左氏》正可補其闕，惟當復其舊，名曰《左氏春秋》，而盡刊去劉歆所私改之經文與所增竄之書法凡例，庶幾以《春秋》還之《春秋》，以《左氏》還之《左氏》，離之兩美，俾攻《左》者不得摘爲口實，人知府君爲《公羊》之功臣，不知其尤爲《左氏》之忠臣也。至于近世小學，但知溯源小篆，而古籀幾爲絕學，嘗病《說文》多有所從得聲之字，反不見于本書，而一字重文別體或分收各部，又部首過繁，稽攷不易，嘗欲仿《爾雅》體，并其重俗，補其古訓，增其闕文，以省初學之心力，俾得專心于大業，手書創藁而未能就也。痛哉！痛哉！府君于詞章，由六朝以躋兩漢，洞悉其源流正變，故所箸述，隨物賦形，無體不備，在他人稱絕業，而在府君自視爲緒餘，有自箸詩文集八卷；又選定《八代文苑》四十卷、《絕妙好詞》二十卷、《唐詩選》四十卷、

《詞雅》四卷藏于家。平日師友淵源，于先正則及見大興朱文正公、陽湖孫淵如、金壇段若膺、高郵王懷祖諸先生；同志中，與共習莊氏學者，則有若莊君綬甲兄弟、宋君翔鳳、丁君履恆；其共習張氏學者，則有若張君琦、其姪成孫、其甥董君士錫；其束髮以學行相砥礪者，則有李君兆洛、惲君敬、陸君繼輅、周君儀暐、李君復來；又嘗與劉公鳳誥商五代史于浙江，與胡君培翬講《儀禮》，王君萱齡、汪君喜孫講《尚書》、徐君松論地理、徐君有壬論九數、陳君奐論小學于都門。爲後學接引尤至一技若己有之，弟子潘準、莊繽澍從受《公羊》、《禮》，而潘早夭，府君痛之，于是有〈反招魂〉之作；同里董君祐誠高才早歿，于是有〈夢董方立〉之詩。丙戌，分校禮闈，鄰房有浙江、湖南二卷，經策奧博，曰：「此必仁和龔君自珍、邵陽魏君源也。」亟勸力薦，不售，于是有傷湖南、浙江二遺卷之詩。于諸甥中，喜趙振祚。于年家子，喜道州何紹基。凡所箸述，有能獻一字之益者，應時改定，聞人一善，則入內時，不及解冠，先呼不孝等而諄語之，喜動顏色，故平生交游落落，聞府君逝而哭失聲者，皆道誼中人。先後長禮部者，若高郵王公、蕭山湯公、樂平汪公皆重其學行，府君未嘗有所干謁，有侮其迂、欺其樸者，府君皆歡然與之，即或代致不平，而府君反爲申釋焉，蓋其肫篤龐厚，城府洞然，實不知人世有險巇、物情之有機械，非矯揉以然也。嘗爲阮宮保言重雕宋本十三經注疏，又彙刊本朝說經之書爲皇朝經解，以幸士林，阮公從之，遂衣被海內。又嘗慕唐柳氏家範、宋范氏義田，他日欲仿而行之；丙子爲不孝承寬納婦，仿〈士昏禮〉行于家廟；至于四時之家祭，必敬先世之手澤，必珍樂道忘貧之素、清苦困窮之節，百行難盡。俟喘息稍蘇，當謹述其詳，別爲逸事，以示子孫。以府君之古懿淳悶，有先漢申公、伏生之風，宜享神明之壽，以勸儒林、矜後學，而甫逾半百，遽積泰山，頻年遘死亡之戚，遺篋餘未竟之書，此則天道之難問者。近載以來，府君夜患不寐，不孝等以先慈寢疾方亟，又恃府君禮素康強，豐頤廣下，舉止端重，聲中黃鐘，必可以冀期頤，曾不知蚤勸節勞，輔以葠朮，迨至先慈棄世，府君愴恫益深，又念失恃之子，強爲撫慰，本月十二日驟患咯血，猶力疾詣署，歸而痰湧氣逆，旋止旋作，中秋日猶肅衣冠，祀五祀及先祖，四更後，喘復大作，執不孝等手，諭以守祖父之遺規，法古人之安命，至日中遂不起矣。嗚呼！痛哉！府君生于乾隆四十一年六月十二日戌時，卒于道光九年八月十六日未時，享年五十有四。配潘恭人，先府君兩月卒，詳府君所爲行述。子八人：存者，長承寬，嘉慶丙子舉人，候補咸安宮教習；三子承向、六子承寔，俱監生；七子承安。其歿者，次子承寵，嘉慶己卯舉人，著有《麟石詩文鈔》二卷；四子承宴、五子承宣，均早歿，詳府君所爲壙記三篇；季承宇，年十歲殤。女二：俱先殤。長婦黃氏、次婦謝氏、三婦趙氏、四婦潘氏，長婦、三婦俱先歿，承寔胡氏。孫開孫、申孫俱承向出；孫女二，長承寬出，次承向出；又殤孫受穀，承寵出。不孝等愚陋，孤露未足仰測府君德行學術于萬一；惟是府君道誼同志遍海內，必有能知之深、道之詳者，儻哀而錫之銘誄，以慰九原，不孝等世世子孫感且不朽。不孝孤哀子劉承寬等泣血謹述。賜進士出身、誥授朝議大夫、晉封光祿大夫工部尚書。……翰林院庶吉士世弟王念孫頓首拜填諱（《劉禮部集》，卷十一附，頁一～十一。）

逢祿，行三，字申受，又字申甫，嘉慶辛酉拔貢朝考一等三名，丁卯順天舉人，甲戌進士，翰林院庶吉士，禮部儀制司主事兼辦祠祭司事，道光丙戌會試同考官，誥授中憲大夫。娶潘氏，誥封恭人，候選州同潘尚基女，生子八：承寬、承寵、瀛、承宴、承宣、承實、承宇、承安，女一，卒。生于乾隆丙申六月十二日，卒于道光己丑八月十六日，葬豊東鄉沈家村庚山甲向兼酉卯三分，著有《禮部集》十一卷。（《家譜•世系》，卷三，頁八七。）

按：胡培翬（一七八二～一八四九），字載屛，一字竹邨，安徽績溪縣人。嘉慶二十四年己卯進士，殿試二甲，授內閣中書，擢戶部廣東司主事；道光八年十月，充捐納房差；十一年辛卯罷官歸里後，歷主鍾山、惜陰、婁東、涇川諸院，前後凡十餘年，所至以經學教士。生於乾隆四十七年壬寅正月，卒於道光二十九年己酉七月，春秋六十有八。成《儀禮正義》四十卷，又有《燕寢考》、《研六室文鈔》所以扶翼《儀禮正義》者也。（參清汪士撰〈戶部主事胡先生墓誌銘〉、胡培系撰〈族兄竹邨先生事狀〉，《研六室文鈔》墓誌銘、行狀類。）申受與培翬於都門講論《儀禮》之學，惟二人遺書中，未見相互論學《禮經》之文也。

王萱齡，字北堂，昌平州人。道光元年辛巳副貢生，舉孝廉方正，官柏鄉教諭。讀書爲訓詁之學，見王引之《周秦名字解故》其末附闕疑者三十二事，爲之攟摭經傳，疏通證明，成爲一卷。又精九章之術，工駢文，《昌平志稿》其所纂錄也。（參清徐世昌撰〈王萱齡傳〉，收入閔爾昌《碑傳集補》，卷四一，頁六～七。）劉承寬謂申受嘗與王萱齡講《尚書》，今察申受《尚書今古文集解》，於〈堯典〉「三百有六旬有六日以閏月定四時成歲」條，嘗引王萱齡論歲分消長變化之文，以解斯義（參卷一，頁八～九），是二人嘗講論《尚書》，而申受於其見解有能獻益者，則取而用之，庶幾能集眾思，廣公益也。

徐松（一七八一～一八四八），字星伯，大興人。嘉慶十年乙丑進士，授編修；十三年，入直年南書房；十四年，上命視學湖南，坐事謫伊犁，松乃親歷新疆各城，周咨彼中情事，援古證今，纂成《新疆志》十二卷。庚辰二十五年夏，賜環。後歷禮部主事、員外郎、江西道監察御史、榆林守、榆林兵備道，道光二十八年三月卒，年六十有八。松研究經術，尤精史事，自塞外歸，文名益噪，其時海內通人遊都下者，莫不相見恨晚也。所著又有《新疆識略》、《新疆南北路賦》二卷、《唐登科記考》三十卷、《宋三司條例考》一卷、《後漢書西域傳補注》二卷、《西域水道記》一卷，《長春眞人西遊記考》二卷、《新斠注地理志集釋》十六卷、《元史西北地理考》、《明氏實錄注》一卷、《宋中興禮書》二十四冊、《宋元馬政考》一冊、《宋會要》五壓卷、《河南志》三卷、《唐兩京城坊考》五卷等。（參《畿輔通志、徐松傳》，收入《續碑傳集》，卷七八，頁一～九；清繆荃孫編撰〈徐星伯先生事輯〉，《藝風堂文集》，卷一，頁四二～四七。）申受與徐松論地理於都門，蓋於徐松自伊犁歸，任禮部主事期間，惟今《劉禮部集》未見其商略之文也。

徐有壬，字鈞卿，一字君青，浙江烏程人，寄籍宛平。生而敏敦，八歲解句股術，師事姚學塽、欽天監博士陳杰。道光九年己丑成進士，官至江蘇巡撫，咸豐十年庚申夏四月，粵匪陷蘇城，躬與鏖戰，揚聲罵賊，遂遇戕害。君生於嘉慶庚申正月十八日，卒年六十一。爲學宗尚程朱，然不尙空譚，生平於算術最精，著有《務民義齋算學》行於世。（參清戴望撰.〈清故兵部侍郎兼都察院右副都御史江蘇巡撫徐公行狀〉、清陸心源〈徐愍公別傳〉，皆見《續碑傳集》，卷七五，頁十二。）

陳奐（一七八六～一八六三），字碩甫，號師竹，晚號南園老人，江蘇長洲人。嘗師事江沅、段玉裁，通六書音韻之學，年二十七爲長州縣學生，嘉慶二十三年戊寅，應順天鄉試，在都門得交高郵王念孫暨其嗣引之、棲霞郝懿行、績溪胡培翬、涇縣胡承珙、臨海金鶚，以經術相砥礪，學乃大進。後凡主杭州汪氏先後二十餘年，其大著作半成於此。同治二年六月二十九日卒於上海龍華郁氏舍，享年七十有八。著述有《詩毛氏傳疏》三十卷、《毛詩說》一卷、《毛詩音》四卷、《詩義類》三卷、《鄭氏箋考證》一卷，及《師友淵源錄》、《郊禘或問》、《彙本集韻校勘記》若干卷。（參清戴望撰〈孝廉方正陳先生行狀〉、張星鑑〈陳碩甫先生傳〉，俱見《續碑傳集》，卷七頁四～八。）申受與陳奐論小學于都門之時間，當在嘉慶二十三年陳奐入京應順天鄉試以後，時申受已改禮部主事，陳奐〈師友淵源記〉錄爲友朋之列，謂申受「居坐不襍他語，說經硜硜，俄而興高采烈，滔滔不窮，深明乎《春秋》公羊氏之學，獨持西漢，探賾索以隱，條理簡絜。」而申受《尚書今古文集解》〈顧命〉篇「高祖寡命」，則取陳奐釋「寡」爲「特」之說，此其論學取友之大要也。

莊繽澍（一七八五～一八六〇），字玉繁，號適齋，縣學生，莊存與之曾孫也。繽澍獲接乾嘉諸老輩餘緒，上承家學，通律歷，兼工隸書。家故貧，少壯槖筆遊四方，以陽湖縣學生讀書國子監，秋試，輒困於有司。莊氏生於乾隆五十年乙巳八月初三日，咸豐十年庚申四月六日，粵賊逆陷常州，繽澍時年七十有六，端坐堂中，罵賊被斫死，賜卹祀忠義祠蔭雲騎尉世職。著述有《易乾鑿度考證》、《五經算術疏證》、《古術紀原》各一卷，《漢太初術考證》三卷。（參《毗陵莊氏族譜》，卷十〈世表〉，頁二三；家傳四〈族祖玉繁先生傳〉，頁九～十；卷二五下志。）先生稱繽澍爲「名家子」，「已通五經天文之學」，「能治經者也」；從先生受《公羊》、《禮》學，先生著《春秋公羊議禮》，即付莊、潘二弟子抄錄成卷。（參《劉禮部集》，卷五，頁一。）

趙振祚，字伯厚，號芳舫，順天宛平人。少依舅氏劉申受，通知《春秋》、《易》、《禮》之學，申受之學出於莊氏，因並通莊氏之學，申受於諸甥中，特喜振祚。道光十五年進士，改庶吉士，散館授編修，大考翰詹遷贊善。以發憤言事，頗為其座師大學士穆勒阿所不喜，淹滯坊局，十年不遷。丁母憂，歸，遂不復出，後為常州亂民思附粵賊者所害。嘗致力於《明史》尤深，論時事可否，輒引明事為比。古文、詩賦淵懿茂美，兵燹後，無復存者。（參《光緒武進陽湖縣志》，卷二三，頁五八～五九。）

何紹基（一八〇〇～一八七四），字子貞，號東洲，晚號猨叟，戶部尚書凌漢長子。道光丙申會試二甲進士，改庶常，散館授編修，歷典福建、廣東、貴州主考官，得士稱盛。咸豐二年壬子，放四川學政，以條陳時事罣議鐫秩，遂絕意仕進。後主山左濼源、長沙城南書院有年；薄游吳、越，諸當事聘主揚州書局，校定十三經注疏兼主孝廉堂講席。同治十三年七月二十日卒於蘇州，享壽七十有五。著有《惜道味齋經說》八卷、《說文段注駁正》四卷、《東洲艸堂文鈔》二十卷附《眠琴閣遺文》一卷《詩》二卷、《東洲艸堂詩鈔》三十卷等。（參清熊少牧撰〈誥授中憲大夫翰林院編修貤封資政大夫道州何君墓誌銘〉，《東洲艸堂文鈔》，頁一～三；林昌彝〈何紹基小傳〉，收入《續碑傳集》，卷十八，頁十三。）承寬謂先生「于年家子喜道州何紹基」，今逢祿遺集中，未見與此年家子詩文往來，而紹基於道光十九年（一八三九）則有詩表達對申受「父執經師」仰止之情。（見道光十九年部分）

「高郵王公」指王引之（文簡公），引之嘗長禮部尚書，見道光二年按語述王氏生平部分。

「蕭山湯公」指湯金釗（一七七二～一八五六），字敦甫，一字勖茲，蕭山人。嘉慶四年進士，為官歷三朝，四典鄉試，再充會試總裁，一知貢舉，四掌留鑰，周歷五部侍郎，再長風憲，歷授吏、戶、禮、工四部尚書。其學以治經為務，主敬為本，不立門戶，不爭異同。生於乾隆三十七年十一月，薨於咸豐六年四月，享年八十有五。（參清魯一同撰〈誥授光祿大夫太子太保銜頭品頂戴致仕光祿寺卿湯文端公神道碑〉，收入《續碑傳集》，卷三，頁二四～二九。）

「樂平汪公」指汪守和，字惟衣，樂平人。嘉慶元年進士，官至禮部尙書權都察院左都御史。根柢實學，歷官四十餘年，以恭謹受主知，屢掌文衡，皆稱得士，卒於位，贈太子太保，賜祭葬。（參〈江西通志〉，收入《續碑傳集》，卷九，頁十二。）

李兆洛撰〈禮部劉君傳〉，稱美先生據經以決政事之疑，有董相風；守《公羊》學而不失師法，雖未肯抗行董仲舒，以視東平嬴公，則有餘矣。

道光九年八月十六日，劉君申受卒於京師，春秋五十有六，訃至，哭之慟。嗚呼！吾鄉一意志學，洞明經術，究極義理者，輩中遂無人矣，來者將安所儀型哉？君文淵閣大學士文定公之孫，召試一等賜中書卣于先生之子，禮部侍郎諱存與莊公之外孫。文定公偉量碩德，爲熙朝名相，入祀賢良祠；禮侍公鴻識卓學，甄綜天人，經緯聖哲，君實克承內外淵緒，始終條理，山宣而澤鍾之，年才中身，位不副望，殄瘁之痛，胡可言也。君生乾隆四十一年九月十二日，生十八年補弟子員，二十五中拔萃科，三十二舉順天鄉試，三十九始成進士，入翰林散館，改用禮部，旋補儀制司主事，在官者歷十有二年不遷，簿書期會，敦肅恪共如一日。君貌不逾中人，而美若冠玉，容止溫肅，吐屬謙謹，其於學務深造自得。禮侍公兼通五經，各有論述，著《春秋正辭》，涵濡聖眞，執權至道，取資三傳，通會群儒；君乃研精《公羊》，探源董生，發揮何氏，成《釋例》三十篇，以微言大義刺譏褒諱挹損之文辭洞然，推極屬辭比事之道；又成《箋》說、《荅難》、《決獄》等凡十一書，自漢以來，未嘗有也。中交張翰林皋文，共通虞氏《易》，爲〈六爻發揮旁通表〉、〈虞氏易變動表〉、〈卦象陰陽大義〉、〈易言補〉、〈易象賦〉、〈卦氣頌〉凡五卷；又旁求之於《書》，掇拾殘缺，兼蒐眾說，爲《古今文尚書集解》三十卷；又旁求之於《詩》，病古韻未有專書，近人推演遞密而收字不全，入聲分配無準，爲《詩聲演》二十七卷，皆創通奥域，遂於大道，勾萌新意，卷達柯幹者也。又以餘力集九章小學，成書數卷，取《史記、天官書》及甘、石《星經》爲之疏證，成書數卷；又欲仿《經典釋文》之例，存異文古訓，爲《五經考異》，已就兩經而未成。其在官，凡同列有疑不能決者，爲引經義別白之，已而公卿亦多就問所疑，無不據經決事，有董相風。在官有《庚辰大禮記注長編》十二卷、《春闈雜錄》一卷、《東陵勘地圖說》一卷、《石渠禮論》一卷，悉事言翔實，疏證確審。大抵君之著書，不泥守章句，不分別門户，宏而通，密而不縟，其大宗也。選定《八代文苑》四十卷、《唐詩選》四十卷、《絕妙好辭》二十卷、《詞雅》四卷、自著詩文集八卷，大都所手輯，及著幾二百餘卷，精力可謂過人矣。配潘恭人，前君二月卒。子八，存者四：承寬，嘉慶丙子舉人；承向、承實，俱監生；承安，縣學生。其次子承寵，嘉慶己卯舉人，有儁才，先君卒；承宴、承宣、承宇，俱早歿。李兆洛曰：予弱冠即與君相知，愛君孜孜從事《公羊》家言，予淺陋，極知其學之正而不能從問業，又時出不經語相難，君俯仰唯諾，未嘗折之，亦未嘗以語於人，予甚媿焉。比從官，日疏闊，見其成者《公羊釋例》、《虞氏易》表數通而已，餘所成者多在服官後十數年間，想亦嘿不自得，而以深思博綜銷其歲月耶？宜其年壽之不永也。君勤於取資當世有名人，莫不降心下問；後輩一業之善，即引與朝夕，又宜其所成之過人也。漢〈儒林傳〉稱：董仲舒通五經，善持論，能文辭。又云：仲舒弟子遂者，惟東平嬴公守學，不失師法。君雖未肯抗行仲舒，以視嬴公，固有餘矣。（《養一齋文集》，卷十四，頁一～三。）

按：李氏言先生「生乾隆四十一年九月十二日」，「九月」蓋為「六月」之訛，驗諸前文劉承寬〈先府君行述〉、《家譜•世系》、先生〈閏六月三十重度時春秋釋例成題四章示諸生〉，當以「六月」為是。

先生卒，其哲嗣承寬屬宋翔鳳為誄文，翔鳳以死生之別愁難理，尚未脫稿，而賦《哭外兄劉申甫禮部逢祿二首》。

絕學群言寄此身，著書一室邈無鄰；早衰記語同心友，將沒誰為枕厀人。惜我未歸秋病葉，哭君臨去路荒榛；壁中科斗航頭策，漠漠愁隨萬古塵。

久甘巖谷任蘊藏，每聽容臺議禮詳；一歲長余同宋寔，千秋待子忽淪亡。文遲誄德愁難理哲嗣屬余為誄文，尚未脫稿。，世便需才事已荒；記失蒙莊偕雪涕，獨緘遺恨過江鄉。去臘莊卿山外兄歾于常州，正月抵京，與君同聞此耗。。（《洞簫樓詩記》，卷十三，頁八。）

包世臣撰《清故文學薛君之碑》，中有憶及與先生切磋經藝，傷其不得志而病沒京師也。

予弱冠展側江淮間，常自病盜虛聲無根砥，物色樸學，得陽湖黃乙生小仲，通鄭氏《禮》，行不違其言；武進劉逢祿申受，通何氏《春秋》、虞氏《易》，雖情鍾勢曜，而讀書如有嗜好；……而成進士，居館職者，唯玉樵、申受。……申受左遷祠部，至十三年不得調；……入秋而申受病沒京邸。（《藝舟雙楫》，頁三六〇。）

九月，《皇清經解》輯刻成書，輯錄先生《公羊何氏釋例》十卷、《公羊何氏解詁箋》一卷、《發墨守評》一卷、《穀梁廢疾申何》二卷、《左氏春秋考證》二卷、《箴膏肓評》一卷、《論語述何》二卷、凡七種，卷次自卷一二八〇至一二九八，共十九卷。

按：《皇清經解》始竣之時間、蒐錄先生之著作及卷次，見夏修恕《皇清經解、序》及〈總目〉（清阮元輯《皇清經解》一八九種、一四八〇卷，道光九年刊本。）。劉承寬《先府君行述》謂宮保阮公為先生梓行《春秋》學著作數種，即指輯錄於《皇清經解》內之七書。

先生長子承寬以旅櫬難歸，故廬又為人賃居，不得已而奔告於先生道誼之交，是年冬，赴濟南。（劉瀛〈皇清誥授奉政大夫同知銜山西安邑縣知縣軍功保舉即補直隸州知州伯兄子容先生行略〉，《家譜》，卷十二，頁九五。）

卷三 譜後

道光十年庚寅（一八三〇） 先生卒後一年

春，先生生前道誼之交，各為分廉斂賻，以助其長子得奉櫬南歸。

春，（承寬）由保定至大梁，劉眉生方伯、顏魯輿、吳仲雲兩制軍、栗樸園河帥及同年鄒鍾泉中丞，均各分廉，且為斂賻。（劉瀛〈皇清誥授奉政大夫同知銜西安邑縣軍功保舉即補直隸州知州伯兄子容先生行略〉，《家譜》，卷十二，頁九五。）

按：劉斯嵋，字眉生，號彌三，江西南豐人。散館授編修，官至山東布政使。（參清朱汝珍輯《詞林輯略》，卷五，頁二四。）

顏伯燾，字魯輿，號載颿，又號小岱，廣東連平人。散館授編修，歷官閩浙總督，罷起用署四川布政使。（參清朱汝珍輯《詞林輯略》，卷五，頁二七。）

吳振棫，字仲雲，號毅甫，又號再翁，浙江錢塘人。散館授編修，官至雲貴總督，著有《養古齋叢錄》、《花宜館詩鈔》、《詞鈔》。（參清朱汝珍《詞林輯略》，卷五，頁二七。）

栗毓美，字樸園，山西渾源人。嘉慶中，以拔貢考授知縣，發河南，官至河東河道總督。（參《清史稿》，卷三八三，頁一一六五三～一一六五七。）

鄒鳴鶴，字鍾泉，江蘇無錫人。道光二年進士，官至廣西巡撫。（參《清史稿》，卷三九九，頁一一八一五～一一八一六。）

五月，承寬屬魏源、龔自珍、凌堃、陳潮校定先生遺集，魏源論定先生遺書，題曰《劉禮部集》。是集凡十有二卷，除卷十二附錄先生次子承寬遺稿《麟石文鈔》外，餘十一卷，先生文章詩詞、群經家法俱在。其中卷三〈禘議〉一篇，魏源以原稿統貫難尋，重新緦理成文；卷五《春秋公羊議禮》有目無文而待完成者，魏源就已成之篇，釐其義類爲十四篇；卷七《詩聲衍》二十八卷，書未竟而歿，遺稿由龔自珍、魏源委由陳潮整理成冊，後以卷帙稍繁，力不能給，僅編定《詩聲衍條例》一卷二十一則，鈔成《詩聲衍表》一卷。

> 五月，回京，又屬魏君默深、龔君定菴、凌君厚堂、陳君東之校定先集，刻成，郵寄以答謝之。（劉瀛〈皇清誥授奉政大夫同知銜山西安邑縣軍功保舉即補直隸州知州伯兄子容先生行略〉，《家譜》，卷十二，頁九五。）

附：劉禮部集目次

卷一　　　　武進劉逢祿申受著

易象賦自注

卦氣頌自注

聖駕再幸盛京謁陵恭紀連珠四十章

擬南苑大閱賦

西巡頌

月諫

伐木

反招魂

招隱

三階平則風雨時賦丁丑散館

卷二

易言篇

夏時等列說

論語述何篇上下

卷三

禘議

禮無二適議附姑及舅與從母之女子子不相爲婚姻議

適孫爲祖父母持服議

張貞女獄議

春秋論上

春秋論下

春秋公羊釋例序

申穀梁廢疾序

申左氏膏肓序

春秋公羊解詁箋序

卷四

釋三科例上張三世

釋三科例中通三統

釋三科例下異內外

釋九旨例上時月日

釋九旨例中爵氏名字

釋九旨例下褒譏貶絕

釋特筆例上主書

釋特筆例中律意輕重

釋特筆例下建始

釋削例上不書

釋削例中諱

釋削例下闕疑

釋禮制例下郊禘

釋禮制例中朝聘會盟

釋禮制例下娶歸終始

釋內事例上公終始

釋內事例中致公

釋內事例下內大夫卒

釋兵事例侵伐戰圍入滅取邑

釋地例

釋災異例

十七諸候終始表序

秦楚吳進黜表序

卷五

春秋公羊議禮序

正始弟一

正內治弟二

正妃匹弟三

制爵弟四上下

制國邑弟五

制田祿弟六

制田賦弟七

制軍賦弟八

貢士弟九

制刑弟十

郊禘祫弟十一

廟制弟十二

樂舞弟十三

城制弟十四

案：府君手書原目尚有郊雩、宗法二事，喪服尊統、喪服厭降、天子諸候服、未踰年君四事，師行、吉行、山林藪澤百金之魚。各一事，並有錄無書，今祇就原裏所有，屬邵陽魏君源釐其義類，爲十有四篇，甚未成者，敬俟他日，賡而述之。承寬謹識。（〈春秋公羊議禮〉後，《劉禮部集》，卷五，頁三三～三四。）

卷六

書序述聞

卷七

詩聲衍序

詩聲衍條例二十有一則

古今四聲通轉略例表

詩聲衍表

先生成《詩聲衍》二十八卷，書未竟而歿。其長君承寬以賻布之餘，栞先生遺書，乃匄先生好友龔君璱人、魏君默深以此書轉屬潮爲緫理成冊。潮於六書音均之學本膚淺，而二君委之，彊不獲辭。爰謁旬日力，爲編定〈條例〉一卷，坿載文集中；其〈韵表〉一卷、《長編》二十六卷，先生長君以卷帙稍緐，力不能給，姑藏之以俟異日。恐成非一手，遂有牴牾，并取〈韵表〉合《長編》讐改，漏者補之，……凡鄙見與先生異同者，並以補注及潮按爲之區別，……泰興後學陳潮跋。（〈詩聲衍表〉後，《劉禮部集》，卷七，頁二七。）

卷八

天官書經星補攷

巫咸甘石三家星讚

甘石星經正誣

卷九

易虞氏五述序

尙書今古文集解序

詩古微序

五經攷異序

春秋賞罰格題辭并荅問

卷十一

卷十二附錄

麟石文鈔次子承寵遺稿（《劉禮部集》）

案：陳潮（一八〇一～一八三五），字東之，泰興人。嘗問音韻於吳伯盉，尤精於許氏《說文》，自二徐以及錢、段諸人之異同，無不研究。道光辛卯（一八三一）中順天舉人，會試不第，卒於徐星伯家，年三十五，遺書若干篇，未付刻。（參清楊亮撰〈陳東之家傳〉，收入《續碑傳集》，卷七九，頁二七。《清儒學案》陳潮小傳，參史傳、方濬賢〈泰興三異人傳〉作「年三十九」。）

凌厚堂即凌堃（一七九五～一八六一），字仲訥，別稱厚堂，烏程人。道光十一年應順天鄉試中式，後就請業阮元，阮命治經，始辨別禮宮室服食制度，譔《尚書述》、《周易翼學》、《春秋理辯》數十萬言；又好經世之略，著《德輿子》，論時政甚具。晚年選授金華教諭，咸豐十一年，大罵寇賊而死，年六十七。（參戴望〈凌教諭墓誌銘〉，收入《續碑傳集》，卷七三，頁二五。厚堂爲凌氏別稱，見楊廷福、楊同甫編《清人室名別稱字號索引》，頁一三六六。

當時在京諸公父執，皆有賻贈，承寬乃得於七月奉櫬南歸。

當時在京諸公父執則祁春浦相國、許滇生尚書、程春海司農、顧南雅學士，同年則翁二銘揆協，同鄉則季仙九制軍、費耕亭觀察，皆有所贈，乃得奉櫬遄行。七月，奉櫬附糧艘南歸。（劉瀛〈皇清誥授奉政大夫同知銜山西安邑縣軍功保舉即補直隸州知州伯兄子容先生行略〉，《家譜》，卷十二，頁九五。）

按：祁寯藻，字春圃，山西壽陽人。嘉慶十九年進士，散館授編修，官至軍機大臣、體仁閣大學士，謚文端，著有《䜣䜣亭集》。（參清朱汝珍輯《詞林輯略》，卷五，頁二六；《清史稿》，卷三八五，頁一一六七五～

一一六七九。）

許乃普，字貞錫，號滇生，浙江錢塘人。授編修，官至吏部尚書，諡文恪。（參清朱汝珍輯《詞林輯略》，卷五，頁三四。）

程恩澤，字雲芬，號春海，安徽歙縣人。散館授編修，官至戶部右侍郎，著有《國策地名考》、《程侍郎遺集》。（參清朱汝珍輯《詞林輯略》，卷五，頁二四。）

顧蒓，字吳羹，一字希翰，號南雅，江蘇吳縣人。散館授編修，官至通政司副使。（參清朱汝珍輯《詞林輯略》，卷五，頁九。）

翁心存，字二銘，號邃菴，江蘇常熟人。散館授編修，官至體仁閣大學士，諡文端，著有《知止齋詩集》。（參清朱汝珍輯《詞林輯略》，卷六，頁一。）

季芝昌，字雲書，號仙九，江蘇江陰人。授編修，官至軍機大臣，外任閩浙總督，追諡文敏，著有《丹魁堂集》。（參清朱汝珍輯《詞林輯略》，卷六，頁九。）

「費耕亭觀察」，生平不詳。

既論定先生遺書，先生諸子又以魏源能喻其先人之志，復使敘其大要。〈敘〉中略陳兩漢群經家法，由是而推崇先生超越乾嘉考據之前賢，自故訓聲音、東漢典章制度，以進於西漢微言大義，求其源流本末，七十子所遺，乃至於聖人統紀，允爲篤志君子。

魏原曰：……西京微言大義之學墜于東京，東京典章制度之學絕于隋、唐，兩漢故訓聲音之學熄于魏、晉，其道果孰隆替哉？且夫文質再世而必復，天道三微而成一，箸今日復古之要，由故訓聲音以進于東漢典章制度，此齊一變至魯也；由典章制度以進于西漢微言大義，貫經術、政事、文章于一，此魯一變至道也。清之興二百年，通儒輩出，若所見之世、若所聞之世、若所傳聞之世，則有若顧、江、戴、程、段、莊明三《禮》六書，閻、陳、惠、張、孫、孔述群經家法，于東京之學蓋盡心焉，求之西漢賈、董、匡、劉所述，七十弟子所遺，原流本末，其尚盡合乎？其未盡合乎？有潛心大業之士，罜罜然，竺竺然，由董生《春秋》以闚六藝家法，由六藝以求聖人統紀，旁搜遠紹，溫故知新，任重道遠，死而後已，雖盛業未究，可不謂明允篤志君子哉！道光十年商橫攝提格之歲，既論定武進禮部劉君遺書若干篇爲若干卷，群經家法具在，諸子以原爲能喻其先人之志，復使敘其大都，故箸先王之道偏全同異艱難絕續者干篇，俾成學治古文之士折其衷，《詩》曰：「周道如砥，其直如矢。」君子所履，小人所視，又罜然以睎來者焉，內閣中書邵陽魏原謹敘(〈劉禮部集敘〉，《劉禮部集》卷首)

十一月，承寬奉先生靈櫬入常州城，殯於舊居，以祠屋奉安堂上東偏。（劉瀛〈皇清誥授奉政大夫同知銜山西安邑縣軍功保舉即補直隸州知州伯兄子容先生行略〉，《家譜》，卷十二，頁九五。）

是歲，沈欽韓〈與劉孟瞻（文淇）書〉謂凌曙爲先生之《公羊》學所誤。

孟瞻足下：……尊舅爲劉逢祿輩所誤，溺于《公羊》，獨足下餘波不染，誠爲卓犖。（〈與劉孟瞻書〉，《幼學堂文稿》卷七。此轉引自日人小澤文四郎編《儀徵劉孟瞻年譜》，文思樓刊本，昭和十四年五月）

按：劉文淇母凌氏爲凌曙姐，故沈氏云「尊舅」者，指文淇之舅氏凌曙。凌曙字曉樓，包世臣撰〈國子監生凌君墓表〉云其「從今甯國訓導吳沈欽韓問疑義，益貫串精審；嗣聞今儀制武進劉逢祿論何氏《春秋》而好之，及入都，爲雲貴總督儀徵阮芸臺校輯《經郛》，盡見魏、晉以來諸家《春秋》說，深念《春秋》之義存於《公羊》，而《公羊》之學傳自董子《春秋繁露》，原天以尊禮，援比以貫類，旨奧詞賾，莫得其會通，乃博稽旁討，承意儀志，梳其章，櫛其句，爲注十七卷，又別爲《公羊禮疏》十一卷、《公羊禮說》一卷、《公羊問答》兩卷，……凡君所著書三十八卷、五十餘萬言，皆有顯證，遠雷同附會之陋，足爲來學先路。……以道光九年五月二十六日卒於寓廬，年五十有五。」（清繆荃孫纂錄《續碑傳集》，卷七四，頁三～四）是凌曙嘗問學於沈欽韓、受益於劉逢祿論何休《公羊》學之著作，沈氏治《左傳》而不喜《公羊》，故有此論。

道光十一年辛卯（一八三一）　先生卒後二年

秋杪，暫厝先生靈櫬於牛郎廟之東。（劉瀛〈皇清誥授奉政大夫同知銜山西安邑縣軍功保舉即補直隸州知州伯兄子容先生行略〉，《家譜》，卷十二，頁九五。）

道光十六年丙申（一八三六）　先生卒後七年

冬，承寬安葬先生及母潘恭人於沈家橋，魏默深、陳雪鑪兩君所卜地。（劉瀛〈皇清誥授奉政大夫同知銜山西安邑縣軍功保舉即補直隸州知州伯兄子容先生行略〉，《家譜》，卷十二，頁九六。）

道光十七年丁酉（一八三七） 先生卒後八年

三月，李兆洛撰〈珍藝宧遺書序〉，述及先生所著《公羊》，多本其外王父莊存與。

兆洛自交若士、申受兩君，獲知莊氏之學，莊氏學者，少宗伯養恬先生啓之，猶子大令葆琛先生賡之者也。……宗伯諸書，文孫卿珊已刻之，未竟而歿；大令之書，……今幼子邠農盡已付梓，……爲莊氏學者於此可以得其大凡矣。而若士、申受、卿珊、稺蕓皆已歿，不及與校訂之後，甚可悼也。……若士、申受所著《公羊》，多本宗伯，……道光十有七年春三月李兆洛序。（《珍藝宧遺書》本。）

道光十九年己亥（一八三九） 先生卒後十年

是年，道州何紹基詣常州龍城書院拜謁李兆洛，賦〈龍城書院謁李申耆年丈〉、〈題申耆丈輩學齋授經圖〉二詩，詩中言其嘗粗聞父執經師劉申受《公羊》微言義例之學，並表高山仰止之意。

父執經師李與劉謂劉申受，二申儒術重常州；《公羊》大義粗聞後，又見先括眾流。（〈龍城書院謁李申耆年丈〉，《東洲草堂詩鈔》，卷七，頁十四。）

綜括群儒業，翶翶輩學齋；欲陶天下士，都與古賢儕。深雪斗山坐，春風桃李街；二申吾仰止，捧手後先偕。（〈題申耆丈輩學齋授經圖〉，《東洲草堂詩鈔》，卷七，頁十四。）

道光二十三年癸卯（一八四三） 先生卒後十四年

七月，劉文淇爲門人陳立撰〈句溪雜著序〉，略謂先生《公羊》諸作篤守何休一家之學，詳義例而略典禮。

近人如曲阜孔氏、武進劉氏謹守何氏之說，詳義例而略典禮。（《青溪舊屋文集》，卷六。）

道光二十五年乙巳（一八四五） 先生卒後十六年

宋翔鳳賦〈題周素夫世錦紀遊圖冊三十首〉，其中第二十一首傷故舊凋殘，先生亦在其傷逝之列。

南蘭陵多老尊宿，人痛山阿存著錄張皋聞先生最先沒，後則先舅氏迂甫、葆琛兩先生及洪稚存、孫淵如、趙味辛諸先生相繼下世。；後來交舊亦凋殘，莊傳永早沒，其後如洪孟慈、劉申甫、李申耆、陸祁孫、莊卿山、陸劭聞、丁若士、管孝逸並殂謝。，偶作相逢猶落落。……學書學劍都無用，不及田閒自課耕。毗陵菊酯（《洞簫樓詩紀》，卷二十，頁十六～十七。）

咸豐五年乙卯（一八五五） 先生卒後二十六年

八月，桂文燦撰錄《經學博采錄》初成，考鏡乾、嘉、道、咸人物之學術及淵源，先生亦列名其間，稱其「所著諸書，宏而通達，密而不縟，其大宗也。」

按：先生小傳見卷四，頁十五。此書繫年據桂氏〈序〉署「大清咸豐五年八月」。

是年，湘陰郭嵩燾爲曾國藩東行求餉，由贛入浙赴吳。途次，隨行者陽湖周騰虎出示包愼伯、梅伯言爲周氏尊人所作家傳。郭氏於十二月十八日記周伯恬與草堂諸君立身砥行、相爲切劘之會，致令風尙爲之一變，而先生正爲其中一員也。

五年十二月十八日，……（伯恬）少時與李申耆諸君爲草堂之會，世稱草堂諸子。草堂者，江陰祝筱珊先生讀書處也。同會者爲張皋文（惠言，己未翰林，所著爲《茗柯集》。）、張翰風（琦，皋文先生之弟，戊辰舉人，所著爲《宛鄰全書》十六種。）、祝子常（百十，所著爲《草堂詩存》，江陰人，其弟瘦峰名百五，有詩鈔。）、陸祁孫（繼輅，庚申舉人，所著爲《崇百藥齋全書》。）、陸紹聞（耀遹，官阜寧教諭，所著爲《雙白燕堂詩文集》。）、莊卿珊（綬甲，諸生，治經學，有集。）、劉申受（逢祿，戊辰進士，官禮部主事，所著爲《劉禮部集》、《公羊釋例》。）、洪孟慈（飴孫，官東湖知縣，有詩集。）、丁若士（履恆，官濰城知縣，有詩集。）與李申耆並治經，有節行。乾、嘉之際，士皆尚文章，馳騖聲利。於時常州猶獨多文士，而草堂諸君子獨以立身砥行相爲劘切，風尚爲之一變。（《郭嵩燾日記》，卷一，頁六。）

咸豐十年庚申（一八六〇）　先生卒後三十一年

九月十日，張問月以《劉禮部集》贈李慈銘，李氏論先生博綜群經，兼通《說文》、音韻、星學、算學，詩賦皆肆力于漢、魏，尤致力於《公羊春秋》，最服膺何休《春秋公羊解詁》，惟過尊何氏，是其所蔽。

張問月以武劉申甫先生逢祿《禮部集》見贈。……先生集十一卷，爲賦一卷，雜文一卷，詩詞一卷，其餘文八卷，皆說經議禮，及所著各書序。先生他學本外家，而《公羊春秋》則所心得，最服膺何氏之學。其集中說禮論學，皆推本《公羊》及何氏，精竅博辨，自爲專家，而過尊劭公，上自《左氏》、《穀梁》，下汔許、鄭諸儒，皆致攻駁，是其所蔽。詩賦皆肆力于漢、魏，而理致膚拙，所得者鮮，然賦皆纚纚數萬言，鬱勃閎肆，詩亦多古色古調，亦足見汲學之深矣。其第十二卷，附錄其子承寵詩文，博麗自喜，有得于家學者。先生爲相國文定公孫，由庶常官儀曹，遇事據經斷律，有古人風。行狀所載道光四年，河南學臣請以湯文正公從祀聖廟，議者以湯公康熙中在上書房獲譴，難之。先生奮筆議曰：后夔典樂，猶有朱均；呂望陳書，難匡管蔡。議遂定。是年，越南貢使以所頒諭旨稱之以外夷，請改爲外藩。部臣難更易詔書，先生牒示曰《周官》大司馬職方氏，夷服去王國七千里，藩服去王國九千里，是藩遠而夷近也，使者忻然而退。即此兩事，可以爲儒臣重矣。是集板藏于家，坊市無傳者，深可寶也。（《越縵堂讀書記》，頁八三六～八三八。）

咸豐十一年辛酉（一八六一）　先生卒後三十二年

六月十一日，李慈銘閱《劉禮部集•禘議》，質疑其說頗多牴牾。

閱劉氏逢祿《禮部集•禘議》，則以爲周有二禘：禘嚳以配上帝于明堂，以禘祖宗之功德；禘文王以配上帝于明堂，以禘子孫之功德；而不取鄭康成以冬至圜丘之祭爲禘，及南北郊皆名禘之說。又言郊祭配天爲配祈穀之帝，鄭氏謂配感生帝者非。諦謂審諦功德，漢張純謂審禘昭穆者非。禘謂王者之大祭，魯自僖公八年秋八月禘於太廟，爲諸候僭大禘之始。鄭氏注禮每混舉禘祫，不辨天子諸候之義爲非。然劉氏但言五年一禘，而不能言禘之在何時。又言春秋閔二年夏吉禘於莊公者，此乃犆祭於莊宮，非〈明堂位〉所謂以禘禮祀周公於太廟之比。然則周既惟二禘，諸候又但有祫而無禘，此吉諦之禮，魯人何以行之？劉氏亦不能言其所自始。劉氏既云周人以嚳與文王同爲文祖，同禘於明堂，乃又云周人祖文王而宗武王，並配上帝，下及有功德之君臣，凡毀廟未毀廟主之主及功臣皆配。然則嚳與文、武二禘禮必相同，當禘嚳之時，將仍合文、武之主否乎？如其合也，則文、武且饗二禘之祭；若其否也，則祖宗咸秩而獨闕文武，將何以序昭穆？其說頗多牴牾。劉氏雖精於禮學，然偏信《公羊》，左袒何邵公而好攻鄭氏，故不能無失也。山陽魏默深源跋其說後云：「其異於鄭氏者，在不信《周官》、〈月令〉而取徵六藝。惟是禘嚳之禮，終不可知。今既不取圜丘昊天之說，又云非冬禘春郊季秋大饗之謂，則未知同於五年夏禘行之而時有先後乎？抑別有說乎？……。」云云。蓋默深

亦有不滿其說者矣。（《越縵堂讀書記》，頁八三八）

十六日，李氏又論先生承學淵源，稱其《公羊》學著述，深造有得；據經斷疑，見其明體達用。至於言《尚書》、《毛詩》，則不免偏譎之失。

跋《劉禮部集》前後兩通。禮部承其外王父少宗伯莊方耕氏存與之學，專究心于《公羊》，著書至十餘種，皆深造有得，精深博大，不專事章句，可謂經緯典謨，不與守文同說者。又從其從舅莊葆琛氏受《書經》、《夏小正》及六書小學，從同邑張臯文氏受《易》學，皆著述裒然成一家言。此集係其子承寬屬邵陽魏默深源所編輯，多其諸經說之緒餘，而附以他文及詩詞。其學由《春秋》以通三《禮》，欲發七十子微言大義，爲天人之學，故深慕董相，兼備體用，尊西京而薄東漢，好與康成爲難。其言《公羊》，則以同時孔顨軒氏不用漢儒三科九旨之舊說，爲尚不知《春秋》，而深斥錢辛楣氏、郝蘭臯氏言《春秋》無褒貶之非。言《尚書》，則力詆孫淵如氏、王禮堂氏尊主馬、鄭說之繆。於《詩》則謂《毛詩》不如三家。皆未免偏譎。然其得失皆有家法，非同宋儒之逞臆妄斷。他如〈禮無二適議〉、〈姑舅從母之女子子不得爲婚姻議〉、〈嫡孫爲祖父母持服議〉、〈張貞女獄議〉、〈馬貞女論〉，皆援據定律，深得禮意，具見明體達用之學，固可謂通儒矣。（《越縵堂讀書記》，頁八三九。）

十七日，李氏以《劉禮部集》中「問古百里當今幾何里」條，考論精核，錄於日記。

《劉禮部集》中有古今百里考一條，甚精核，錄之於此云。古者三百步為一里，《穀梁傳》、《大戴・王言篇》、唐宋三百六十步為一里李翱〈平賦書〉、馬氏《文獻通考》。，元二百四十步為里見陶宗儀《輟耕錄》，明如宋，見《洪武正韻》，今仍之。，自明至今，皆依唐、宋，大於古六十步。古一步六尺《司馬法》，漢〈食貨志〉。，今一步五尺見杜氏《通典》，宋明及今因之。今步尺乃乾隆元年工部所頒，當今裁衣尺之九寸。，以古尺較今尺止七寸四分此據周尺，《漢志》劉歆銅尺、建武銅尺、晉前尺並同。，今尺較古尺，乃一尺三寸五分。古步較今步，止四尺四寸四分；今步較古步，乃一步有七寸五分。故今三百六十步，當古四百又五步，百之為四萬五百步。其今之三萬六千步，為古之百里，以四百又五步除之，則得七十四里強也。（書眉註：舉步為跬，二跬為步。又：今之及六千字，原書所無，想係脫誤，今以意增補。）（《越縵堂讀書記》，頁八三九～八四〇。）

按：古今百里考，見《劉禮部集》〈春秋公羊議禮・制國邑弟五〉，卷五，頁十六。惟李氏所錄文字，略有簡省。

周中孚《鄭堂讀書記》刊行，書中有札記先生六書之提要，皆條敘書名、卷數、版本、節錄其序，而略評其得失：稱《春秋公羊經何氏釋例》之綱目，似莊存與《春秋正辭》，其類敘經注，則似趙汸《春秋屬辭》；論《公羊春秋何氏解詁箋・附發墨守評》，稱其申論大義，折衷諸家，以歸于是，頗為精密；稱《穀梁廢疾申何》之作，仍以《公羊》家言作禽、墨之守禦；謂《左氏春秋考證》之作，亦不過爲護持《公羊》家言計，其所考證，不敢信其爲是；稱《箴膏肓評》與《左氏春秋考證》作意相同，皆藉以申《公羊》家言；謂《論語述何》不免穿鑿，視作《易》外別傳。

《春秋公羊經何氏釋例》十二卷原刊本：國朝劉逢祿撰。……計二十六例，表四。每例皆依經次序，采輯經文及注畢後而總釋之，其分綱立目，頗似莊氏之《正辭》，其類敘經注，則仍似趙子常之《屬辭》耳。且又不能如莊氏之援引經文，每節作小論，則除去所釋之數十篇外，不過數月可畢事，不識其自序何以前無古人如此，可笑其不自量矣。（卷十一，頁二三三）

按：周氏敘其綱目凡十卷，此「十二卷」當爲「十卷」之誤。

《公羊春秋何氏解詁箋》一卷附《發墨守評》一卷原刊本：國朝劉逢祿撰。……其網羅眾家，凡九十二條，皆摘傳文及《解詁》以申論其大義，並折衷眾家，以歸于是，或詳或略，皆極精密，于何氏繩墨，少所出入，猶著《釋例》之用意也。（卷十一，頁二三三～二三四）

《穀梁廢疾申何》二卷原刊本：國朝劉逢祿撰。……上卷凡四十條，先節引傳文及何氏《廢疾》，並范氏所釋于前，後則各爲難詞；下卷凡百五十一條，止節引傳文，皆《廢疾》所不具，申受自爲摘出而申之也，間及范注，後則各爲申詞。自敘稱「藩籬未決，區蓋不言，非敢黨同，微明法守」，蓋仍以《公羊》家言作禽墨之守禦耳。（卷十一，頁二三四）

《左氏春秋考證》二卷原刊本：國朝劉逢祿撰。……上卷凡一百十九條，皆摘引傳文，各證其非《左氏》舊文，爲劉歆所比附；下卷凡二十四條，皆摘引《史記》、前後《漢書》、《説文》、孔疏、劉向《別錄》諸書，各證《左氏》不傳《春秋》，總屬劉歆所改竄。……然則申受毅然取二千年之傳本而效萬充宗、方靈皋之辨《周禮》，不過，爲護持《公羊》家言計耳，豈漢以下儒者俱無聰穎特達如申受其人者乎？余所不敢信也。（卷十一，頁二三四～二三五）

《箴膏肓評》一卷原刊本：國朝劉逢祿撰。……是書凡三十條，或一條分作兩條者，皆以傳文爲綱，何氏書、鄭君箴附之，而各爲之評，或評其僞，或評其誣，或評其非典禮，而因及何、鄭之論，更推其未及者證之。所評與《考證》之書同一用意，藉以申其《公羊》家言。本與《考證》同爲一敘，其《敘》亦列在是書之後，但何、鄭之書，爲《春秋左氏傳》而作，不爲《左氏春秋》作，既申受欲以《春秋》還之《春秋》，《左氏》還之《左氏》，余即別而出之，恪遵申受之意云爾。（卷十一，頁二三五）

《論語述何》二卷原刊本：國朝劉逢祿撰。……故未能每章有注每句有解，然究不免穿鑿附會，惟離卻《公羊》之旨，自爲立説，稍可節取耳。此與宋虞廷《大學説》俱非經之本旨，學者第作《易》外之別傳視之可也。（卷十三，頁二七九）

按：《鄭堂讀書記》七十一卷，周中孚著。中孚，字信之，別字鄭堂，浙江烏程縣人。卒於道光十一年，年六十有四。是記據劉承幹跋：「是編初歸朱椒堂侍郎，藁本百餘冊；後歸洪鷺汀觀察，觀察復以歸予，僅存七十一卷，似從椒堂侍郎所藏本傳鈔而有脫佚者，非先生之舊也。本多漫漶，復假王雪岑廉訪廣雅書局本校之。……刻既盡，爰綴言於末簡，……辛酉荷花生日，吳興劉承幹跋。」（《鄭堂讀書記》，卷七一，頁一四二九～一四三〇）此據其刊刻既成之日爲咸豐十一年辛酉，故繫年於此。

同治二年癸亥（一八六三）　先生卒後三十四年

譚獻論先生《書序述聞》精深，源於外王父莊存與；《夏時等列》則與莊述祖小有同異。

閱劉申受《書序述聞》，說《尚書》精深，源於宗伯公，吾故謂莊氏家學精于惠、大于王矣。

閱劉申受《夏時等列》，于莊氏學小有同異。（《復堂日記》，卷一，頁三～四。）

按：《復堂日記》卷首云：「同治二年五月以前，日記淪失，不可記憶，今自癸亥五月始，刪節十之二，大都循誦載籍，譚藝之言爲多，……。」（卷一，頁一）又於「丁韻琴」條下（卷一，頁十）自注「以上癸亥」，據此，則上述二條譚藝之文，當在是年五月之後。

同治九年庚午（一八七〇）　先生卒後四十一年

譚獻讀先生《公羊》學諸書，謂耳目神志皆愜適己意。

閱劉申受先生說《公羊》諸書，如寒得裘，如客得歸，耳目神志皆適，小小異同可微辨也。（《復堂日記》，卷二，頁九。）

同治十年辛未（一八七一）　先生卒後四十二年

三月，戴望《戴氏注論語》二十卷開雕。戴氏言其深善先生《論語述何》、宋翔鳳《論語發微》，惟劉、宋之作，多不列章句，戴氏乃因其義據，推其未備，依篇立注，以成斯編。

> 《齊論》更多〈問王〉、〈知道〉兩篇，……《齊論》蓋與《公羊》家言相近，是二篇者，當言素王之事、改周受命之制，與《春秋》相表裏，……劭公爲《公羊》大師，其本當依《齊論》，必多七十子相傳大義，而孤文碎句，百不遺一，良可痛也。……望嘗發憤於此，幸生舊學昌明之後，不爲野言所奪，迺遂博稽眾家，深善劉禮部《述何》及宋先生《發微》，以爲欲求素王之業、太平之治，非宣究其說不可，顧其書皆約舉，大都不列章句，輒復因其義據，推廣未備，依篇立注爲二十卷，皆檃括《春秋》及五經義例，庶幾先漢齊學所遺、劭公所傳。（《戴氏注論語•敘》，頁一。）

按：是書卷首題曰「同治十年歲在辛未三月開雕」，則付梓在三月；而刊成之日，據江瀚、倫明各撰〈戴氏注論語二十卷〉提要，皆本「同治十年刊本」（《續修四庫全書總目提要、經部》，頁八六九。），知當亦在是年。至於草稿粗就，依譚獻《復堂日記補錄》：「（同治元年九月）初九日，閱戴子高《論語注》，大段完善，尚尠精詣，略采四則，以見一斑。」（卷一，頁一）「（同治元年）十一月初十日，閱宋于庭先生《論語述誼》卒業，……子高《論語注》，大專多出於此。」（卷一，頁三～四）「（同治二年六月）十一日，子高治《論語》，推究大義，吾推服之。」觀譚獻日記所錄，戴望注《論語》大體粗成之時間，蓋在同治元年九月，付刊則在同治十年三月，其間容有增飾。

又按：戴望是書，雖曰推廣劉、宋未備，然其依篇立注之義據，多援先生《述何》、宋氏《發微》之作，譚獻《復堂日記補錄》：「（同治十一年四月）廿一日，閱戴子高《論語注》，取之劉申受、宋于庭者大半，間有鄙說，然皆不言所本，殆欲後世作疏邪？首題戴氏注，可異也。」（卷一，頁三七）譚氏由推服戴氏至「間有鄙說」、「可異」之評，蓋與戴子高竊走譚獻於同治三年所得陳奐傳校《管子》蘇州一事有關（見《復堂日記補錄》，卷一，頁二一，「同治五年正月十三日」日記條。），惟論其取劉、宋者大半，不失持平之見；江瀚〈戴氏注論語二十卷釋文二卷〉提要亦云：「是編亦多本《論語述何》、《論語發微》之說。」亦有批評戴氏接踵先生《述何》而變本加厲，支離益甚者，張文虎〈書戴氏注論語後〉：「《公羊》解經，已多乖剌，邵公申傳，益覺煩苛，劉申受乃述之以說《論語》，自鳴其專門之學，君復踵而加厲，穿鑿影射，成此一編，意將傾紫陽而下之，亦太不自量矣。（《舒藝室雜著》甲、六，頁十七。）倫明〈論語注二十卷〉提要則云：「昔王先謙輯經解續編，原收戴書，以總目寄與李慈銘，李答之曰：「戴子高《論語注》，怪誕謬悠，牽引《公羊》，拾劉申甫遺唾，支離益甚，且多掩舊注以爲己說，而歿其名，此種宜從刪汰。」因未收入《續經解》中。今觀戴書，知李氏所辨，實公允之言。」（《續修四庫全書總目提要•經部》，頁八六九。）

同治十一年壬申（一八七二） 先生卒後四十三年

六月十日，李慈銘論先生學術不足法。

> 閱劉申受集，其才力足雄一時，而學術不足法。同治壬申（一八七二）六月初十日（《越縵堂讀書記》，頁八三六。）

十三日，李氏論《論語述何》誤據《北堂書鈔》「女爲君子儒」章何晏注爲何休注，有郢書燕說之譏。

閱劉申受集。其《論語述何》篇，誤據《北堂書鈔》以「女爲君子儒」章何晏注爲何休注，遂妄斷邵公有《論語注》，其謬既不待言；而以此注「君子儒以明道，小人儒則矜其名」二語，謂漢儒中惟董江都及邵公能道之，馬、鄭諸儒皆所不知，眞是夢語風譫，大惑不解。二語《集解》本作馬曰，皇疏亦作馬融曰，邢《正義》作孔曰，《史記、弟子列傳》《集解》引作何晏曰，以其見于何氏《集解》也，《書鈔》遂誤作何休曰。申受知讀舊鈔本《北堂書鈔》，而不知讀注疏，自來郢書燕說，無如是之可笑者，流毒潰疽，遂有如今日之戴附生，竊其糞穢，以成夢書，急當以大黃峻藥，痛下其疾，令出狂汗者也。六月十三日（《越縵堂讀書記》，頁八三六。）

同治十二年癸酉（一八七三年）　先生卒後四十四年

四月，張文虎稱先生《論語述何》之作，乃自鳴其專門之作。

此吾友德清戴君子高所箸也，注文簡古，頗有漢儒遺意，然《公羊》解經，已多乖刺，邵公申傳，益覺煩苛，劉申受乃述之以說《論語》，自鳴其專門之學，君復踵而加厲，穿鑿影射，成此一編，意將傾紫陽而下之，亦太不自量矣。……同治十二年夏四月。（《舒蓺室雜著甲編下、書戴氏注論語後》，頁十七。）

同治五年丙寅～十二年癸酉？（一八六六～一八七三？）先生卒後三十一年至四十四年

戴望取劉承寬〈先府君行述〉，參先生諸遺書，撰〈故禮部儀制司主事劉先生行狀〉，述其內外家學之淵緒、引經議政之仕宦、務通大義之經學著作，並稱先生《公羊》學著作，不惟有干城禦侮之功，且使兩漢董、何《公羊》學幽而復明。

> 先生諱逢祿，字申受，……先生弱不好弄，母氏誨之，學必舉所聞於外王父侍郎莊公以糾俗師謬說；年十一，初謁侍郎公，叩以所業，應對如響，歎曰：此外孫必能傳吾學。十三而群經及周、秦古籍皆畢，嘗讀《漢書・董仲舒傳》而慕之，迺求得《春秋蕃露》，知爲七十子相傳大義，遂發憤研《公羊》何氏《解故》，不數月，盡通其條例。從舅莊先生述祖自濟南解官歸，與語群經家法，大稱善，時莊先生有意治《公羊》，遂輟業，先生復從受《夏時》等例及六書古籀之學，莊先生嘗曰：吾諸甥中，惟劉甥可師，宋甥可友也。嘉慶五年，年二十有五，舉拔貢生，旋入都應朝考，時文定公及世父侍郎故舊徧京師，先生不往干謁，唯就張編修惠言問虞氏《易》、鄭氏三《禮》，竟以此被黜。十一年，舉順天鄉試，中式，座主孔編修昭虔故世治《公羊春秋》，得先生卷，大驚，國士遇之。十九年，成進士，授翰林院庶吉士。踰年，散館改授禮部主事。道光四年，補儀制司主事，在部十有二載，每有大疑，先生輒援古事，據經義以決之，非徒簿書期會如胥史所職而已。……先生引經決事，倣法先漢諸儒，其爲學務通大義，不專章句，由董生《春秋》闚六藝家法，由六藝求觀聖人之志。……於是尋其條貫，正其統紀，爲《公羊春秋何氏釋例》三十篇，又析

其凝滯，強其守衛，爲《箋》一卷、《答難》二卷，又推原穀梁氏、左氏之得失，爲申何難鄭四卷，又斷諸史刑禮之不中者，爲《議禮決獄》四卷，又推其意爲《論語述何》、《夏時經傳箋》、《中庸崇禮論》、《漢紀述例》各一卷，其雜涉蔓衍者，別有《緯略》二卷、《春秋賞罰格》一卷。愍時學者說《春秋》皆襲南宋俗儒直書其事，不煩褒貶之詖辭，獨孔檢討爲《公羊通義》，能抉其蔽，然尚不能信三科九旨爲微言大義所在，乃著《春秋論》上、下篇，以張聖權。……更成《左氏春秋考證》二卷，知者謂與閻、惠之辯《古文尚書》等。先生於《易》主虞氏，於《書》匡馬、鄭，於《詩》初尚毛學，後好三家，有《易虞氏變動表》、《六爻發揮旁通表》、《卦象陰陽大義》、《虞氏易言補》各一卷，又爲《易象賦》、《卦氣頌》，撮其旨要，文緐不載；《尚書今古文集解》三十卷、《書序述聞》一卷、《詩聲衍》二十七卷，少作《毛詩譜》三卷、《詩說》二卷、《甘石星經疏證》二卷、輯〈石渠禮議〉一卷，所爲詩賦連珠論序碑記之文約五十篇，道光九年八月十六日丁丑卒於官，春秋五十有四。配潘恭人，有賢行，前先生卒。子八人：承寬、承寵、承向、承宴、承宣、承賓、承安、承宇。承寵、承宴才而早歿，承宇殤，存者承寬、承向最有名；孫某某，開孫、憚最有名，葬於某鄉某原。弟子潘準、莊繽澍、趙振祚皆從學《公羊》及《禮》，振祚，先生甥也；當世顯學如龔禮部自珍、魏知州源亦皆從先生問故，稱親炙學者焉。……自《公羊》先師劭公而後，聖經賢傳蔽錮二千年，徐彥、殷侑、陸佃、家鉉翁、黃道周、王正中咸相望數百載，雖略窺恉趣，未能昭揭，迨所聞世，莊侍郎、孔檢討起而張之，至於先生，干城禦侮，其道大光，使董、何之緒幽而復明，殆聖牖其衷，資瞽者以詔相哉？望初溺《左氏》，自謂吳，宋先生詔以先生遺書，狃於習俗，未能信也；其後宋先生沒，望辟難窮山中，徐徐取讀之，一旦發寤，於先生及宋先生書若有神誥，逌然於吾生之晚，不獲侍先生也。及客游金陵，與先生賢孫開孫遇，其學行悉本先生之舊，德量淵然，有黃憲、郭泰之風，於以歎先生之澤孔長也。望既慕先生之學，爰取其家行述，參諸遺書，私爲之狀，詞緐而不殺，以冀它日之爲史官而知學者筆削焉爾。謹狀。（《謫麐堂遺集》，文一，頁二二～三三）

按：戴氏所撰〈行狀〉，不著年月。〈行狀〉言其客游金陵時，結識先生賢孫劉翰清，據錢穆《中國近三百年學術史・附表》，戴望於同治五年丙寅（一八六六）入曾國藩創設之金陵書局校勘經籍（下冊，頁一〇六），十二年癸酉二月二十六日（一八七三）歿於金陵書局（見清張星鑑撰〈戴子高傳〉，《續碑傳集》，卷七五，頁八），其撰〈行狀〉之時間，當在與翰清相遇之後，同治十二年二月卒之前，今暫以同治五年至十二年二月爲限。

光緒二年丙子（一八七六）　先生卒後四十七年

是年，武進西營劉氏十七世孫劉翊宸、劉堃等重修《西營劉氏家譜》。今由是譜得考見先生始祖至其玄孫凡十九世世系、家人仕宦經歷；譜內並收先生所撰〈皇清誥授中憲大夫乾隆甲辰南巡召試欽賜舉人內閣中書卣于府君行述〉（《劉禮部集》作「〈先府君行述〉」。）、〈皇清誥封恭人先妣莊太恭人事略〉（《劉禮部集》作「〈先妣事略〉」。）、〈皇清誥封恭人潘恭人行略〉（《劉禮部集》作「榮陽恭人行略〉」。）三文，及其子承寬所撰〈皇清誥授中憲大夫禮部儀制司主事前翰林院庶吉士申受府君行述〉（《劉禮部集》作「〈先府君行述」。）。

按：與先生相關之資料，見《家譜》卷一〈世系〉，卷二～三〈世表〉，卷十二〈行述附行略〉。

光緒七年辛巳（一八八一）　先生卒後五十二年

是年陳澧《東塾讀書記》刊行，其中論及先生《春秋》學四則：一駁其《春秋左氏傳》乃東漢以後之以訛傳訛者；二駁其劉歆附益「書曰」之文；三斥其守何休「以《春秋》當新王」說法之不當；四論其解「惠公仲子」從《穀梁》說之，獨得《春秋》之義。

漢博士謂《左氏》不傳《春秋》《漢書•楚元王傳》後〈劉歆傳〉。，晉王接謂《左氏》自是一家書，不主爲經發《晉書》本傳。，近時劉申受云：《左氏春秋》猶《晏子春秋》、《呂氏春秋》也，冒曰《春秋左氏傳》，則東漢以後之以訛傳訛者矣《左氏春秋考證》。澧案：《漢書•翟方進傳》云：「方進雖受《穀梁》，然好《左氏傳》」。此西漢人明謂之《左氏傳》矣。或出自班孟堅之筆，冒曰《左氏傳》歟？然翟方進受《穀梁》而好《左氏》，《穀梁》是傳，則《左氏》非傳而何哉？《左傳》記事者多，解經者少，漢博士以爲解經乃可謂之傳，故云《左氏》不傳《春秋》。《公羊》定元年傳云：「主人習其讀而問其傳。」何注云：「讀謂經傳，謂訓詁。」此可見漢人所謂傳者，訓詁解經也。然伏生《尚書大傳》不盡解經也。《左傳》依經而述其事，何不可謂之傳？傳猶注也，裴松之注《三國志》但詳述其事，可謂其非注乎？且左氏作《國語》，自周穆王以來，分國而述其事，其作此書，則依《春秋》編年，以魯爲主，以隱公爲始，明是《春秋》之傳，如《晏子春秋》、《呂氏春秋》，則雖以訛傳訛，能謂之春秋晏氏傳、春秋呂氏傳乎？（卷十，頁四～五）

《春秋繁露》云：王魯、絀夏、新周、故宋。（廣慶案：以下夾注省。）《公羊》無此說也。……何注云：孔子以《春秋》當新王，上黜杞，下新周，而故宋。此取《繁露》之說以解之也。孔巽軒《通義》云：「周之東遷本在王城，及敬王遷成周，作傳者號爲新周，猶晉徙于新田，謂之新絳，鄭居郭鄶之地，謂之新鄭，實非如注解，故宋傳絕無文，唯《穀梁》有之，然意尤不相涉。」澧案：桓二年《穀梁傳》云：「孔子，故宋也。」范注云：「孔子舊是宋人。」《公羊》新周二字，自董生以來將二千年，至巽軒乃得其解，可謂《公羊》之功臣矣。……劉申受《公羊議禮・制爵篇》云：「以《春秋》當新王，始朝當元勳，進小國爲大國」，「其書公朝王所，不爲公朝起也。王使來聘書使，與諸侯同文，著新周也；魯使如周不稱使，當王也；公如京師、如齊晉、皆不言朝，當巡狩之禮也。」此仍守何氏之說而更甚矣。其《釋三科例・中篇》云：「且《春秋》之託王至廣，稱號名義，仍繫於周，挫強扶弱，常繫于二伯，何嘗眞黜周哉？郊禘之事，《春秋》可以垂法，而魯之僭則大惡也。就十二公論之，桓、宣之弒君宜誅，昭之出奔宜絕，定之盜國宜絕，隱之獲歸宜絕，莊之通讐外淫且絕，閔之見弒宜絕，僖之僭王禮、縱季姬、禍鄫子，文之逆祀、喪娶、不奉朔，成、襄之盜天牲，哀之獲諸侯、虛中國以事強吳，雖非誅絕，而免于《春秋》之貶黜者，鮮矣。何嘗眞王魯哉？」此又言黜周王魯非眞，然則《春秋》作僞歟？（卷十，頁十五～十六）

惠公、仲子，《穀梁》以爲惠公之母，此《穀梁》之獨得者。蓋見《公羊》之不通而易其說，且以僖公、成風比例而得之也。左氏爲魯史官，必無不知魯君之母之理，蓋此經《左氏》本無傳，而附益者襲取《公羊》之說耳。此劉申受《左氏春秋考證》語。附益者必在《穀梁》前，故不知有《穀梁》說也。……劉申受《何氏解詁箋》於惠公仲子不從《公羊》而從《穀梁》，孔巽軒則不取《穀梁》，此孔巽軒不及劉申受者也。（卷十，頁二十～二一）

文十三年《左傳》云：「其處者爲劉氏。」孔疏云：「漢室初興，《左氏》不顯於世，先儒無以自申，插注此辭，將以媚於世。」澧案：《左傳》有附益之說，實昉於此。既可插此一句，安知其不更有所插者乎？《公羊傳》有「子沈子曰」、「子司馬子曰」，《穀梁傳》有「沈子曰」、「尸子曰」、「穀梁子曰」之類，皆後師之語，安見《左傳》必無後人附益乎？《左傳》不可通之說，指爲後人附益，乃厚愛《左氏》，非攻擊《左氏》也。劉申受《左氏春秋考證》：凡書曰之文，亦以爲增益。然謂劉歆所增益，則未確也。桓五年「甲戌、己丑，陳侯鮑卒。」《左傳》云：「再赴也。公疾病而亂作，國人分散，故再赴。」《史記、陳杞世家》采此數語，可見史遷所見《左傳》有解經之語矣。（卷十，頁五）

按：據陳澧門人廖廷相誌語云：「（光緒）八年正月二十二日，先生卒，年七十有三。所著《東塾讀書記》，得十二卷，又三卷已刻成，其餘未成，稿本十卷，遺命名曰《東塾雜俎》。……門人廖廷相謹誌。」（陳澧《東塾讀書記、自述》附，頁二～三。）臺灣地區現存《東塾讀書記》之卷數、刊本時間不一，蓋以臺灣師範大學總圖書館所藏光緒七年本刊行時間最早，故依此刊本繫年。

光緒十七年辛卯（一八九一）　先生卒後六十二年

七月，康有為《新學偽經考》刻成。康氏自云得先生《左氏春秋考證》、魏源《詩古微》，反覆勘證，方悟劉歆之偽經；其辨偽《左氏》部分，雖推重先生之作，惟於《左氏春秋考證》未達處，復指陳而詳加考辨。

七月，《新學偽經考》刻成，陳千秋、梁啓超助焉。（《康南海自編年譜》，頁一九。）

余讀《史記、河間獻王》、〈魯共王世家〉，怪其絕無獻王得書、共王壞壁事，與《漢書》絕殊。竊駭此關《六藝》大典，若誠有之，史公何得敘之？及讀〈儒林傳〉，又無《毛詩》、《周官》、《左傳》，乃始大疑。又得魏氏源《詩古微》、劉氏逢祿《左氏春秋考證》，反覆證勘，乃大悟劉歆之作偽。（〈漢書河間獻王魯共王傳辨偽第四〉，頁一二〇。）

劉申受《左氏春秋考證》，知《左氏》之偽，攻辨甚明，而謂

「《左氏春秋》猶《晏子春秋》、《呂氏春秋》也，直稱『《春秋》』，太史公所據舊名也，冒曰「《春秋左氏傳》」，則東漢以後之以譌傳譌者矣」，蓋尚爲歆竄亂之〈十二諸侯年表〉所惑，不知其即《國語》所改。……亦猶申受不得其根原也。然申受《左氏春秋考證》，謂「〈楚屈瑕篇〉年月無考」，固知《左氏》體例與《國語》相似，不必比附《春秋》年月也，是明指《左傳》與《國語》相似矣。……又觀各條，劉申受雖未悟《左傳》之摭於《國語》，亦知由他書所采附，亦幾幾知爲《國語》矣。（〈漢書藝文志辨僞上〉，頁八八～八九。）

七月二十八日，康有爲〈致朱蓉生書〉，稱先生致力《公羊》，始知經今文學之流別。

孔子作「六經」，爲後世之統宗。今學博士，自戰國立，至後漢，正法凡五百年而亡，劉歆作僞，行於魏晉，……然乾、嘉之世，漢學大行，未有及今學。諸老學問雖博，間輯三家《詩》及歐陽、大小夏侯遺說，亦與《易》之言荀、虞者等，所以示博，非知流別也。至嘉、道間，孔巽軒乃始爲《公羊通義》，然未爲知《公羊》也。……直至道、咸，劉申受、卓人乃能以《繁露》、《白虎通》解《公羊》，始爲知學。則今學息滅滅絕二千年，至數十年間乃始萌芽，所謂窮則反本也。（《康有爲全集、第一集》，頁一〇一八～一〇二四。）

朱一新答康有爲書，評先生《左氏春秋考證》詞多專輒，深文周內；《論語述何》語多巵辭。

《春秋序疏》：「《嚴氏春秋》引〈觀周篇〉：孔子修《春秋》，丘明作傳，共爲表裡。」劉申受斥爲非嚴彭祖之言。夫《左氏》不傳《春秋》之義耳，曷嘗不傳《春秋》之事乎？其義則爲歆所竄亂，本傳固有轉相發明之語，爲可證也。……《左氏》不傳《春秋》，此漢儒至當之言，劉申受作《考證》據以分別眞僞，僕猶病其多專輒之詞，深文周内，竊所不取。「六經」大旨，皎若日星，師說異同，雖今文亦有可疑，丘蓋不言，固聖門闕之旨，必鍛鍊之以伸己意，安用此司空城旦書乎？……然「六經」各有大義，亦各有微言，故十四博士各有家法。通三統者，《春秋》之旨，非所論於《詩》、《書》、《易》、《禮》、《論語》、《孝經》也。……劉申受於邵公所不敢言者，毅然言之，巵辭日出，流弊甚大。《公羊》與《論語》，初不相涉，而作《論語述何》以疏通之，戴子高復推衍之，其說精深，劇可尋繹。然謂《論語》當如是解也，然乎？否乎？（〈答康長孺書〉，見《康有爲全集•第一集》，頁一〇二七～一〇二九。）

按：朱氏致康有爲函未著年月，據《康南海自編年譜（外二種）》云：「光緒十七年辛卯……冬，……義烏朱蓉生侍御一新，時教廣雅，來訪，與辨難頗多。與語中外之變，孔子之大道，朱君不信。」（頁十九～二十。）則朱氏與康有爲論學書牘蓋皆撰於此時，故繫於是年。以下並同。

康有爲〈答朱蓉生書〉，言其能辨別經今古文學者，受先生及陳立、魏源等人著作之啓發。

僕之忽能辨別今古者，非僕才過於古人，亦非僕能爲新奇也，亦以生於道、咸之後，讀劉、陳、魏、卲諸儒書，因而推闡之。使僕生當宋、明，亦不知小學；生當康、乾，亦豈能發明今古之別哉？（《康有爲全集•第一集》，頁一〇三五。）

朱一新〈復長孺第四書〉再論先生、宋翔鳳引《公羊》微言以釋群經、四子書，有穿鑿之譏。

古人著一書，必有一書之精神面目。治經者，當以經治經，不當以己之意見治經。「六經」各有指歸，無端比而同之，是削趾以適屨，屨未必合，而趾已受傷矣。劉申受、宋于庭之徒，援《公羊》以釋四子書，恣其胸臆，穿鑿無理。僕嘗謂近儒若西河、東原記醜而博，言僞而辨，申受、于庭析言破律，亂名改作；聖人復起，恐皆不免於兩觀之誅。乃以足下之精識，而亦爲所惑溺，豈不異哉！（見《康有爲全集•第一集》，頁一〇四五。）

光緒二十二年丙申（一八九六） 先生卒後六十七年

正月，章太炎成《春秋左傳讀》，用駁劉逢祿《左氏》不傳《春秋》之說，所駁難者，散見《左傳讀》中。

懿《左氏》、《公羊》之釁，起於邵公。其作《膏肓》，猶以發露短長爲趣。及劉逢祿，本《左氏》不傳《春秋》之說，謂條例皆子駿所竄入，授受皆子駿所構造，箸《左氏春秋考證》及《箴膏肓評》，自申其說。彼其摘發同異，盜憎主人。諸所駁難，散在《讀》中。（《春秋左傳讀敍錄•序》，《章太炎全集（二）》，頁八〇八～八〇九。）

按：章氏《左傳讀》成書時間，參湯志鈞《章太炎年譜長編》，卷二，頁二九～三十。

初一，章氏〈致譚獻書〉，言其成《左傳讀》一書，欲使劉逢祿、宋翔鳳弢鏇。

然自乾、嘉逮今，《公羊》獨尚，原其風流遐播，固將有以焉爾。……昔者顨軒翔實，嗚珩于闕里；方耕淵邈，揄袂于晉陵。研尋宗旨，亦已乖矣。申受褕袘莊氏，幽精上通，墨守既堅，遂爲雄伯。……（申受以沈氏所引嚴說爲僞作，彼未檢隋、唐三史，故任意抹殺爾。）……成《左氏讀》。志在纂疏，斯爲屬草，欲使莊、孔解戈，劉、宋弢鏇，則鯫生之始愿已。（《章太炎年譜長編》引，卷二，頁三十～三一。）

按：章氏〈致譚獻書〉之時間及內容，參《章太炎年譜長編》，卷二，頁三十～三一。其手跡本，據湯志鈞載，藏上海圖書館。

二月，甘鵬雲論劉逢祿、宋翔鳳、魏源、龔自珍治經專求微言，附會穿鑿，頗失經旨。

道、咸以來，劉申受、宋于庭、魏默深、龔定盦諸家，名爲理西京遺緒，然舍大義而專求微言，窮極精深，失經旨者八九，卮言日出，流弊遂不可勝言。……以上丙申二月。（《潛廬隨筆》，卷四〈菱湖日記、四〉，頁一。）

光緒二十三年丁酉（一八九七）

七月，甘鵬雲論魏源《詩古微》、《書古微》、康有爲《孔子改制考》，多強六經以就我，皆中劉逢祿、宋翔鳳之餘毒。

閱魏默深《詩古微》，意在發揮齊、魯、韓三家詩之微言，……道、咸以來，說經專重微言，而大義置之不講，……其所謂微言者，多強六經以就我，支離穿鑿，實足誤人，而治《公羊》學者，怪論尤多，如劉申受、宋于庭、龔定庵、戴子高之徒皆是也。默深之撰《詩》、《書古微》，亦趨逐一時風氣而爲之耳。以艱深文淺陋，變純粹之學風，推其流弊，不可勝言。近人有附會六經而張孔子改制之私說者，皆中劉、宋之餘毒而又甚焉者也。後學或喜其學說之新而誤信之，六經眞不免有墜地之懼矣。……以上丁酉七月。（《潛廬隨筆》，卷六〈菱湖日記•六〉，頁七～八。）

十二月，甘鵬雲論董仲舒、胡毋生之《公羊》學，賴莊、劉而大昌，然逢祿援引《公羊》微言發明《論語》，啓末流之弊。

劉氏之學出於莊方耕氏，《公羊春秋》有莊、劉二家，而董、胡母之遺緒於是大昌。然《公羊》多非常可怪之論，劉氏則牽合《公羊》、《論語》而爲一，曼衍支離，不可究詰，宋翔鳳、龔自珍羽翼之，而異說多矣。末流之弊，誠不可不防也。……以上丁酉十二月。（《潛廬隨筆》，卷六〈菱湖日記•六〉，頁二三。）

同月，繆荃孫校輯《國朝常州詞錄》三十一卷，卷十八輯錄先生詞五首：〈蝶戀花題陳老蓮宮景〉三首、〈水龍吟寒漏用東坡韻〉一首、〈埽花徑雪意〉一首。詞前附志傳簡敘其生平，又附譚獻語述其詞作；繆氏則於《國朝常州詞錄・序》謂先生詞學淵源於張惠言，推衍其遺緒。

> 國朝詞家，推吾州爲極盛……皋聞晚出，探源李唐，止莽和之，遂臻正軌，極意内言外之旨，推文微事著之原，比傅景物，張皇幽渺，……子居、季重同學，識其苦心，晉卿、申受及門，演其墜緒，……光緒丙申年十二月祀竈日序於江甯鍾山講舍之飽看山簃。（《國朝常州詞錄・序》，頁一～二。）

按：繆氏輯錄先生〈水龍吟〉、〈埽花徑〉二首，未見收於《劉禮部集》，不知繆氏錄自何書？今抄錄之，以補文集之遺。

〈水龍吟・寒漏用東坡韻〉

瓊碪玫杵沈沈，金鑪香燼鐙花墜。撼窗風緊，擁衾人倦，頓添幽思。細和簷鈴，敲霜攪雨，睡眸難閉。聽聲聲掩抑，催將夢醒，可催得，東風起。　此際銀虬輕擲，向空階、雪花低綴。如年永夜，聽來聲咽，滴來心碎。恰似春來，低迷花徑，暗通流水。算銅壺、貯得冰心，更多少、紅冰淚。

〈埽花徑・雪意〉

寶簾落日，見樹鎖寒煙，山沈深霧。朔風捲怒。更昏鴉點墨，驚飛難住。太息年光，底事淒涼爾許。耿愁苦。待細訴嶺梅，梅又無語。
攜櫂銀漢去。恰瓊樓十二，渺無尋處。素娥來否，爲清霄戀久，怕沾塵土。料得梁園，倦客停杯待賦。漫延佇，喚醒他、玉龍飛舞。

光緒二十四年戊戌（一八九八）　先生卒後六十九年

春，葉德輝撰《輶軒今語評》，評議康、梁《公羊》改制說煽惑人心。其中論及先生《左氏春秋考證》，謂其所指《左傳》之僞，多空文而無實證，龔自珍、康有爲之辨僞《左氏》，亦竊其緒餘也。

> 今世《公羊》之徒必欲斥《左傳》爲僞，不思桓譚有：言經而無傳，使聖人閉門思之十年而不知也。可謂深於《左傳》者矣。……劉逢祿《左傳考證》云：「《春秋》非記事之書，不待《左氏》而後明。」此言最謬。當夫子之時，各國史記尚在，自不待《左氏》而後明，及數十年後，設無記事之書，何以考其是非得失？三傳皆尊聖人，《公》、《穀》發明作義，《左氏》取證本事，義當並尊，特私家水火，貽害二千餘年，此眞經學之罪人矣，學人當引爲前車之鑒，何乃效尤耶？且劉申受之書所指《左傳》之僞，並無實證，不過以《公羊》、《左氏》比勘得失而已，不過以空文攻駁《漢志》而已，兒童辨日，豈足以服《左氏》之心耶？如謂《漢志》隱護《左傳》，何不並《公羊》之學而夷滅之，而必留此勁敵與人掊擊之柄，不亦太愚耶？龔定庵雜事詩注有《左傳決疣》一卷，云：「據劉歆竄益《左氏》顯然有迹者。」此書今已無傳，意亦竊劉氏之緒餘耳。《新學僞經考》宗旨不出此數人，皆治經之病狂者。（收入《翼教叢編》，卷六，頁六～七）

葉德輝〈答友人書〉，稱先生黨《公羊》過甚，其辨僞《左傳》之作，禍害尤切。

> 劉申受之于《公羊》，初亦自成宗派，祇以門户太過，斥班僞

《左》，禍成于墨守，害切于坑灰，覆瓿不足以蔽辜，操戈奚足以洩憤，此藥中之烏附食品之醯醢，非止如古人所譏賣餅家也。（收入《翼教叢編》，卷六，頁三一）

又葉德輝〈與段伯猷茂才書〉，評及先生《論語述何》、宋翔鳳《論語說義》、戴望《戴氏注論語》以《公羊》微言說《論語》，如此則二書可存一廢一。

《公羊》家以《論語》證《春秋》，始于何休之傳注，近儒如劉申受、宋于庭、戴子高竭力開通，幾于《論語》、《春秋》可以存一廢一。（收入《翼教叢編》，卷六，頁三九）

光緒二十八年壬寅（一九〇二）　先生卒後七十三年

章太炎撰《左氏春秋考證砭》、《砭後證》、《駁箴膏肓評》。前二書駁劉逢祿《左氏春秋考證》、《後證》之作，後者難逢祿《箴膏肓評》以申鄭玄之說。

敍曰：……《左傳》自兩漢以來有議其失者，而未嘗妄說爲儒者附益，豈不以北平獻書著于先漢，字句皆原文哉？而學識不足，時或以爲失《春秋》之意。近世臣照《考證》始推論爾我，比例史文，知無所紾盭矣。然所見孤陋，多即宋儒之說以爲釋，而不能援引古誼，轉相鉤攷，是以其所謂非者未必非，而所謂是者未必是，故孔巽軒、焦里堂等多薄之不與論議，自箸詰難，詆讓《左氏》。武進劉氏益甚，乃至以《左氏》工在文字，而無說經之語。買櫝則還珠，受藉則卻璧，其見淺不見深，亦已明矣。諸舉凡例及所論斷，以爲劉子駿所增，而不知墨跡有異，不可欺人。事異《公羊》，以爲不見寶書，而不知望文生誼，誣造最甚。如定公四年「蔡公孫姓帥師滅沈」，《公羊》作「蔡公孫歸姓」，則以昭元年有蔡公孫歸生而誤；定八年「晉士鞅帥師侵鄭」，《公羊》作「趙鞅」，則以晉亦有趙鞅而誤。且此二經，《穀梁》亦同《左氏》，而《公羊》經文獨異，豈非不見寶書，但聞有歸生、趙鞅二人之名而妄改哉？至于《國語》，有與《左氏》異者，深求其誼，未有不同，實異者不過一二事耳，此當兩國寶書所記有異，《内傳》記其信者，而異説箸之《外傳》。子曰：「吾猶見史之闕文。」唯《左氏》爲能同志，此可見矣。太史公書解説異傳，後儒莫及。然于諸經或繆，傳亦宜然。而欲據此二書，刊剟《左氏》，其迷誤不諭，豈不繆哉！昔崔靈恩作《條義》以申服難杜，虞僧誕又申杜難服，劉氏之於鄭君，蓋亦僧誕之流也。若夫毛奇齡、方苞、顧棟高、姚鼐之流，浩漫言經，未知家法，輒以烏有之見，自加三傳之上，此則又遠不及劉氏之塵躅者，直詒守尉雜燒可矣。……乃因劉氏三書，《駁箴膏肓評》以申鄭説，《砭左氏春秋考證》以明《傳》意，《砭後證》以明稱「傳」之有據、授受之不妄。三書既成，喟然有感于《毛詩故訓傳》，自宋及明，皆以爲惟知言語，不通義理，幾幾乎高子之流矣，至陳長發先生卓見獨識，深明三家《詩》不及毛公遠甚，自爾以來，不敢有詆《毛詩》者。今《左氏》之見誣久矣，非有解結釋紛之作，其誣伊于何底？亦欲追踵法塵，從君子後，以存絕學云爾。（《駁箴膏肓評•敘》，《章太火全集（二）》，頁八九八～九〇〇。）

按：湯志鈞《章太炎年譜長編》將章氏《砭後證》、《駁箴膏肓評》之成書時間，繫於光緒二十二年（一八九六），與《左傳讀》同時，未舉證明之，但謂「同爲駁難劉逢祿而作」，而「《砭後證》未見，或已散佚。」（卷二，頁三三、三七。）湯氏未提《左氏春秋考證砭》，是否以爲此書即《春秋左傳讀》或《春秋左傳讀敘錄》，不得而知。姜義華〈春秋左傳讀校點說明〉則云：「據《駁箴膏肓評》手稿之末《左氏春秋考證砭》、《後證砭》、《駁箴膏肓評》三書總敘，知三書撰於同時。《駁箴膏肓評》手稿封面上，章太炎自書：《攝提格奞㫗至後旬陸沈凥士自署》。『奞㫗』爲『夏日』古字，『旬』爲『旬』古字，『凥』爲『居』古字。攝提格指寅年。撰《左傳讀》之後，《春秋左傳讀敘錄》刊布之前的寅年，當是光緒二十八年壬寅年。據此可以推斷，《春秋左傳讀敘錄》和《駁箴膏肓評》撰於一九〇二年。」又謂「《春秋左傳讀敘錄》，原名《後證砭》，爲反駁劉逢祿《左氏春秋考證》卷二《後證》而作，論證《左氏春秋》『稱傳之有據，授受之不妄』」，而「《左氏春秋考證砭》亦未刊，手稿今未發現。」（《章太炎全集（二）》，頁二～三。）姜氏據太炎自署，論三書成於光緒二十八年，言之有據，今從其說，繫於是年；姜氏以太炎《敘錄》原名《後證砭》，觀《敘錄》內容，皆對逢祿《後證》訂其得失，則湯氏當時蓋未見《敘錄》一書，其所言「《砭後證》未見，或已散佚」之說，恐有待商榷。

梁啓超發表《中國學術思想變遷之大勢》，書中稱先生爲治今文學者不祧之祖。

其最近數十年來，崛起之學術，與惠、戴爭席，而駸駸相勝者，曰西漢今文之學，首倡之者爲武進莊方耕存與著《春秋正辭》。……方耕弟子劉申受逢祿始顓主董仲舒、李育，爲《公

羊釋例》，實爲治今文學者不祧之祖。（頁九六）

光緒三十一年乙巳（一九〇五）　先生卒後七十六年

劉師培於《國粹學報》發表《讀左劄記》，條辨先生《左氏春秋考證》謂劉歆附益《左氏》之說，以爲其證不足爲信。

陸氏《左氏纂例》謂《左傳》一書後儒妄有附益，而近儒劉氏申受作《左氏春秋考證》，謂《左傳》「書曰」之文皆劉歆所增益；即桐城姚氏姬傳《九經說》亦以《左傳》全書吳起之倫各以私意附會。其所據之證，大抵據文傳十三年。「其處者爲劉氏」一言，以爲范書、孔疏皆有疑詞。（廣慶案：以下夾注省。）予按：此句實非賈逵附益也。考《春秋左氏傳》載士匄襄二十四年、蔡墨昭二十九年之言，已言劉氏係出陶唐，爲劉累之裔，不必藉此語以爲左證洪氏北江亦言之；且《漢書》高祖贊引劉向云：「戰國時，劉氏自秦獲於魏，後都於豐，是以高帝頌云：漢帝本系出自唐帝，降及於周，在秦作劉。」又云：高祖即位置祠祀官，則有秦、晉、梁、荊之巫。（廣慶案：以下夾注省）班氏引劉向語，既言「在秦作劉」，而祠祀官有秦、晉巫，又是漢初之制，則此語非賈君所益彰彰明矣。又《漢書》序傳載班彪〈王命論〉云：「是故劉氏承堯之祚，氏族之世，著於《春秋》。」（廣慶案：以下夾注省）彪爲固父，賈君與固同時，彪之年輩在賈君先，其說亦與傳符。班書高祖贊亦曰：「魯文公世奔秦，復歸於晉，其處者爲劉氏」，正用此傳之語也。故知文傳此文必非賈君增益（廣慶案：以下夾注省），知文傳之非增益，即知他傳之文亦非後儒增益也（廣慶案：以下夾注省）。劉、姚之說不足爲信也。（《劉申叔先生遺書（一）》，頁三四九）

近儒多以《左氏春秋》爲僞書，而劉氏申受則以《左氏春秋》與《晏子春秋》、《鐸氏春秋》相同，別爲一書，與《春秋》經文無涉。然《史記•吳泰伯世家》云：「予讀古之《春秋》下言虞、吳同姓之說，即指《左氏傳》言，是史公明以《左傳》爲古之《春秋》矣。蓋《公羊傳》爲《春秋》今文，故《左氏傳》爲《春秋》古文若《穀梁傳》亦爲古文，又《漢書、翟方進傳》言方進授《春秋左氏傳》，若以《晏子春秋》、《鐸氏春秋》例之，豈《晏子春秋》亦可稱春秋晏子傳，而《鐸氏春秋》亦可稱春秋鐸氏傳乎？以此知《左傳》一書與《春秋》經文相輔，特西漢之初，其學未昌，不及《公羊傳》之盛耳，劉氏所言未足爲信也。（《劉申叔先生遺書（一）》，頁三五〇。）

自漢博士謂《左氏》不傳《春秋》《漢書、劉歆傳》，范升謂左氏不祖孔子而出丘明，師徒相傳又無其人《後漢書、范升傳》。晉王接遂謂《左氏》贍富，自是一家書，不主爲經發《晉書、儒林傳》。近儒武進劉氏遂據此以疑《左傳》。案：漢《嚴氏春秋》引〈觀周篇〉云：「孔子將修《春秋》，與左丘明乘如周，觀書于周史，歸而修《春秋》之經，丘明爲之傳，共爲表裡。」孔氏《左氏正義》引陳沈文阿之說。〈觀周篇〉者，《孔子家語》篇名此眞《家語》，非王肅所造之《家語》也，所言即孔子觀百二國實書事，故《左傳》多記各國事實。，而引于漢人，且引于《公羊》經師，則《左傳》爲釋經之書，固《公羊》家所承認矣。劉向《別錄》云：「左丘明授曾申。」亦孔氏《正義》引劉向素以《穀梁》義難《左傳》向傳，而于《左傳》之傳授言之甚詳，則《左傳》爲釋經之書，又《穀梁》家所承認矣（廣慶案：以下夾注省。）。《史記、十二諸侯年表序》云：「孔子西觀周室，論史記舊聞，次《春秋》，七十子之徒，口授傳指，爲有所刺譏褒諱抑損之文，不可以書見。左丘明懼弟子人人異端，各安其意，失其眞，因孔子史記，具論其語，成《左氏春秋》。則丘明爲《春秋》作傳，史公已明言之，而張蒼、賈誼亦傳之漢〈儒林傳〉，足證漢初諸儒莫不以《左傳》爲釋經之書，不獨劉歆謂左丘明好惡同于聖人也（廣慶案：以下夾注省。）。乃漢博士倡異説于前，而范升、王接遂創爲無根之言，唐人啖助、趙匡、陸淳遂疑作傳之丘明與《論語》之丘明爲二人，宋人本之，竟以《春秋》爲斷爛朝報矣，又何怪近儒之排斥《左傳》耶？悲夫！（《劉申叔先生遺書（一）》，頁三五一）

自劉申受謂劉歆以前《左氏》之學不顯於世，近儒附會其説，謂《史記》所引《左傳》，皆劉、班所附益，此説不然。觀《淮南子》一書作於景、武之間，在史公之前，而書中多引《左傳》之文，如華周卻賂襄二十三年、子罕辭玉襄十五年，咸見於〈精神訓〉篇（廣慶案：以下夾注省。）；白公欲焚楚庫哀十六年、僖氏致禮晉侯僖二十三年，咸見於〈道應訓〉篇（廣慶案：以下夾注省。）；弦高犒師僖三十二年，見於〈氾論訓〉篇（廣慶案：以下夾注省。）；裨諶能謀襄三十一年，見於〈說山訓〉篇（廣慶案：以下夾注省。）；申胥乞師定四年，見於〈修務訓〉篇（廣慶案：以下夾注省。）；楚莊封陳宣十一年，見於〈人間訓〉篇（廣慶案：以下夾注省。）；推之費無極之告楚王昭二十年、諸御鞅之告簡公哀十四年，季氏鬭雞昭二十五年、穆伯攻鼓昭十五年、吳殺慶忌哀二十年、戎執凡伯隱八年，亦爲《淮南》所徵引（廣慶案：以下夾注省。）。又國君十五生子〈氾論訓〉、伐國不擒二毛〈氾論訓〉、尾大不掉之喻〈泰族訓〉、畏首畏尾之謠〈說山訓〉，《淮南》所言，悉本《左傳》，則劉安傳《左氏》之學，親見《左氏》之書彰彰明矣，故高誘注《淮南》，亦多引《左傳》之語也。（《劉申叔先生遺書（一）》，頁三五一）

按：此據錢玄同編《劉申叔先生遺書、總目》所識繫年。劉師培《讀左箚記》及其他《左傳》學論述，列舉《韓非子》、《呂氏春秋》、《史記》、《淮南子》諸家徵引《左傳》之文，以正先生《左氏春秋考證》之訛，其條辨者甚多，今但列有明示先生名諱或著作者爲證，餘不復舉，以下並同。

光緒三十二年丙午（一九〇六）　先生卒後七十七年

劉師培於《國粹學報》二十三至二十五期發表〈論孔子無改制之事〉，文中論及先生、宋翔鳳以《公羊》微言發明《論語》、《中庸》之義，龔、魏承其緒餘，咸強群經以就《公羊》，譏其鍛鍊傅合，淩雜無序，眞可謂顚倒五經。

自常州莊氏治《公羊》，始倡大義微言之說，……故劉、宋之徒均傳莊氏之說，舍古文而治今文，舍訓詁而求義例，並推《公羊》之義以證《論語》及《中庸》，而魏源、龔自珍襲其緒餘，咸以《公羊》學自矜，強群經以就《公羊》，擇術至淆，淩雜無序，凡群經略與《公羊》相類者，無不旁通而曲暢之；即絕不相類者，亦必鍛鍊而傅合之。夫六經各有義例，見於《禮記、經解》篇，漢儒說經最崇家法，有引此經以證彼經者，未有通群經而爲一者也。……若如近儒之說，則是六經之中僅取《春秋》，而《春秋》三傳又僅取《公羊》，凡六經之大義均視爲《公羊》之節目，若公孫祿謂劉歆顚倒五經，今即近儒之學觀之，眞可謂顚倒五經者也。（《劉申叔先生遺書（三）•左盦外集》，頁一六五二～一六五三。）

按：錢玄同編目《左盦外集》，載〈論孔子無改制之事〉發表於《國粹學報》廿三至廿五期，前六年。民前六年即光緒三十二年，故繫於是年。

劉師培又於《國粹學報》二十五期發表〈答章太炎論左傳書〉，稱章氏《春秋左傳讀敘錄》之作，足以箝制先生《左氏春秋考證》之說；並謂己於《考證》亦有所條辨。

大著《春秋左傳讀敘錄》明晳辨章，足以箝申受之口，暇日當手錄一通，並出平昔所心得者，以與公書相證，明鄙人於申受之書亦略有條辨。屬稿未成，去歲文禍，竟偕〈駁太誓答問〉之稿同沒入官，今學報所登《讀左劄記》，其緒餘也。（《劉申叔先生遺書（三）•左盦外集》，頁一九七。）

按：此亦據錢玄同編目《左盦外集》所識繫年。

光緒三十三年丁未（一九〇七）　先生卒後七十八年

皮錫瑞撰成《經學通論》五卷，書中議論先生《尚書》著述多臆說者一則；論其《春秋》學著作三則：一稱先生論《左氏》不傳《春秋》之考證詳晰，一稱其《春秋公羊經何氏釋例》有功於《公羊》，一論治《公羊》當由先生《春秋公羊經何氏釋例》入手。

> 常州學派蔚為大宗，……蓋《公羊》之學為最精，而其說《尚書》則有不可據者。劉逢祿《書序述聞》多述莊先生說，不補〈舜典〉，不信逸《書》，所見甚卓，在江、孫、王諸家之上；而引《論語》、《國語》、《墨子》以補〈湯誓〉，以〈多士〉、〈多方〉為有錯簡而互易之，自謂非敢蹈宋人改經故轍，而明明蹈其故轍矣。〈盤庚〉以咸造勿為句，謂勿為古文笏；〈微子〉以刻子讀為亥子；〈洪範序〉以立武庚目為句，謂已當作祀；〈洛誥〉以王賓殺禋為句、咸格王為句、入太室祼為句，謂殺當為秉，秉禋即奉璋也；〈顧命〉太保命仲桓南宮毛俾爰為句，爰者扶掖之名；〈畢命序〉以康王命作冊為句、畢分居里成周郊為句，謂畢終也，周公、成王未竟之業至康王始畢之，皆求新而近鑿。〈太誓・序〉惟十有一年，為武王即位之十一年，不蒙文王受命之年數之，與今文古文皆不合；至於不信周公居攝之說，以孫卿為誣亂聖經；不取太子孟侯之文，以伏傳為街談巷議；不用孟津觀兵之義，以馬遷為齊

東野人，橫暴先儒，任意武斷，乃云漢儒誣之於前，宋儒亂之於後，其實莊氏所自矜創獲，皆陰襲宋儒之餘唾，而顯背漢儒之古訓者也。孫卿在焚書之前，伏生爲傳經之祖，太史公去古未遠，其說必有所受，乃以理斷之，謂皆不可信，宋儒之說，獨可信乎？宋儒之說已不可信，莊氏之說，又可信乎？劉逢祿雖遵信之，宋翔鳳、龔自珍皆不守其說，魏源尊信劉逢祿，其作《書古微》痛斥馬、鄭，以扶今文，實本莊、劉，……。解經但宜依經爲訓，莊、劉、魏皆議論太暢，此宋儒說經之文，非漢儒說經之文；解經於經無明文者，必當闕疑，莊、劉、魏皆立論太果，此宋儒武斷之習，非漢儒矜愼之意也。（卷一、書經、〈論劉逢祿魏源之解尚書多臆說不可據〉條，頁九七～九九。）

劉逢祿《左氏春秋考證》曰：「左氏後於聖人，未能盡見列國寶書，又未聞口授微言大義，……而附益改竄之跡明矣。」錫瑞案：劉氏以爲劉歆改竄傳文，雖未見其必然，而《左氏傳》不解經，則杜、孔極袒《左氏》者，亦不能爲之辨。……劉氏說猶未諦，劉氏《考證》又舉……。錫瑞案：自幼讀《左氏傳》書、不書之類，獨詳於隱公前數年，而其後甚略，疑其不應如此草草，及觀劉氏考證《左氏》釋經之文，闕於隱、桓、莊、閔爲尤甚，多取晉、楚之事敷衍，似皆出晉《乘》、楚《檮杌》，尤可疑者，杜、孔皆謂經傳各自言事，是雖經劉歆、賈逵諸人極力比附，終不能彌縫其迹，王接謂傳不主爲經發，確有所見，以劉氏《考證》爲左驗，學者可以恍然無疑。……近人有駮劉氏者，皆強說不足據。（卷四、春秋、〈論左氏傳不解經杜孔已明言之劉逢祿考證尤詳晰〉，頁三九～四一。）

夫子以《春秋》日授弟子，必有比例之說。……胡毋生《條例》散見《解詁》，未有專書；何休《文謚例》，僅見於疏所引；《公羊傳條例》，見於《七錄》，今佚。劉逢祿作《公羊何氏釋例》以發明之，其釋時月日例，引子思贊《春秋》上律天時，……推闡甚精，《穀梁》時月日例更密於《公羊》，許桂林作《穀梁釋例》以發明之，其有功於《穀梁》，與劉逢祿有功於《公羊》相等。（卷四、春秋、〈論春秋必有例劉逢祿許桂林釋例大有功於公羊穀梁杜預釋例亦有功於左氏特不當以凡例爲周公所作〉條，頁五二～五三）

常州學派多主《公羊》，……治《公羊》者，當觀凌曙所注《繁露》，以求董子大義；及劉逢祿所作《釋例》，以求何氏條例；再覽陳立《義疏》，以求大備，斯不愧專門之學矣。（卷四、春秋、〈論三傳皆專門之學學者宜專治一家治一家又各有所從入〉條，頁八八～八九。）

按：皮氏《經學通論》之撰成時間，據其序文「光緒丁未善化皮錫瑞自序」（頁二）；又皮名振編著《皮鹿門年譜》，亦依是序繫於此年（頁九五～九七。）

劉師培於《民報》十四期發表〈清儒得失論〉，稱先生治經今文學，復兩漢博士家法之緒論；惟工於慕勢，其議禮斷獄，比傳經義，實曲道依合也。

> 莊氏之甥有劉逢祿、宋翔鳳，均治今文，自謂理炎漢之墜業，復博士之緒論，然宋氏以下，其說淩雜無緒，學失統紀，遂成支離。惟儷詞韻語，則刻意求新，合文章經訓爲一途，以虛聲相扇，故劉工慕勢，宋亦奢淫。……治今文之學者，若劉逢祿、陳立，又議禮斷獄，比傅經誼，上炫達僚，旁招眾譽，然此特巧宦之捷途，其枉道依合，信乎賈、董之罪人矣。（《劉申叔先生遺書（三）•左盦外集》，頁一七八一。）

劉師培又於《國粹學報》三十一期發表〈近代漢學變遷論〉，論及莊存與、莊述祖、先生及宋翔鳳以降，常州經今文學之得失，視其學術爲虛誣。

> 次爲虛誣派：嘉、道之際，叢綴之學多出于文士，繼則大江以南，工文之士以小慧自矜，乃雜治西漢今文學，旁采讖緯，以爲名高，故常州之儒莫不理先漢之絕學，復博士之緒論，前有二莊，後有劉、宋，南方學者聞風興起。及考其所學，大抵以空言相演，繼以博辯，其說頗返于懷疑，然運之于虛而不能證之以實，或言之成理而不能持之有故。于學術合于今文者，莫不穿鑿其詞，曲說附會；于學術異于今文者，莫不巧加詆毀，以誣前儒，甚至顚倒群經，以伸己見，其擇術則至高，而成書則至易，外託致用之名，中蹈揣摩之習，經術支離，以玆爲甚，是爲漢學變遷第四期。（《劉申叔先生遺書（三）•左盦外集》，頁一七八四）

按：以上劉氏二文，皆據錢玄同編目《左盦外集》所識繫年。

宣統元年己酉（一九〇九）　先生卒後八十年

劉師培撰《左盦集》，其中〈左氏不傳春秋辨〉一節，論先生以劉歆增竄《左傳》之說，考證疏略不實。

自漢博士謂《左氏》不傳《春秋》，近世治《春秋》者重燃其焰。……是則戰國儒生均以《左傳》即《春秋》，斯時《公》、《穀》未興，《春秋》之名僅該《左氏》，漢臣不察，轉以《左氏》不傳《春秋》，不亦惑歟？近人劉申受之儔，均以《左傳》書法、凡例及「君子曰」以下增於劉歆，今觀《國策》言罪虞，則書法、凡例均《左傳》舊文；又《韓非子、外儲說》述高渠彌弒君事，語同《左傳》，復言「君子曰：昭公知所惡。」則「君子曰」以下，非歆所益，此均劉氏等所未考也。（《劉申叔先生遺書（三）》，頁一四四七）

按：錢玄同編〈劉申叔先生遺書總目〉，識《左盦集》八卷成於「前三年」，「前三年」即宣統元年，故繫於是年。

民國四年乙卯（一九一五）　先生卒後八十六年

章太炎《檢論》九卷定稿，其中卷四「清儒」部分，論先生《春秋公羊經何氏釋例》之作，辭義溫厚，能使覽者說繹。又以民族主義觀點，論先生以《公羊》佞諛大清，遂使漢滿無分界。

夫經說尚樸質，而文辭貴優衍，其分涂自然也。文士既以嬰蕩自喜，又恥不習經典，于是有常州今文之學，務爲瑰意眇辭，以便文士。今文者，《春秋公羊》、《詩》齊、《尚書》伏生，而排擯《周官》、《左氏春秋》、《毛詩》、馬、鄭《尚書》，然皆以《公羊》爲宗。始武進莊存與與戴震同時，獨憙治公羊氏，作《春秋正辭》，猶稱說《周官》；其徒陽湖劉逢祿始專主董生、李育，爲《公羊釋例》，屬辭比事，類列彰較，亦不欲苟爲恢詭，然其辭義溫厚，能使覽者說繹。（《章太炎全集》冊三，頁四七五～四七六）

章炳麟曰：……劉逢祿以《公羊傳》佞諛滿洲，大同之說興，而漢虜無畔界，延及康有爲，以孔子爲巫師，諸此咎戾，皆漢學尸之。要之，造端吳學，而常州加厲。（《章太炎全集》冊三，頁四八一。）

按：湯志鈞編《章太炎年譜長編》載：章氏於民國三年「復取《訄書》增刪，更名《檢論》。」惟「尚未大定」，至四年始成（卷四，頁四八一、五一四）。此據湯氏《長編》繫之。

民國九年庚申（一九二〇）　先生卒後九十一年

梁啓超《清代學術概論》出版，書中稱先生《春秋公羊經何氏釋例》以科學方法歸納《公羊解詁》條例，在清人著述領域，爲最有價值之創作；《左氏春秋考證》，則具辨僞之成就。

其同縣後進劉逢祿繼之，著《春秋公羊經何氏釋例》，凡何氏所謂非常異義可怪之論，如「張三世」、「通三統」、「絀周王魯」、「受命改制」諸義，次第發明，其書亦用科學的歸納研究法，有條貫，有斷制，在清人著述中，實最有價值之創作。……而劉逢祿故有《左氏春秋考證》，……蓋自劉書出而《左傳》眞僞成問題，自魏書出而《毛詩》眞僞成問題，自邵書出而《逸禮》眞僞成問題。（頁七五～七七）

民國十二年癸亥（一九二三）　先生卒後九十四年

正月，呂思勉爲《武進西營劉氏清芬錄》撰〈序〉，謂先生紹《公羊》微學於既絕之時，再傳龔、魏，而啓晚近數十年來政學世運之變。

稍長，徧讀近世經師之書，得吾鄉劉申受先生之作，釋《春秋》三科九旨之例，旁及《詩》、《書》、《禮》、《易》，皆一以貫之，然後知聖門微言大義所在，由是進求十四博士之說，上溯西京諸儒，覺犂然有當於其心。……蓋自我武進莊氏、劉氏始紹《春秋》之學於既絕，再傳至仁和龔氏、邵陽魏氏，而其說益昌，近世巨儒乃推其說以見之於行事，乃有晚近數十年之變，天人之際，莫知其然而然，然世運將極，有開必先，三數巨儒之功豈少也哉？……共和十有二年孟春之月人日同邑後學呂思勉謹序。（《西營劉氏清芬錄第一集•呂序》，頁一。）

三月，趙尊嶽撰〈劉氏清芬錄序〉，稱先生治《公羊》微言大義之絕學，啓後學之津逮。

溯余束髮受經，服膺西漢之學，而歷觀江、戴、惠、張諸家，大抵取則於東京，獨禮部先生潛心大業，自董生《春秋》進闚七十子微言大義，以考六藝，搜討於絕續之交，不厭繁細，實爲承學之士啓其津逮，即竊驚其用心之堅，治學之精，爲並世風氣翕從之士所不可並論。詩、古文、詞，數百年來，固吾郡所獨著，世號常州宗派，乾嘉盛世，風標卓越，劉氏實爲之棟梁，與惲、張諸名輩遞相輝映，可謂盛矣。余與劉氏世有通家之誼，得循覽其遺書，而特折節於禮部，因欲遍考其先後之著述，苦不得詳，以爲屢經沿革，文物凋殘，以劉氏之偉業鴻文，必不止此，脱付湮沒，可爲興嗟。乃者耿齋表兄於敬輯宗譜之餘，復彙集先惠之遺稿，吉光片羽，垂示後來，謂之清芬錄，……而㠯余素承劉氏之師說者，聞之尤足㠯歡欣而爲之鼓蹈者也。……歲在昭陽大淵獻季病之月世表弟趙尊嶽拜書於海上惜陰堂。（《武進西營劉氏清芬錄第一集•趙序》，頁一。）

同月，武進西營劉氏十九世孫劉祺編纂《武進西營劉氏清芬錄第一集》初刊。《清芬錄》據邑志儒林傳纂錄〈申受劉先生傳〉；又據《武進陽湖縣志》、《志餘》兩書經籍門，纂錄先生著述書目及其序跋語，有《庚辰大禮記注長編》六卷、《尚書今古文集解》三十卷、《書序述聞》一卷、《易言補》一卷、《易虞氏變動表彖象觀變表六爻發揮旁通表卦象陰陽大義卦象觀變表》、《八代文苑》四卷、《詞雅》五卷、《夏時經傳箋》一卷、《禘議》一卷、《春秋公羊經何氏釋例》十卷、《釋例後錄》六卷、《論語述何》二卷、《詩聲衍》二十八卷。

按：《清芬錄》卷首題曰「癸亥季春之月尚絅艸堂初刊」，據此謂是集初刊於三月。

又按：與先生相關之資料，見《清芬錄》志傳類，頁七；文稿內篇，頁十九～二四。

梁啓超所撰《中國近三百年學術史》出版，書中論及先生著《春秋公羊經何氏釋例》，奠定常州《公羊》學昌盛之基礎，龔、魏、凌、戴紹承之，其師康有爲亦從此派出身。至於先生《左氏春秋考證》，則列爲清代辨證僞書之專著。

最要注意的是新興之常州學派，常州派有兩個源頭，一是經學，二是文學，後來漸合爲一。他們的經學是《公羊》家經說——用特別眼光去研究孔子的《春秋》，由莊方耕存與、劉申受逢祿開派。……那時候新思想的急先鋒，是我親受業的先生康南海有爲，他是從「常州派經學」出身，而以「經世致用」爲標幟。（四、〈清代學術變遷與政治的影響（下）〉，頁二八、二九、三三。）

《公羊》學初祖，必推莊方耕存與，他著有《春秋正辭》，發明《公羊》微言大義，傳給他的外孫劉申受逢祿著《公羊何氏釋例》，於是此學大昌，龔定庵自珍、魏默深源、凌曉樓曙、戴子望高都屬於這一派。（十三、〈清代學者整理舊學之總成績（一）〉，頁二十四。）

劉申受逢祿的《左氏春秋疏證》……劉書守西漢博士「《左氏》不傳《春秋》」之說，謂《左傳》解經部分皆劉歆僞撰。（十四、〈清代學者整理舊學之總成績（二）〉，頁二八一。）

按：《左氏春秋疏證》當作《左氏春秋考證》。

民國十四年乙丑（一九二五） 先生卒後九十六年

支偉成纂述《清代樸學大師列傳》出版，其中第七節〈常州派今文經學家列傳〉「敘目」部分，支氏略疏常州學派之原委，謂先生與宋翔鳳承外家莊氏之學而恢張之，海內靡然從之，蔚然成派；「敘目」之後，有「劉逢祿」傳記。

> 道咸以降，海內多故，經生方以墨守鄦鄭見譏於時，於是有西漢「今文」之學興。自武進莊方耕始治《公羊》，作《春秋正辭》，漸及群經，務明微言大義，不落東漢以下，一門並承其緒。申受、于庭復從而張之，海內靡然，號稱「常州學派」。（頁一三五）

按：是書「劉逢祿」傳記部分，大抵參酌李兆洛〈禮部劉君傳〉、戴望〈故禮部儀制司主事劉先生行狀〉，述其授受源流、擅長董何《公羊》學、治經務明大義及其生平著述。又據長沙岳麓書社《清代樸學大師列傳•出版說明》：「本書初版于一九二五年，出版者為上海泰東圖書局。」（頁二）故繫於是年。

民國十六年丁丑（一九二七） 先生卒後九十八年

六月，張季易纂成《清代毗陵名人小傳稿》出版，卷六有〈劉逢祿子承寵〉小傳。

按：小傳綜論先生生平、行誼與著述（見卷六，頁二〇～二一）。

民國二十年辛未（一九三一）　先生卒後一〇二年

三月七日，錢玄同作〈左氏春秋考證書後〉，稱先生《左氏春秋考證》一書爲百年來辨僞學運動之先驅，惟其辨僞之成就亦有所疏略。

> 我以爲劉申受發明的是：今之《春秋左氏傳》係劉歆將其原本增竄書法、凡例及比年依經緣飾而成者，……但是劉氏還不能看清楚《左傳》的原本到底是一部什麼書。他雖然覺得「《左氏》體例與《國語》相似，不必比附《春秋》年月」，可是他又說「左氏……惟取所見載籍如《晉乘》、《楚檮杌》等相錯編年爲之，本不必比附夫子之經，故往往比年闕事」。後一語的大意雖與前一語相同，但又說「相錯編年爲之」，則他對于此書原本的體例究竟是像《國語》那樣的分國呢，還是像《春秋》那樣的編年，他自己就不能斷定。他既考明此書本非《春秋》的傳，自然他不相信原名叫做「《春秋左氏傳》」，……說原名叫做「《左氏春秋》」，……其實「《左氏春秋》」之名正與「《公羊春秋》」、「《魯詩》」、「《毛詩》」是同樣的意義，故說「《春秋左氏傳》」原名「《左氏春秋》」，還是上了劉歆的當。……但我認爲一百年來的「今文學運動」是咱們近代學術史上一件極光榮的事。它的成績有兩方面：一是思想的解放，一是僞經和僞史料的推翻。……僞經的推翻，劉氏此書爲第一部。自此書出而後考辨僞古文經的著作相繼而起，至康長素作《新學僞經考》而僞經之案乃定。康氏又接著作《孔子改制考》，……而眞經中的史料之眞僞又成問題。這

樣一步進一步的辨僞運動，實以劉氏此書爲起點。……我是極佩服劉申受這部《左氏春秋考證》，……我那時向觶甫師借讀康書，於是昭若發矇，始知劉申受之書雖精，但對于劉歆作僞之大本營（即所謂孔壁古文」）尚未探得，故立說不徹底之處尚頗不少，如信「魯君子左丘明……」一段爲眞太史公之文，即其一端。……此考辨僞經最先之一人即是劉申受。……龔氏從劉申受治《春秋》，是《左氏決疣》一書當係繼續《左氏春秋考證》而作者。……自有劉申受及龔定庵之書而揭破《春秋左傳》爲僞古文，……劉申受能灼知《左傳》爲僞書矣，而作《書序述聞》則不知《書序》亦爲僞書。……僞古文經這個大騙局把人家矇了一千八百年，從劉申受開始偵查，經了一百餘年之久，到崔觶甫師，才把它完全破案。……錢玄同。一九三一，三，七。（見顧頡剛校點《左氏春秋考證》本引錄《古籍考辨叢刊》，頁六四三～六五一。）

十一月二十六日，錢玄同又撰〈重論經今古文學問題—重印新學僞經考序〉一文，稱先生《左氏春秋考證》辨僞之價值，與閻若璩《尚書古文疏證》相埒。

「《左氏》不傳《春秋》」之說，劉逢祿發揮得最爲精覈。他的《左氏春秋考證》，考明《左傳》的凡例、書法及比年依經緣飾之語爲劉歆所增竄，非原書固有，其原書體例當與《國語》相似，係取《晉乘》、《楚檮杌》等書編成，與《春秋》沒有關係。他這部《左氏春秋考證》辨僞的價值，實與閻若璩的《尚書古文疏證》相埒。閻書出而僞《古文尚書》之案大白，劉書出而僞《春秋左氏傳》之案亦大白。康氏之辨僞《左》，亦本於劉氏。惟劉氏尚未達一間，……康氏於此更進一步，謂《史記》中「《左氏春秋》」之名亦劉歆所增竄，《左傳》原書實爲《國語》之一部分。……公曆一九三七年（民國二十）十一月十六日。（見附《新學僞經考》末，頁四二七。）

民國二十一年壬申（一九三二）　先生卒後一〇三年

十一月十一日，張西堂爲顧頡剛標點劉逢祿《左氏春秋考證》一書作〈序〉，述及先生《左氏春秋考證》承啖助、趙匡、陸淳、劉敞、葉夢得、程端學、郝敬等前賢之努力，成爲考訂《左傳》最具成績之論著，發前人所未發者之特點有四。

劉逢祿的《左氏春秋考證》，正是繼續他們的努力來考訂《左氏》而是最有成績的一部書。劉氏發前人所未發的，約有四點：第一，他發現了《左氏傳》之舊名爲「《左氏春秋》」。……然而《左氏春秋傳》這個名稱，經他如此的破壞，它的威信已全失了。我們知道《左氏傳》的名稱之不可靠，它這部書當然也有問題了。所以，劉氏雖沒有像康、崔二氏作進一步的證明，這發現也是很有價值的。第二，他證明了《左氏傳》體例與《國語》相似。……他歷舉《左氏》比年闕事，年月無考，證明他與《國語》相似，提出《左氏》不必附夫子之經的確證了！……這確是他的第二個大貢獻。……第三，他攻破了僞造的《左氏傳》傳授系統。《史記》中無所謂

《左氏春秋傳》，在《漢書、儒林傳》卻有了《左氏傳》傳授的源流，……這當然是劉歆之徒所妄造的，劉氏將他們一一地駁斥了！……第四，他闢出了一條考訂僞經的新塗徑。……（ㄅ）他用對照的方法，援引〈魯世家〉、〈宋世家〉、〈陳杞世家〉、〈晉世家〉、〈衛世家〉、〈齊世家〉，證明《史記》所採《左氏》舊文多與現在的《左氏》不合。……（ㄆ）劉氏考證《左氏》，極重《左氏》作僞的痕跡與其增竄之凡例。……（ㄇ）劉氏說：「〈河間獻王傳〉言獻雅樂，不言獻《左氏》、《周官》也。」這幾乎是把康有爲《僞經考》所說「《史記》無之，則爲劉歆之僞竄無疑」的鐵證發現了。關於這些，固然他不免受了閻百詩《尚書古文疏證》的影響，但在清代，他確是考訂劉歆僞古學的急先鋒。……劉氏考證《左氏春秋》，尚有許多不徹底的地方，後來經過康有爲《僞經考》、崔適《史記探源》、《春秋復始》的補正，劉歆僞《左》的一案才慢慢的定讞。……一九三二年十一月十一日，張西堂序。（見顧頡剛校點《左氏春秋考證》本引錄《古籍辨僞叢刊》，頁五三七～五四二。）

民國二十二年癸酉（一九三三）　先生卒後一〇四年

七月，顧頡剛校點先生《左氏春秋考證》，由樸社出版。

七月，辨僞叢刊《左氏春秋考證》、《詩辨妄》由樸社出版。（顧潮編著《顧頡剛年譜》，頁二一一。）

按：據顧潮《顧頡剛年譜》所述，民國十九年（一九三〇）「四月至年末，陸續編校《書序辨》、《詩辨妄》、《左氏春秋考證》等書，備入《辨僞叢刊》。」（頁一八五）二十年（一九三一），「二至三月，校《左氏春秋考證》。」（頁一九二）是年五至六月，校《左氏春秋考證》中張西堂〈序〉、錢玄同〈書後〉。」（頁二一〇）二十二年（一九三一）七月出版。至一九五五年，「十一月，《古籍辨僞叢刊》第一集由中華書局出版。」（頁三五七）顧氏標點先生《左氏春秋考證》·張〈序〉、錢〈書後〉皆收入叢刊內。

民國二十五年丙子（一九三六）　先生卒後一〇七年

五月，錢穆《國學概論》出版，書中論常州《公羊》學刊落名物訓詁，而專求其所謂微言大義，雖與皖派戴、段取徑不同，然申受以傳例求經，則帶皖學色彩；其篤信師法、家法，溯其淵源，亦有蘇州惠氏尊古而守家法之遺。又論劉氏一書，徒知株守何休一家之說而已。

今按：漢學貴實事求是，《公羊》家捨名物訓詁而求微言大義，已失漢學精神。……《公羊》「張三世」、「通三統」、「絀周王魯」、「受命改制」之説，皆虛。……劉氏之書，一不之審，徒知株守何氏一家之説，而梁氏稱之謂「亦用科學的歸納研究法，在清人著述中爲最有價值之創作」者，是亦未脱經生門户之見者也。

今按：劉氏此敘自述專治《公羊》來歷，最爲明白。其篤信師傳，守家法，爲吳學嫡傳。其以條例求經，則帶皖學色彩。其不願爲章句訓詁而務大體，則章、方諸人攻擊漢學之影響也。（錢穆《國學概論》第九章〈清代考證學〉，頁一二二～一二三。）

按：「劉氏此敘」指《公羊春秋何氏解詁箋、敘》。

民國二十六年丁丑（一九三七）　先生卒後一〇八年

錢穆《中國近三百年學術史》出版，書中論先生承外家之學，主微言大義；講家法、尚條例，則惠、戴之學風也，常州《公羊》學至先生、宋翔鳳始顯。

> 常州之學，始於武進莊存與，……方耕有姪曰述祖，字葆琛，……葆琛有甥曰劉逢祿申受、宋翔鳳于庭，……常州之學，蓋至是始顯。……劉逢祿，……幼傳外家莊氏之學，……申受論學主家法，此蘇州惠氏之風也；戴望劉先生行狀，記嘉慶五年，劉舉拔貢生入都，……惟就張惠言問虞氏《易》、鄭氏三《禮》，張氏爲學亦由惠氏家法入也。劉氏有《虞氏易言補》，即補張氏書，又有《易虞氏五述》。此劉氏以家法治《易》者。主條例，則徽州戴氏之說；又主微言大義，撥亂反正，則承其外家之傳緒；值時運世風之變，而治經之業乃折而萃於《春秋》，因其備人事。治《春秋》又折而趨於《公羊》焉。因其具師傳、詳條例。惠士奇論《春秋》，……此與申受尊《公羊》深抑《左氏》者大異，然無害謂常州之學原本惠氏。前乎申受者，有曲阜孔廣森巽軒，……然於何休所定三科九旨，亦未盡守。至申受乃舉三科九旨爲聖人微言大義所在，……重興何氏一家之言。……又爲《論語述何》，則並欲以何氏之學說《論語》，其意若謂孔門微言大義，惟何氏一家得之也。宋翔鳳……著《論語發微》，……亦申受《述何》之

旨。……常州之學，起於莊氏，立於劉、宋。（第十一章〈龔定菴〉，頁五二三～五三二。）

民國二十八年己卯（一九三九）　先生卒後一一〇年

徐世昌編撰《清儒學案》出版，卷七五有〈劉先生逢祿〉小傳，列入莊方耕學案私淑部分。

按：該篇小傳，參史傳、李兆洛撰〈禮部劉君傳〉、劉承寬〈先府君行述〉。收錄之文，有〈春秋公羊經何氏釋例自序〉、〈公羊春秋何氏解詁箋自序〉、〈左氏春秋考證附箴膏肓評自序〉、〈穀梁廢疾申何自序〉、〈論語述何自序〉、〈春秋公羊議禮自序〉、〈春秋賞罰格題辭〉、〈易言補自序〉、〈易虞氏五述自序〉、〈尚書今古文集解自序〉、〈詩聲衍自序〉、〈五經考異自序〉、〈禘議〉、〈春秋論上、下〉、〈戈戟解〉、〈跋杜禮部所藏漢石經後〉、〈詩古微序〉。（頁一～二八。）

民國二十九年庚辰（一九四〇）　先生卒後一一一年

二月，孫海波撰〈莊方耕學記〉，稱先生重興《公羊》何氏之學，守家法，常州經今文學至是始顯，而今文壁壘亦始森嚴。

莊氏方耕崛起常州，獨不斤斤分別漢宋，但期求微言大義于遺經，……迨後其姪述祖與劉逢祿之徒，復從而張之，尊今文《公羊》之學，號稱常州學派。……常州之學，雖始于方耕，至劉申受、宋于庭而始顯。……先是方耕說《春秋公羊》，僅述其微言大義。孔氏爲《通義》，雖標三科九旨爲宗旨，猶未能盡守。至劉氏始專主家法、創條例，重新何氏一家之言，夫而後今文之學，壁壘始森嚴。與方耕面貌雖似，而精氣迥絕。

（《中國近三百年學術思想論集》，頁一二五、一三四～一三五）

按：孫氏〈莊方耕學記〉初發表於《中和月刊》一卷三期，頁七三～八四，一九四〇年二月；此文又見收於存粹社編集《中國近三百年學術思想論集》，頁一二五～一三六，香港崇文書局，一九七一年六月。今以始發表之時間繫年，節錄文字則鈔自後者。

民國三十一年壬午（一九四二）　先生卒後一一三年

孫海波於《中和月刊》發表〈書劉禮部遺書後〉一文，將先生著作分成已刻、未刻、未成三部分，並據《皇清經解》本、《皇清經解續編》本、養一齋本、太清廔本，檢視其經說異同。

今按劉氏遺書，其說經之作，多刊入《皇清經解》中；文集則有家刻本；《春秋》之書，則有太清樓、養一齋兩本。即行狀所謂宮保阮公、申耆李公各爲梓行于廣東揚州者也。惟劉氏說《春秋》之書，稿前後數易，故養一齋所刻，與《經解》不同，而《易虞氏五述》，世多未見。……惟養一齋刻本《何氏釋例》卷後附有《虞氏易》殘帙數紙，即所謂五述者也。因就諸本，檢其異同，記之于后。……由是觀之，劉氏精粹之所在，具刊布無遺矣。……〈禘議〉及〈易虞氏五述〉書口均有皇朝經解字樣，想是《經解》欲收而又擯斥者。……是阮氏欲刻《經解》之意，……而預名《大清經解》。後乃苦其煩重，始各書單刻，……甞爲阮公宮保言……又彙刊本朝說經之書，爲《皇朝經解》，以幸士林。阮公從之。由是知易《大清經解》之爲《皇朝經解》也，其說創于劉氏，而〈禘議〉及〈易虞氏五述〉之刻，亦當在是時，及全書刻成後，始易以今名，而劉書恐以統貫難尋之故被擯。及李申耆爲刻遺書時，不忍聽其湮沒也，遂就其已雕之板，別鐫養一齋之名而彙行之，故其版式一如經解之舊也。（三卷八期，頁六～十。）

按：是文又見收於存粹社編《中國近三百年學術思想論集》，頁三三六～三四〇。此據存粹杜編印本引錄之。

民國四十一年壬辰（一九五二）　先生卒後一二三年

牟潤孫撰〈春秋左傳辨疑〉，稱先生疑《左傳》最力，惟所論皆任情妄說；並舉簡牘散落、左氏博采諸國簡牘二事，以明經傳各言其事之原因，用駁先生所謂劉歆緣經飾說之見。

疑《左傳》最力者爲劉申受（逢祿），康長素（有爲），崔觶甫（適）三氏。劉著《左氏春秋考證》，……劉說較辯，……崔則依傍劉、康，益加穿鑿。……劉申受之論皆任情妄說也。縱《左傳》初名《左氏春秋》，固無害其爲解經之書。治《公羊》、《穀梁》之博士爭立學官，發爲此論，情猶可恕。若劉申受者生乎清代，無官祿地位之爭，而猶守門户之見，爲拘曲之說，寧不可異哉？況《史記、吳太伯世家》言「予讀《春秋古文》」即指《左傳》而言邪！……•如莊公二十年、二十六年經傳均各言其事。二十六年《正義》云：「此年傳不解經，經傳各自言事。……此去丘明已遠或是簡牘散落，不能復知故耳。」劉申受云：「左氏後於聖人，……惟取所見載籍，如

《晉乘》、《楚檮杌》等，錯相編年爲之本，不必比附夫子之經，故往往比年闕事。劉歆強以爲傳《春秋》，或緣經飾說，或緣《左氏》本文前後事，或兼采他書以實其年。……遂不暇比附經文，更綴數語。要之，皆出點竄，文采便陋，不足亂眞也。」劉氏之說似頗有所見。且經傳之不能相吻合，有如此者，其可疑誠是矣。惟有二事足爲劉說之反證，必不容忽置之，一、簡策煩重，鈔錄維艱。自《左氏》爲傳，以迄後儒傳習，其間不知幾經遺脫錯亂，更不知幾經整補。太史公書之有亡篇，魏、齊、周書之有缺佚，人咸知之。即至刻版盛行後，《宋史》猶有脫頁，而謂《左傳》必當完整無缺乎？杜云簡牘散落是也。二、顧寧人云：「《左氏》出於獲麟之後，網羅浩博，實夫子之所未見。」《春秋》書其事，左氏依而爲之傳。經取魯之策書，傳文則採自諸國之簡牘，策書簡牘豈能一一相應歟？正義云：「策書所無，經文遂闕；簡牘先有，傳文獨存也。」其說誠允。劉氏膠執其說，舉此爲《左氏》爲不解經之證；而於前所列二事，則恐未嘗思及之。……。一九五二年。（《注史齋叢稿》，頁一二九、一三九）

民國五十年辛丑（一九六一）　先生卒後一三二年

八月十一日，張舜徽撰《清人文集別錄》二十四卷，論次者六百家，付書局刊之以行世。其中敘錄《劉禮部集》十二卷（據光緒十八年延暉承慶堂重刻本。），稱其學術過人之處，在於將《公羊》學發凡起例。

余則以爲逢祿所以大過人者，尤在能發凡起例，若是集卷四、卷五所載《公羊》諸例，固已極其淵邃，不愧專門名家；即卷七所載〈詩聲衍條例〉二十一則，詳究字書，博綜傳注，循流溯原，窮極要眇，非深通文字、聲韻、衍變異同之故者，何足以語此。（頁三六八～三六九。）

按：此據明文書局一九八二年二月初版之《清人文集別錄》引錄之，繫年則依作者自序。

民國六十一年壬子（一九七二）　先生卒後一四三年

三月，《續修四庫全書提要》由臺灣商務印書館出版，書中纂錄有關先生經學著作之提要九篇，其中江瀚撰《書序述聞》、《尚書今古文集解》、《論語述何》、《四書是訓》四書之提要；楊鍾羲撰《左氏春秋考證》、《箴膏肓評》、《春秋公羊經何氏釋例》、《公羊春秋何氏解詁箋》、《穀梁廢疾申何》五書之提要。或明各書之體例，或論各書之是非、得失與影響。

江瀚撰〈書序述聞一卷〉提要，論莊、劉經說重大義，實浸淫於宋學。

國朝劉逢祿撰。……是編題曰述聞者，蓋述其聞於其外王父莊存與者也；間附己意，則曰謹案以別之。……存與說經重在大義，於此可略見其端。莊、劉一派，所以有異於同時考據諸儒者，實浸淫於宋學，特諱言之耳。（《續修四庫全書提要》經部，頁二二九～二三〇）

江瀚撰〈尚書今古文集解三十卷〉提要，論先生是書雖博采諸家，無門戶之見，然亦有擇焉不精之失。

國朝劉逢祿撰。是書多本其外王父莊存與之說，雖博采諸家，實有擇焉不精之憾。……清代考據盛行，說《尚書》者於孔傳、蔡傳往往棄若土苴，甚有陰用其說，而沒其名者。茲編不惟多取孔傳，亦間采蔡傳，可謂無門户之見矣。卷末附〈書序〉，則罕所發明。蓋以已有《書序述聞》，別爲一書故也。（同前，頁二三〇～二三一）

楊鍾羲撰〈左氏春秋考證二卷〉提要，論先生是書考證劉歆僞竄《左傳》一事，流於強辭鑿空之失；且於《左傳》未能深著其原。

國朝劉逢祿撰。……上卷凡一百十九條，皆摘傳文各證其非《左氏》舊文，爲劉歆所比附；下卷凡二十四條，皆摘引《史記》、前後《漢書》、《説文》、孔疏、劉向《別錄》諸書，各證《左氏》不傳《春秋》，總屬劉歆所改竄。案：孔子作《春秋》，……，立於學官者，《左氏》、《公》、《穀》三家，東漢以來，初無異說，啖、趙以前學《春秋》者，皆明法守，尚專門，啖、趙以後，喜援經擊傳，穿鑿立異，然猶比其異同，求通經旨，無敢憑臆私決，毅然以二千年來之傳本，昭揭爲後人附益、非史公所見之舊者，閻、惠之辨僞《古文尚書》，不如是之強辭；萬充宗、方靈皋之辨《周禮》，不如是之鑿空；《新學僞經》之詖辭，實自是書啓之。……逢祿乃以李育難《左氏》四十二事、何邵公與其師追述育意，以難二傳，於《左氏》未能深著其原；於劉歆之附會，本在議而不辨之科，夫說經而必欲言前人所未言，亦何所不至哉？顧或謂：自《公羊》先師邵公而後至是，而扞城禦侮，其道大光。殆聖牖其衷，資瞽者以詔相何也。（頁八一〇～八一一）

楊鍾羲撰〈箴膏肓評一卷〉提要，謂先生是書與《左氏春秋考證》用意咸同，藉評《左傳》之誣僞以申《公羊》。

國朝劉逢祿撰。……逢祿申何難鄭，所評凡三十條，或一條分作兩條，皆以傳爲綱，何氏書、鄭君箴附之，而各爲之評，或評其僞，或評其誣，或評其非典禮，而因更推其未及者證之。是書與《春秋左氏攷證》同一用意，藉以申《公羊》家言，與《攷證》同爲一敍，亦列在是書之後。（頁八一一）

楊鍾羲撰〈春秋公羊經何氏釋例十卷〉提要，論先生張皇外家之學，辟闢孔廣森不信三科九旨之說，篤於漢師家法，啓龔、魏以降說經專重微言之風。楊氏又引陳澧《東塾讀書記》，稱其說經獷悍有甚於何休者。

國朝劉逢祿撰。……國朝《公羊》之學始於陽湖莊氏侍郎存與，著《春秋正辭》，兼采眾家，而以《公羊》爲主，逢祿其外孫也，起而張之，善持論，能文辭，探源董生，發揮何氏，尋其條貫，正其統紀，成《釋例》三十篇。黜周王魯，傳無明文，孔氏《通義》以據王魯、新周、故宋之說，疑於倍上，治平、升平、太平之例，等於鑿空，不信三科九旨而別立時日月爲天道科，譏貶絕爲王法科、尊親賢爲人情科，逢祿皆辭而闢之，謂撥亂反正莫近《春秋》，董、何之言，受命如響。於漢師家法爲精覈矣。……龔禮部自珍、魏知州源皆從逢祿問故，戴望則從翔鳳游，而慕逢祿之學者。自是説經者尊重微言，而大義置之不講矣。陳澧《東塾讀書記》：「申受《公羊議禮•制爵篇》云：……。」以此見《公羊》之受誣，皆説經獷悍者階之厲也。（頁八二三～八二四）

楊鍾羲撰〈公羊春秋何氏解詁箋一卷〉提要，論先生是書於義理宏通，不泥守章句，可謂近之。

國朝劉逢祿撰。……凡九十三條，皆摘傳文及《解詁》以申論其大義，並及他説之可兼者，折衷眾家，以歸于是，取鄭氏箋《詩》之旨以名之。……李兆洛撰傳，稱其洞明經術，究極義理，宏而通，不泥守章句。此書近之。亦如康成注《詩》，宗毛爲主，如有不同即下己意者也。（頁八二四～八二五）

楊鍾羲撰〈發墨守評一卷〉提要，論先生篤守何休之說，惟於鄭玄《春秋》三傳之學未窺全貌，故其斥康成於董、胡之書研之未深，非定論也。

國朝劉逢祿撰。……自信於何氏繩墨，少所出入，則得矣；然於康成《春秋》之學，未窺全豹，何以見其不能精深，是則初非定論也。（頁八二五）

楊鍾羲撰〈穀梁廢疾申何二卷〉提要，論先生護持何休，排斥

《左傳》、《穀梁》，不免有黨同門、妒道眞之失。

國朝劉逢祿撰。……上卷凡四十條，先節引傳文及何氏《廢疾》，並范氏所釋，于前後則各爲難詞；下卷凡百五十一條止，節引傳文皆《廢疾》所不具，自爲摘出而申之，間及范注，後則各爲申詞。所箸《春秋論》，至謂穀梁非卜商高弟，傳章句而不傳微言，所謂中人以下不可語上者，何其言之峻厲也。惠棟嘗稱《穀梁》隱元年《傳》云：「成人之美，不成人之惡。」僖二十二年《傳》云：「過而不改是謂之過。」二十三年《傳》云：「以不教民戰，是謂棄其師。」今皆在《論語》中。又傳中所載與《儀禮》、《禮記》諸經合者，不可悉舉，故康成《六藝論》云：「《穀梁》善於經。」逢祿護持任城，作禽息之守禦，排斥《左》、《穀》，大放厥詞，自謂非敢黨同，不可信矣。（頁八四五～八四六）

江瀚撰〈論語述何〉提要，論先生是書誤據《北堂書鈔》引何休曰，遂妄以《公羊》微言說《論語》，可謂根本先誤於前，而牽強附會於後。風氣既開，宋、戴之徒相繼接踵。

清劉逢祿撰。……今考何晏《論語集解》「汝爲君子儒」章，載馬曰：「君子儒將以明道，小人儒則矜其名。」皇侃《義疏》作馬融曰，邢昺《正義》作孔曰，《史記•仲尼弟子列傳》裴駰《集解》引作何晏曰，則以其見於何氏《集解》也。《北堂書鈔》乃誤作何休曰，逢祿不讀注疏，於是妄斷何休有《論語注》，因撰《述何》，自謂大義微言所在，不知郢書燕說，根本先錯矣。篇中如「老者安之，朋友信之，少者懷之。」謂《春秋》於女叔見安老，於荀息見信友，於天子錫命見懷少，故曰志在《春秋》。……類皆強爲附會，似是而非，此風一開，而宋翔鳳、戴望輩遂競以《春秋》說《論語》矣。（頁一二一三～一二一四）

江瀚撰〈四書是訓十五卷〉提要，論先生是書非關著述，蓋藉以逢時。

清劉逢祿編。……其書蓋藉以逢時，無關著述。卷首書目大書《御纂周易折中》、《欽定書經傳說彙纂》、《欽定詩經傳說彙纂》、《欽定春秋傳說彙纂》、《御纂周易述義》、《御纂書義折中》、《御纂春秋直解》，頗有挾天子以令諸侯之意。逢祿承其外祖莊存與之學，存與因當時人人詆《古文尚書》，遂著《尚書既見》以圖翻案，欲翻案而不能，則藉口於上書房講授以爲說，逢祿或師其智，然而陋矣。（頁一四七一～一四七二。）

按：據大陸中國科學院圖書館《續修四庫全書總目提要、經部》〈整理說明〉：提要之撰寫工作，始於一九三一年；一九三五年後，「北京人文科學研究所」曾陸續將提要原稿打印，分送給日本「東方文學院京都研究所」（日本京都大學人文科學研究所前身），分送一萬零八十餘種書目提要後即中止；一九三八年底，已撰成之經部提要有三八七八篇。台灣商務印書館出版之《續修四庫全書提要》，即以日本京都研究所提要原稿打印本出版。（見頁二～四）〈整理説明〉未明確提出中止分送提要原稿打印本給京都研究所之時間；又原稿上本有作者簽名時間，一九九三年七月北京中華書局出版之《續修四庫全書總目提要•經部》，其整理小組亦未將之明載於各書提要後，故江瀚、楊鍾義撰此九篇提要之確切時間，無以知曉，惟以其見收於台灣商務之印行本，則其撰成時間約在一九三一至一九三五年，二氏撰寫提要時間既不明確，故暫以成書刊行之日爲準。台灣商務印書館之版本，所收提要雖僅及北京中華書局本三分之一，然二書皆收錄此九篇提要，而商務版出刊時間較早，故以之爲據，繫諸此年。

民國六十六年丁巳（一九七七）　先生卒後一四八年

六月，李新霖撰成《清代經今文學述》碩士論文，其中第三章第二節論先生之《春秋公羊》學，稱其重興何休一家之言，以爲《春秋》微言，惟何氏得之，而清代經今文學所以能發揚光大者，實爲先生之力。

> 夫經今文學雖由莊存與倡導之，並未因之顯於當世，推究其所以能發揚光大者，實爲劉逢祿之力也。逢祿不惟繼承存與之學，更孜孜《公羊》家言，勤於著述，所爲《春秋公羊經何氏釋例》、《公羊春秋何氏解詁箋》、《發墨守評》、《穀梁廢疾申何》，重興何氏一家之言，以三科九旨爲聖人微言大義所在。又爲《左氏春秋考證》、《箴膏肓評》，疑及《左氏傳》眞僞。又由《公羊》旁通他經，以何休之學説《論語》，成

《論語述何》一書。要之，逢祿以爲孔門微言大義，惟何休一家得之。（頁一〇五～一〇六）

民國六十七年戊午（一九七八）　先生卒後一四九年

張壽安撰成《龔定菴學術思想研究》碩士論文，其中論先生治經重家法，啓後世經今文學家法之樹立；又論其與龔定菴《公羊》學之異同。

逢祿於經取微言大義，是常州薪傳。然其治學方法，卻延吳、皖一派，重家法、條例。這在他重何休甚於董生處最可見。……綜上所述可知，逢祿治《春秋》獨尊《公羊》，雖不斥古文，然其治學態度之重家法、條例，卻已啓後世「尊今文之有家法，斥古文之無師傳」之端倪矣。……欲言「今文經」的樹立，不得不溯源於劉逢祿治經的重家法、師傳。其始，常州學在莊存輿（廣慶案：「輿」爲「與」之訛。）時，只是治《公羊》，並未曾爭辨今、古文之眞僞，亦未曾排斥古文。到劉逢祿時，方才辨《左傳》不傳《春秋》；又詳析群經中之何有家法？何有師傳？雖未嚴斥古文，卻已漸露今、古文經之界限。迨其弟子魏默深，承其治學重家法之一脈，遂至倡「上復西漢今文家法」，而不屑於「東漢古文鑿空無師傳」矣。……常州學的由《公羊》一家，遍及今文群經，劉、魏實屬關鍵。……劉氏之治《公羊》，循「條例」以明大義，又罷黜《左氏》，強調經史之異。……然定菴之治《公羊》，不僅摒棄經、史之爭及今古文之爭，亦刊落條例，而逕尋微言大義的

實際運用於時政，亦即是「援經議政」。（頁九七～一〇五）

民國六十八年己未（一九七九） 先生卒後一五〇年

楊向奎於《清史論叢》發表〈清代的今文經學〉，文中稱先生爲清代《公羊》學發展之關鍵人物，奠定晚清變法、改制之思想基礎，復使儒家禮義與法家刑法相互結合；至於《左氏春秋考證》及申何難鄭之作，不免於學派之爭，以致議論武斷而失實。

清代中葉的《公羊》學者對後來最有影響的是劉逢祿。……劉逢祿是發現何休《公羊》總結的一個人，他適當地評價了這個總結，而且有他自己的理解，有了他自己的理解，就會有新的內容。此後，《公羊》學逐步與歷史實際相結合而有所發展。鴉片戰爭後，《公羊》派風起雲湧，談改制、談變法，都是在《公羊》學中找方案，劉逢祿變作提供方案的人。我們曾經指出，在《公羊》學的思想體系中，「大一統」的學說及「張三世」的理論是它的核心所在。……莊存與沒有意識到這一點，孔廣森更不理會這「大一統」，……劉逢祿出而局面爲之一變。劉逢祿論「大一統」：……《春秋》欲攘蠻荊，先正諸夏，欲正諸夏，先正京師，欲正士庶，先正大夫；……欲正諸侯，先正天子京師，天子之不可正，則托王于魯以正之。（《公羊何氏釋例・誅絕例第九》）劉逢祿並沒有正面提出「大一統」問題，但其發揮「王魯」之義，實際上是主張有強有力的中央王朝以發號施令，以維持王綱之不墜。……于是劉氏據《公羊》而倡「尊王攘夷」，論古以喻今，周天子既不可得，于是有所望于新王，希望有一個新王來維持這即將崩潰的局面。「新王」之義意味著革新，有一種新的局面而重建「大一統」。于是由維護一統而理想新王，由立新王而有變法改制的主張。這是原有的《公羊》義法可以引伸出來的新義。雖然劉逢祿還沒有一種新社會的藍圖，通過變法以達到新社會的理想，……但他的思想體系，是這種思想出現的預備階段。稍後在今文學派龔自珍的思想中已經看到這種思想的端倪，至康有爲出，在他的理論中已經是資本主義社會的色彩，但他稱之爲「大同世界」。……而劉逢祿也曾經使儒家的禮義和法家的刑法互相結合。……以上所謂「禮者刑之精華也，失乎禮即入乎刑，無中立之道，故刑者禮之科條也。」不同于正統派儒家關于禮的定義，不同于封建社會前期禮刑分別用于不同階級的傳統。這幾句話體現了《公羊》學派理論之近于法家的事實。……劉逢祿對于另一部古文經《左傳》也進行抨擊，作了全部否定，以爲其中的義法凡例出自劉歆僞造，他有《左氏春秋考證》一書，……以上是一些站不住的議論，是一些武斷的說法，這種魯莽滅裂的理論至康有爲、崔適而集大成。……劉逢祿反對古文經除罪劉外，並對鄭玄之混淆今文、古文因而對于何休「入室操戈」深致不滿。……劉逢祿遂代何休反擊，……劉逢祿拾小疵加以批駁，非干是非，乃學派之爭。總之，劉逢祿對于《公羊》義法有所發揮，……鼓吹「三科九旨」大體依何而有所創造，以《春秋》爲刑書，而以刑爲禮之科條，不同于儒家關于禮刑之定義，……這嶄新的議論導致禮與刑的結合而法令的觀念出，可以說禮與刑的對峙是前資本主義社會的上層建築，而禮與刑的結合，法的出現是資產階級的要求，……因此我們說劉逢祿的議論代表了一種新的呼聲，雖然他的本意是要挽救這即將傾圮的封建古廈，但他的呼聲預示了一種新的先進的意識，對于封建社會倒是一種挽歌了。（一九七九年一期，頁一八五～一九○）

按：一九八九年六月，楊氏撰《大一統與儒家思想》出版，其中第八節論及先生《公羊》學思想部分，與〈清代的今文經學〉所述相同，故不復贅述該書。

六月，方炫琛撰成《春秋左傳劉歆僞作竄亂辨疑》碩士論文，其中第一章「由典籍之援用以證《左傳》原爲附經編年」、第二章「由諸書之稱引以證《左傳》原爲解經而作」、第三章「由資料之分析以證《左傳》其書早已流傳」、第四章「劉歆僞作竄亂左傳有關諸說辨疑條述」，詳考劉歆未嘗僞作竄亂《左傳》之疑，用駁劉逢祿、康有爲之說實不可信。

按：方氏於第四章部分，特將劉逢祿疑劉歆僞竄《左傳》之要點，一一條分縷析，以證其說之非。因其文長，故不列述。

民國六十九年庚申（一九八○）　先生卒後一五一年

六月，湯志鈞發表〈清代經今文學的復興〉一文，稱先生是清代經今文學之奠基者，而其闡發《公羊》微言大義之經世精神，旨在鞏固中央，維持封建大一統之政權；又稱其早年〈招隱〉之作，正顯露積極求仕之志。

劉逢祿爲《公羊釋例》，以《左傳》經劉歆僞飾，類列較彰，有破有立，所撰各書，「條理精密」，「不欲苟爲恢詭」，有例證，有判斷，故以章太炎的信從古文，也以劉逢祿爲「辭義溫厚，能使覽者說繹」。清代今文經學到了劉逢祿，對儒家各經有了比較全面的闡述，也有了比較系統的理論，劉逢祿可說是清代今文經學的奠基者。……清代今文經學的「復興」者，又是代表哪個階級的利益？是爲誰服務的呢？曰：代表地主階級利益，旨在維護封建專制，維護中央集權。如上所述，莊存與、劉逢祿的宣揚「大一統」，和最高統治者的反對「門户」、「朋黨」有關，因而他們不爲漢、宋藩籬所囿；又和「乾嘉盛世」的危機隱伏以及文化專制主義有關，于是發揮「微言」，強調「經世」，他們是仰承皇帝旨意的。……由於衰亂已呈，「賢隱于下」，劉逢祿早就有〈招隱〉一文，借越國大人、東吳王子來訪「舉世無識未知幾年」的隱士立喻。……越國大人大談「盛世之謀謨」，勸隱士離開「荒邈之鄉」，「建不世之偉業」，不要「徒知無道富貴之足羞，而不知有道貧賤之足恥」，勸隱士「知斯民之憂樂」。隱士居然「晞然改容」、「返旆轅拜」，「同車偕來魏闕」。從東吳王子的「招隱」，遁世隱士的「返旆」，道出了劉逢祿「經世」求仕的迫切心情。此後，他援用《公羊》，闡明蔽賢之非，又是多麼希望封建皇帝能延用懂得「經世」的賢士。所以他的「經世」，闡揚《春秋》「微言」，都是爲了使垂衰的清政府轉爲「盛世」。（《中國史研究》一九八〇年二期，頁一四五～一五六）

按：一九八九年八月，湯氏《近代經學與政治》出版（北京、中華書局），其中第二章第三節「今文經學的復興」，與此文大抵相同；又於一九九一年發表〈清代經今文學的傳承〉（見國立中山大學中國文學研究所編印《第二屆清代學術研討會—思想、文字、語言論文集》），其對劉逢祿爲常州《公羊》學蔚然成派之奠基者，及其《公羊》經世思想，論點皆一致；故不復贅述。

民國七十三年甲子（一九八四）　先生卒後一五五年

五月，何信全《晚清公羊學派的政治思想》出版。書中論先生由董、何之言以解《公羊》，由《公羊》以通《春秋》，由《春秋》推求孔子六經大義，實啓晚清《公羊》學之研究、發展路向。

申受既受學于外祖，而更篤志爲學，于所受自外祖之經學，進一步刻意經營。常州之學，蓋自劉氏出而其勢大張。劉氏認爲：「學者莫不求知聖人，聖人之道，備乎五經，而《春秋》者五經之筦鑰也。……撥亂反正，莫近《春秋》，董、何之言，受命如嚮。然則求觀聖人之志，七十子之所傳，舍是奚適焉？」依劉氏之意，探求孔子之道，最好由《春秋》入手，……而《春秋》之旨傳在《公羊》及董、何之言，而《左氏》、《穀梁》不與焉。于是學孔子之道，唯由董、何之言以解《公羊》，由《公羊》以通《春秋》，由《春秋》更推求六經之義而得孔學之全豹。劉氏此一研究孔子之學的見解，實際上決定了常州學往後的發展方向。晚清《公羊》學派對孔學的了解，即是順著這一研究方向而來。劉氏影響于後來《公羊》

學者尤大者，在于引申發揮何休《公羊解詁》的「三科九旨」之說。……劉逢祿之《公羊何氏釋例》一書，首張三世例，次通三統例，三異內外例，專門闡述這一口說之微言的義旨，引證經文，次第發揮，給予晚清《公羊》學的研究決定性的影響。梁啓超認爲劉申受「實爲治今文學者不祧之祖」，蓋爲如實之言。（頁十五～十七）

按：何氏於民國六十五年畢業於政治大學政治研究所，本書爲其碩士論文，民國七十三年由經世書局出版。此據其印行本引述之。

民國七十四年乙丑（一九八五）　先生卒後一五六年

十月，孫春在《清末的公羊思想》出版。書中就先生《公羊何氏釋例》、《左氏春秋考證》、《箴膏肓評》、《論語述何》諸書，論其《公羊》學之特色及影響：包括以內外作爲核心思想、以《公羊》思想詮釋《論語》及群經、清末《公羊》家僞經說之濫觴，稱先生爲清代《公羊》學承先啓後之關鍵人物。

劉逢祿是常州學派的重鎮，也是清代《公羊》學中承先啓後的人物。……劉逢祿的作品更對清末《公羊》學者有著直接的啓發，不但在清末作品中常見徵引，……劉逢祿則承繼其外家之學，並且將兩漢《公羊》學中最完備的何休注重新加以發皇。他在何休的模式裡加上合乎時代需要的解釋，一方面符合了經學講究「家法」的標準，另一方面也不致與當時的考證之風衝突太大。因此，他的著作特別受到當時及清末葉的重視。……（1）《公羊何氏釋例》，著於一八〇五年。劉逢祿重新標舉出何休的三科九旨，作爲「微言大義」的中心，這幾乎是學者們一致的意見。再衡諸他對於何休的重視，似乎東漢何休三科九旨的家法又在清代中葉再度成爲《公羊》學的綱領。……劉逢祿也一如清中葉《公羊》學的特色，實際上是以「內外」作爲核心思想。但是，他有一點和莊存與和孔廣森不同，那就是他同時也強調「三統」。在劉逢祿的「三統」論中，新統的出現並不強調受天命以改朝換代，而比較著重現況的改革，……其次，「內外」仍是劉逢祿在滿族政權下所必須解決的問題。他說了一段極重要的話：「余覽《春秋》進黜吳、楚之末，未嘗不歎聖人馭外之意至深且密也。……慨然深思其故，曰：中國亦新夷狄也。……故觀於《詩》、《書》，知代周者秦，而周法之壞，雖聖人不可復也。觀於《春秋》，知天之以吳、楚狎主中國，而進黜之義，雖百世不可易也。張三國以治百世，聖人憂患之心，亦有樂乎此也。」實際上的泯沒了滿漢血統上的界限，而以文化上及政治上的考慮爲著眼。這一點是符合當時狀況的。在嘉慶初年，並無在《公羊》思想中附會入排滿種族革命之必要。劉逢祿所重視的無寧是未來的規劃。掌握住這一點，才能明瞭清末《公羊》學者支持清廷立場的由來。同時也才能解釋《公羊》學者勇於接納西方政制及學術的原因。……因此劉逢祿主張恢復周初的封建制：「聖人將以禁暴誅亂而維封建於不敝也。夫周之末失，強侵弱，眾暴寡，士民塗炭，靡有定止。不思其所由失，而曰封建使然，於是悉廢而郡縣之，而天下卒以大壞。……然則《春秋》救周之敝將奈何？曰：制國如周初。……雖萬世不敝可也。……君國子民，求賢審官，以輔王室，以救中國。持世之要務，太平之正經，《詩》終〈殷武〉之意也。」開啓了清末《公羊》學者對封建制度研究的興趣，甚至以爲大九州的世界封建是孔子對太平世的規劃。這一種想法可以上溯至劉逢祿。除了《公羊》思想中幾個核心觀念的詮釋外，劉逢祿另一個關鍵性的影響，就是以《公羊春秋》的思維去詮釋五經，因而造成了由《公羊》擴及於今文經學的全面研究。他在《公羊何氏釋例》中說：「故不明《春秋》，不可與言五經。《春秋》者，五經之筦鑰也。」同時實際地以五經中的要義與《公羊春秋》互相參證：「《易》之六爻，《夏時》之三等，《春秋》之三科，是也。」……最後，在劉逢祿的《公羊何氏釋例》中，開始出現了對劉歆及《左傳》的懷疑，可說是清末《公羊》家之僞經說的濫觴。……可知《公羊何氏釋例》一書實爲清末《公羊》的端緒所在，自此書之後，各種《公羊》學内部觀點的發展俱有脈絡可尋。（2）《左氏春秋考證》及《箴膏肓評》……劉逢祿正面提出了對《左傳》的質疑及對劉歆的攻擊。……但是這時尚未如清末廖平、康有爲等所稱「古文經皆僞」，……但也爲清末學者開啓了經學史另一個研究的方向。……（3）《論語述何》，……《公羊》學到劉逢祿的另一轉折，就是用《公羊傳》何注的精神去重新詮釋《論語》一書。……把《公羊》學的義例援引過來解釋《論語》，對當時的思想界具有重大的意義。……在劉逢祿之後，《公羊》學者即將《論語》中的有關篇章納入了《公羊》學的體系之内，加上前已被重視的《孟子》，使清代的《公羊》學逐步邁向一内部完備的系統。……

《公羊》學在清末發展成了一個自足的系統，這個系統的研究由莊存與肇其端，而內容的博備則由劉逢祿其始，劉逢祿確乎是清代《公羊》學的關鍵人物。（頁三二～四二）

按：孫氏於民國七十三年畢業於臺灣大學歷史研究所，本書爲其碩士論文，七十四年十月由臺灣商務印書館出版，此據刊行本引述之。

民國七十六年丁卯（一九八七）　先生卒後一五八年

四月，王汎森《古史辨運動的興起——一個思想史的分析》出版，其中論及先生作《左氏春秋考證》，旨在返求聖人經典之原意，而影響晚清，導致古文經信史性之破壞。

比莊述祖晚一代的劉逢祿，其治學途轍也仍未完全叛離乾嘉。……甚至連他那部對《左傳》造成大傷害的《左氏春秋考證》，在他自己看來，竟自認是《左氏》的大功臣。因爲他心中有一種想法，認爲自己爲《左傳》恢復最原始的眞面目，把劉歆私改之經文與所增竄之書法凡例盡行刪去，「俾改《左氏》者不得摘爲口實。」但他這個功臣沒想到最後竟對《左傳》造成莫大災難。又如他的《尚書今古文集解》也是以恢復《尚書》眞面目爲職志的，……這也是「返求原典」的工作。……劉逢祿《左氏春秋考證》一書最主要的意圖也是想返求聖人眞正的經意。他認爲聖人的眞意已被劉歆僞竄的《左傳》所遮掩扭取，故必須把劉歆僞作之迹檢舉出來。該書最核心的論點便是：「劉歆顚倒五經，使學士迷惑，因《公羊》博士在西漢最爲昌明，故不敢顯改經文，而特以祕府古文書經爲十二篇，曰《春秋》古經。」劉歆既已竄亂《左傳》，迷失孔子作《春秋》的眞意，那麼後世人若想返求聖人眞意，便不能沒有撥雲霧以見青天的舉措，所以我們可以發現《左氏春秋考證》中處處是對劉歆「迷」、「汩」聖人本意的控訴。……劉逢祿、魏源、龔自珍、廖平、康有爲卻是以自己所理解的經典最初狀況與聖人本意來決定經書的面貌，他們雖可能切中一部分情實，但經書的內容一旦可以隨人之好惡斟酌去取，便馬上失去其客觀性，沈淪於各式各樣解經學家之手了。廖平與康有爲把打倒古文經作爲復活孔子眞正理想的手段，終至全盤勾消古文經的信史性，正是「強經典以就我」，以致喪失經典的歷史客觀性最佳的佐證。（頁八七～八八、九二～九三、一〇九）

民國七十八年己巳（一九八九）　先生卒後一六〇年

五月，錢仲聯主編《清詩紀事（十三）》嘉慶朝卷出版，其中收錄先生〈贈龔定庵魏默深〉詩，並附徐珂《清稗類鈔、考試類》載先生分校禮闈、力薦龔魏事，及龔自珍《己亥雜詩》「端門受命有雲礽」一詩。

按：見嘉慶朝卷，頁八七二九～八七三〇。惟《劉禮部集》作「〈題浙江湖南遺卷〉」，詩題異名，不知《清詩紀事》本所據爲何？且互校其文，《清詩紀事》本頗多訛衍之字，訛字如「之江」作「三江」、「兼嶙峋」作「畫嶙峋」、「昔走十一郡」作「西走十一部」、「蓊鬱煇朝暾」作「蓊蔚暉朝暾」、「齊肅陳」作「齋肅陳」、「鎩翮」作「鍛羽」、「應運」作「應連」；衍字則在夾注部分，如「浙卷七百餘，獨分得六十卷」，作「浙卷七百餘人，余獨分得六十餘卷」，又如「湖南玖肆」作「湖南九四卷」，蓋校勘之失也。

六月，王家儉發表〈晚清公羊學的演變與政治改革運動〉，稱先生發揮何休《公羊》三科九旨之微言，實爲何氏之功臣；而其《公羊何氏釋例》尤隱涵一己之政治哲學。

劉逢祿……他的主要宗旨便在發揮何休的《公羊》思想，認爲何氏三科九旨乃是聖人微言大義的薈萃。「無三科九旨則無《公羊》，無《公羊》則無《春秋》。」爲欲重新何氏一家之言，他不僅將何休的《公羊解詁》以及《左氏膏肓》、《公羊墨守》、《穀梁廢疾》等所謂的「三關」爲之箋注評述。並且特著〈春秋論〉上下篇對於與他同時的錢大昕（一七二八～一八〇四）及孔廣森之説予以反駁。極論《春秋》之有書法，與條例之必遵何氏。……主張《論語》微言與《春秋》相通，而以何休的《公羊》家之説解釋《論語》。……幾乎把孔子的《論語》解釋成爲《公羊》一家的歷史哲學。故謂其爲何氏的功臣，殊不爲過。……以往的學者大多僅知注意劉逢祿《春秋公羊經何氏釋例》在學術上的價值，……從逢祿書中三十個「釋例」的排列程序來看，可知他除發揮何氏義例以外，還隱含有一個政治的目的。雖於「張三世」、「通三統」開始，論及《春秋》王者天下一統之義，但也暗示三王之道，實若循環，終則復始，窮則反本。天命所授者博，並不限於一姓。最後於「災異例」內，則更坦然指出：故聖王必畏天命，而重民命。「聖人之教民，先之以教，而後誅隨之；天之告人主，先之以災異，而後亂亡。其任教而不任刑，一也。」故知爲政者必應以災異存心，時加警惕，藉期「養性以事天」。在此我們可以很明白地看出，劉逢祿已經將董仲舒的天人感應思想，融入他自己的政治理念之中。（《第二屆國際漢學會議論文集（明清與近代史組）》，頁七一二～七一四）

民國八十年辛未（一九九一）　先生卒後一六二年

九月，韋政通著《中國十九世紀思想史（上）》出版，書中第三章〈春秋公羊學的復興〉論先生樹立清代《公羊》學承先啓後、一派宗師地位之原因：一是建立《公羊》學發展之規模與自足系統；二是確立《公羊》三科九旨之思想中心，且使其具有繁衍性；三是重建《春秋》撥亂返正之經世意旨。又論其影響有二：一是啓發龔、魏以降，《春秋》褒貶精神之批判意識、建立以《春秋》當新王之理想；二是啓導三科九旨從經學上之意義，轉化爲發揮新思想之思考工具。

十九世紀初期《公羊》學的代表人物是劉逢祿……肇始於清中葉的《公羊》學，到劉逢祿的確有了重要的發展，樹立起承先啓後一派宗師的地位，主要原因是：（一）他使《公羊》學在學術上有了新的發展，而且頗具規模，晚清這一派的許多論題，大都出於他的啓發。從他眾多的著作，可以明顯看出，他是有計畫地在進行：第一步，他豁醒了整個《公羊》學的傳統，使自己在這個傳統裡居於正統的地位，並以學術上的成就充實並穩固其地位。第二步，在《春秋》的傳統裡，本有三傳並立，逢祿承繼何休弘揚《公羊》，爲使《公羊》學達到獨尊的地步，不惜以嚴辭貶損《左傳》、《穀梁傳》，他認爲《左傳》乃「劉歆妄作」，是「欲迷惑《公羊》義例」，「以售其僞」。而穀梁子根本「不傳建五始、通三統、張三世、異內外諸大旨」，他的天賦不過如「夫子所云，中人以下，不可語上者」，其書頂多是「玩經文，存典禮，足爲公羊氏拾遺」而已。第三步，他在「《春秋》者，五經之筦鑰也」的假設下，認爲「不明《春秋》，不可與言五經」，因而企圖以《公羊》學詮釋並貫通五經，以建立起一個新的經學傳統。以上三步，不是指時間上的順序，而是他的《公羊》學說要達到的三個目的。若就時間而言，在《公羊何氏釋例》中，這三點都已見端緒。從以上三點來看，劉逢祿不但有很強烈的宗派意識，也的確有建立一自足系統的雄心。（二）……使三科九旨凸顯到思想史上佔重要地位、並使其具有極大繁衍性的，乃劉逢祿之功。（三）逢祿專主於《春秋》，並經由《公羊》重建其權威，是因「撥亂返正，莫近《春秋》」，是因「世愈亂，而《春秋》之文益治」，是因孔子「以身任萬世之權，灼然以二百四十二年，著萬世之治」，類似的話在西漢《公羊》家的言論中都見過，但在政治、經濟、社會都出現危機的十九世紀初葉，由他重新提出來，不可能沒有一點時代的新義在其中。根據前章所說，這也是一個重建經世之學之時代，經世之學的重建，在文獻上尚看不出與《公羊》傳統有何關連，但在大抵相同的內因與外緣下，在重建經世之學的前夕，劉逢祿把中國傳統經典中，代表經世意識很強烈的《公羊春秋》，提到時代的課題中來，怎麼可能沒有一點時代的意義在其中？更何況劉氏於《公羊何氏釋例》的序文中，就已明白表示，他所以要治《春秋》公羊之學，所以要「推原左氏、穀梁氏之失」，所以要既「申何」（弘揚何休之學）又「難鄭」（詰難鄭玄之學），目的就在「用冀持世之志」。有了這個意識，到他的弟子龔、魏手中，才能使《公羊》學與經世之學自然合流；有了這個心靈的動源，到了清末在內外危機的激盪中，才能使《公羊》學在思想史上興起巨大的浪潮。（〈第一節　公羊學的演變及其代表人物〉，頁七五、八一～八三）

假如清代《公羊》學只有莊存與和孔廣森，我們很難想像它會成為一個重要的學派，後來產生披靡一世的影響力，更是不可能的。這中間劉逢祿的確居於舉足輕重的地位。前文已說過他所以能樹立起承先啓後一派宗師的地位的三點原因，下面再進一步說明他為何能在經學之外產生影響。

第一、一般經學家，不論是古文或今文，都很講求家法，崛起於十九世紀初葉的劉逢祿，在經學上也不例外，但從《公羊何氏釋例》的序文看，他顯然已超越家法的觀念，賦予《公羊》傳統一個傳道統緒的意識。……逢祿歷數孔子、孟子、公羊高、胡毋生、董仲舒、何休，其中特別突出董生與何休，猶如朱熹之突出「程夫子兄弟」。他認為孔子以下諸子莫不求知聖人之道，而他自己是清代《公羊》學中唯一能傳此道者。朱熹的道統中有所謂十六字（「人心惟危、道心惟微，惟精惟一，允執厥中」）心傳，逢祿的道統中所傳者為《春秋》的微言大義。朱熹追求的是以心性爲主的道德理想，逢祿追求的是「行天子之事，繼王者之跡」的新王理想。一重內聖，一重外王；一重修身，一重經世。沒有以聖人之道爲根據的理想，傳統知識份子憑甚麼去平章朝政，倡議改革？傳道的統緒意識，不僅能強化一個學派的內聚力，更重要的是，它傳達了超家法超宗派的普遍理想，在理想與現實的政治社會對較之下，自然產生批判意識，所謂「道統中具有現代性的批判精神」者，其故在此。何況講《春秋》褒貶的《公羊》傳統，本來就是一種具有強烈批判性的意識形態，十九世紀的《公羊》學派，自龔、魏以降，大都有很強的批判精神，正是這一傳統特性的表現。第二、劉逢祿對十九世紀思想史另一重要貢獻，是在他的代表作《公羊何氏釋例》中，把傳統的三科九旨（張三世、通三統、異內外）置於《公羊》學首要的地位，又把「三世」置於三科之首。從龔、魏到清末康、梁的演變來看，這三科九旨不僅一直是《公羊》思想的核心，而且是一步步脫出經學上注釋的意義，而成爲發揮新思想的基本思考範疇，尤以「三世」格外顯著，不論是進化、退化，不論是氣運循環，不論是太古、中古、末世，不論是據亂、升平、太平，不論是小康、大同，等等史觀都可涵攝於同一範疇之中，甚至在接受西學時，這一範疇也發生相當的作用。當他們把如此複雜的內容藉「三世」來表達時，事實上只不過是把它當作範疇性的思考工具而已。（〈第二節、公羊學的興起與劉逢祿的重要地位〉，頁九〇～九三）

十一月，國立中山大學舉辦第二屆清代學術研討會，胡楚生發表〈劉逢祿論語述何析評〉，析論劉氏以《公羊》張三世、異內外、通三統以釋《論語》之現象，及其附會穿鑿之失。

綜合前文析評所得，猶可略加敘述，小結如後：其一，劉氏逢祿，專研《春秋》之學，尤重《公羊》一書，蓋嘗主張，「《春秋》者，《五經》之筦鑰也」，故所著書，多以羽翼《春秋》，自成體系，爲其依歸，故於《論語述何》書中，多采《公羊》義旨，轉相詮釋，蓋亦視《論語》之書，爲其《公羊》學中之一環者矣。其二，劉氏僅據《北堂書鈔》所引何注一條，單文孤證，即爲推論，況此孤證，可信與否，猶待斟酌者耶？所據前提，既非可信，以此立說，不啻築室層沙，傾圮之患，亦將隨之而至也。其三，注疏之體，本重客觀，注者爲之，當以附庸自居，隨順經籍，闡釋眞義，此在《論語》而言，則劉氏《述何》一書，不免先立宗旨，穿鑿曲解，重違聖賢之心意，亦難能取信於世人也。其四，《論語》之與《春秋》，並屬孔門經籍，義有近似，亦其當然，其可以引申發揮，義非過遙者，自不妨相互比參，觀其會通，其乃有宗主各異，義不同科者，亦不宜強求其同，俾免於膠柱鼓瑟，以偏概全也。其五，劉氏《論語述何》一書，采《公羊》之旨，以釋《論語》，蔑棄家法，破壞顓門，此例既開，後進循之，漫無際限，故宋翔鳳遂著《論語發微》、戴望遂著《論語注》、劉恭冕遂著《何休注論語述》、王闓運遂著《論語訓》，皆競以《公羊傳注》說《論語》矣，而康有爲所著《論語注》，尤爲變本而加厲焉，悍然乃以近世之政制傅會夫子之言語矣，則追根究柢，劉氏《述何》一書，實有以導夫先路，而不得辭其咎也。其六，劉氏以《春秋》一書，爲群經故籍之中心，以視《論語》，自亦爲其《春秋》學中之一支，求其能夠羽翼《公羊》之說，足矣。然而，此文之作，還就《論語》本身之立場而言，以觀劉氏《述何》一書，則不免見其多乖於注疏之常規也。其七，設就清季學術演變言之，則《論語述何》一書，其中關切於時務者，較之《公羊何氏釋例》，雖頗少見，然而，學士大夫，能不囿於當時之風氣，假托故籍，別制新義，進求致用，則其所顯現之開創精神，亦自有難能而可貴者在也，其於思想史上，實當有其應具之地位存焉。（《清代學術史研究續編》，頁三五～三六）

按：此文後又見收於胡楚生《清代學術史研究續編》（台北、臺灣學生書局，一九九四年十二月。）頁十七～三七，文字略有增飾，此據其收入《續編》之文集摘錄之。

同月，張舜徽《清儒學記》刊行，書中〈常州學記〉一章，論先生爲清代經今文學承上啓下之關鍵人物。

劉逢祿，……於群經都有撰述，而歸宗於《春秋》何氏之學。……《書》主莊氏，受莊述祖的影響很深，視莊存與、莊述祖之學爲師而尊信之。《詩》主齊、魯、韓三家遺說，推重魏源的《詩古微》，認爲能表章三家墜緒以匡傳箋。《禮》則認爲何休以《周禮》爲戰國時書，其識已卓，主張以《公羊》議禮。……清代今文經學到了劉逢祿，對儒家諸經傳有了比較

全面的闡述，也有了比較系統的理論，劉逢祿可說是清代今文經學中承上啓下的關鍵人物。（頁四八六～四八九）

民國八十一年壬申（一九九二） 先生卒後一六三年

一月，房德鄰之博士論文《儒學的危機與嬗變—康有爲與近代儒學》出版，其中一節〈從常州學派到康有爲變法〉，稱先生探求《公羊》微言，恢復漢代今文經學之統緒，給予晚清經今文學決定性之影響，代表清代今文經學發展之第一階段—學術階段。

在常州學派中，影響最大的是劉逢祿，……他已經不像莊存與那樣不分今古，而是嚴格劃分今古文界限，堅守今文壁壘。他攻擊古文經典《周禮》爲「戰國陰謀瀆亂不驗之書」。抵排《左傳》爲劉歆僞竄。在今文經典中，他推崇《春秋》，……劉逢祿之所以異常重視《公羊傳》和董、何的著作，是因爲這幾部著作闡釋了《公羊》學派的社會歷史觀—通三統、張三世和異內外。因此，常州學派至劉逢祿才眞正繼承了漢代今文經學的統緒，並給予晚清今文經學的發展以決定性的影響。……劉逢祿對於清代今文經學的另一貢獻是他的「以經言政」。……劉逢祿曾發揮《公羊》「大一統」的微言大義說：「欲攘蠻夷，先正諸夏，欲正諸夏，先正京師。」「先正京師」，已透露出現實的政治要求，然而，劉逢祿的「以經言政」還僅僅是個開端，他和莊存與一樣，終身從事經學研究，是一位經師，不是一位政治家。……劉逢祿則恢復漢代今文統緒，探求《公羊》眞義。他們的政治主張、社會理想，曲折地

反映在他們的經學著作中。他們代表著清代今文經學發展的第一階段—學術階段。（頁三七～三八）

按：是書爲房氏一九九〇年北京師範大學之博士論文，一九九二年元月由台北文津出版社刊行，此據其出版日期繫年。

七月，陳振岳於《蘇州大學學報》（哲學社會科學版）發表〈劉逢祿的公羊學〉，以不分今古、不拘門戶之立場，客觀評論先生在常州《公羊》學承前啓後之地位、對嘉道以降經今文學波瀾壯闊思潮之啓導，及其辨僞學之成就。

如果說常州學派是清代經今文學的奠基，那麼，劉逢祿則無愧爲常州學派的支柱，常州《公羊》學之所以大顯于世，劉氏作出了巨大貢獻。……對劉氏的《公羊》學，毀譽不一。毀之者大抵來自古文經學派，……譽之者大抵是今文經學家，或受今文經學影響的人。……今天來評論劉申受的業績，不應爲今古文的門户所左右，也不是糾纏在某些具體的是非。而是應當從主導的方面，歷史地考察常州的《公羊》學派在學術思想界所起的作用如何？……劉氏繼莊存與的不事章句訓詁，專主微言大義，另闢蹊徑，闡發《公羊》學的三科九旨，重新點燃起今文經學的火把，爲學術界開創一個新派別，……而且它具有生命的活力，從常州學派至龔自珍、魏源，再到康有爲、梁啓超，……對文化學術乃至政治改良起了積極的作用，以至影響到現代，這是客觀的存在。……考察清代今文經學的歷史，無容置疑，劉申受處于承前啓後的地位。他對今文經學的建設，功不可沒。申受治《公羊》學的主旨，在于：「《春秋》文成

> 數萬，其旨數千。天道浹，人事備。以之貫群經，無往不得其原；以之斷史事，可以決天下之疑；以之持身治世，則先王之道可復也。」劉氏在「貫群經」的一點上做到了，此外，「在禮部十二年，恆以經義決疑事，爲眾所欽服。」（《清史稿》本傳）還沒有涉及時政。……劉申受治《公羊》，還派生出他對辨僞學的成就，其代表作是《左氏春秋考證》。……劉氏的《考證》確實存在荒誕和謬誤。但是，……《考證》所提出三個重要問題：（1）《左氏》的作者不是與孔子同時的左丘明，恐怕是難以駁倒的。……（2）《左氏》不傳《春秋》。……（3）劉歆作僞問題。……客觀地說，裡面沒有劉歆的主觀成分是不可能的。因此，全面否定劉逢祿的《考證》是失之偏頗的。（一九九二年第三期，頁一一五～一二一轉一一四。）

民國八十三年甲戌（一九九四）　先生卒後一六五年

三月，楊向奎著《清儒學案新編》（第四卷）出版，中列劉逢祿宋翔鳳《申受于庭學案》，於先生小傳中，稱其發揮何休《春秋公羊解詁》義例，影響晚清學術、政治至鉅。

> 對于《左傳》，劉逢祿也進行抨擊，作了全部否定的結論，以爲其中的義法凡例出自劉歆僞造，……其實都是些站不住的理論，是一些武斷的說法，這種魯莽滅裂的手法至康有爲、崔適而集其大成。而崔適的說法正可以抵消劉逢祿的說法，劉逢祿以爲劉歆「未及兼改《史記》，往往可以發蒙」。崔適則以爲

劉歆曾徧僞《史記》，以證《左氏》之爲傳《經》書，因而有《史記探原》一書。……總之，劉逢祿對于《公羊》義法，有所發揮，莊存與之後是他發揮了兩漢《公羊》的傳統而發現了何休，提倡「三科九旨」，使《公羊》恢復了生氣，在清末的政治史上發揮了前所未有的作用。（頁四五）

按：楊氏於小傳中略述其《公羊》學之成就與影響外，並於《申受學案》學術思想史料選編部分，收錄《春秋公羊經何氏釋例・自序》、《公羊春秋何氏解詁箋・自序》、《左氏春秋考證》（附《箴膏肓評・自序》）、《穀梁廢疾申何・自序》、《論語述何・自序》、《春秋公羊議禮・自序》、《尚書今古文集解・自序》、《詩聲衍・自序》、《五經考異・自序》、《禘議》、《春秋論》上下。(頁三九～四六、五一～七二)

四月，張廣慶於《經學研究論叢》第一輯發表〈清代經今文學群經大義之公羊化—以劉、宋、戴、王、康之論語著作爲例〉。該文以爲，清代經今文學派《論語》大義之《公羊化》，以劉逢祿《論語述何》爲權輿，風氣既開，宋翔鳳《論語說義》、戴望《戴氏注論語》、王闓運《論語訓》、康有爲《論語注》，咸競以《公羊》微言說《論語》，遂就此五家，論其學脈之傳承、理論之相襲、《論語》大義《公羊》化之流衍、《公羊》化之內涵及其形成之原因。

清代群經大義之《公羊》化，始於武進莊存與；其從子莊述祖篤守兩漢董、何之學，家法愈趨謹嚴；至劉逢祿、宋翔鳳從而恢張之，終足以影響晚清百年來之政治、學術風氣者，歸納前文言之，厥有數端：其一，一脈微言，相互敬承：劉逢祿以爲，聖人損益三代，微言大義，博綜群經，往往而在，而《春秋》爲五經之筦鑰，欲求《春秋》微言大義之知類通達、微顯闡幽，則《公羊傳》在先漢有董仲舒之務乎大體、後漢有何邵公之條理精密，遂以《公羊》始元終麟、三科九旨之義，網羅眾經。逢祿復推溯《公羊》授受，謂《魯論》諸子、子游、子思、子夏等，皆與聞《春秋》微詞奥旨，爲《論語》、《孟子》、〈禮運〉、《中庸》大義之《公羊》化，建立孔門微言授受相傳之理據。宋翔鳳《四書釋地辨證》亦以《論語》、子游〈禮運〉、子思《中庸》寓有《春秋》存三統之微言。由是《公羊》義例之學，遂從「備乎五經」而擴及群經，群經大義《公羊》化之體系，於焉形成；其後，龔自珍、魏源、戴望、王闓運、康有爲等，相繼接踵，海内靡然。諸說容有偏異，然其擴大《公羊》化之範疇、深求《公羊》化之義理、建立《公羊》化之理論體系，相互敬承，其旨則一。不僅如此，其學脈亦有傳承之關係，以《論語》大義之《公羊》化爲例：劉逢祿……追述何義，參酌董說，闡《公羊》於《論語》，雖遭「郢書燕説，根本先誤」之譏，竊以爲，蓋劉氏寓述於作，以與《春秋》貫乎群經之理論相互呼應也；劉氏既開風氣之先，宋翔鳳「學劉氏之學」，成《說義》十卷；戴望「劉禮部《述何》及宋先生《發微》，乃因其義據，推廣未備，成《戴氏注論語》二十卷」，而同乎劉、宋之説者大半；王闓運亦遠承劉氏，以「恢劉、宋之統」，而又遙啓康有爲「以《公羊》稱大同，由〈禮運〉以明《春秋》」，發明孔子改制之義。……而《春秋》義貫群經乃成爲清代《公羊》學特質之一。其二，墨守《公羊》，補苴張皇：劉、宋諸家以《春秋》微言大義備於《論語》，故其說解《論語》，除多徵引董子《春秋繁露》、何休《春秋公羊解詁》，大抵多援《公羊傳》譏世卿、崇讓、經權等大義，及三科九旨之微言，旁通發揮。至於《春秋》、《論語》之關係，則又轉相發明。劉逢祿謂《春秋》微言，《魯論》諸子皆得與聞，其不可顯言者，屬子夏口授之，公羊氏五傳始著竹帛。《公羊》、《論語》於是相互牽合而發明之。宋翔鳳則引《論語崇爵讖》，以徵子夏六十四人共撰仲尼微言於《論語》，若尋其條理，素王之業備焉；戴望緣二氏而申論之，謂「《論語》爲仲弓、子游、子夏等共譔微言，往往具見制作之義」；逮至康有爲，謂《論語》纂輯出於曾子後學，立說固與劉、宋、戴相異，然相繼提出仲尼弟子親聞《春秋》大義、《論語》密藏聖人微辭之說，則咸歸一致。又劉逢祿不知何休《論語注訓》之所本，宋翔鳳雖未解劉氏之疑，然於《論語師法表》發明《齊論》〈問王〉、〈知道〉二篇，闡《春秋》微言之說，並承劉氏《左氏春秋考證》，於《論語說義》指陳劉歆僞竄《左傳》解經；至戴望，既附和宋氏《問王》、《知道》之說，復裁定劉氏疑而未決者，謂何休注訓《論語》，當依《齊論》；及康有爲《論語注》，推衍劉、宋之說，云「劉歆竄聖，作僞經以奪眞經」，竄入僞古文《論語》，乃一一正僞古文之謬，而發明《公羊》三世、〈禮運〉大同之微義。……其三，與世推移，以應時變：……至方耕外孫劉逢祿，承其外家之學，斷史決疑、持身治世、貫串群經，莫不秉諸《春秋》；《公羊》義例之學、《春秋》經世之用，二者至是而顯；道、咸以降，士大夫之講《公羊》學者，不出此二途，劉氏實有承先啓後之功也。《公羊》學本切近于人事，其經世之言，多洞中情事，蘄歸有用，戴望以微言「貫經術、政事、文章於一」，欲救世弊而維聖教；王闓運以撥亂之義，切論治亂之原，首在去利；康有爲講求時務則兼涉外國政教，舉凡政治、社會、經濟、科學，皆本《公羊》三世義、《禮運》大同、《易》之通變以爲斷，闡述其進化思想，發明聖人時中之義，其目的則在強國衛教。面對不同時局之問題，諸家經世之微言，亦各有所陳，卻多能與世推移，以應乎時局之變，與西漢《禹貢》治河、《洪範》察變之通經致用精神，歸趣實一也。有清之《公羊》學，由乾隆間經學之別流，匯爲道、咸以降之巨流，終乃掩脅晚清百年之風氣者，由《論語》大義《公羊》化之一端，觀微知著，亦可察其所由也。至於《論語》之於《春秋》，其中固有意旨略符而可資引申發揮者，然其動輒援引《公羊》以說《論語》，此猶《公羊》學者處處執例詮經，終不免流於深文周納，牽強附會，似是而非也。（頁三〇七～三一〇）

七月，陳靜華撰成《清代常州學派論語學研究─以劉逢祿、宋翔鳳、戴望爲例》。書中第二章論及劉、宋、戴之傳承譜系；第三章辨明逢祿《論語述何》以《公羊》學解釋《論語》，非牽強傅會，乃有所本，有其歷史根據；第四章析論劉氏從《何氏釋例》之作到《論語述何》之成，是《公羊》學擴張至經今文學全面建立之過程；並論《述何》之意義與成就，在於建立以《公羊》爲核心之經今文學思想體系、對時政之鍼砭。

劉申受公羊化《論語》之成就，主要表現在兩方面：

1、學説系統之奠基完成

（1）標舉何休「三科九旨」，……成《公羊何氏釋例》，在《公羊》學之成就上，超越了方耕、巽軒，爲常州學派《公羊》思想之奠基者。（2）在《公羊》學奠基完成後，尋求《公羊》化群經的歷史依據，其立論根據，而就《論語》而言，其《公羊》化之依據，乃源於何休「精研六經，世儒莫及」，並曾注訓《論語》、《孝經》而來，……然而在「《論語》總六經之大義，闡《春秋》之微言」，群經之義互通的原則下，「追述何氏《解詁》之義，參以董子之説」，秉此「以義貫之」之法，試圖還原何氏注訓《論語》之可能面貌。所以，本之何氏以解何氏，即是《述何》之立論依據。此即是其自孔子「一以貫之」衍化下來之原則，在「微言大義」確立之後，可通於群經而無滯礙。（3）申受重視《公羊》，是以「禮」之親親、尊尊爲核心的。最大的特色在於以三世爲「三科九旨」之首，而三科爲《釋例》三十例之主幹。到了《述何》亦是以此爲據，發明《公羊》思想。此在宋氏《説義》、戴氏《論語注》皆得到相當的發揮，二者之説亦多本於「禮」之「親親」、「尊尊」。……

2、《公羊》家對於時政的關切

「通經致用」之具體實踐，即是對於社會、政治現象之批判與建言。所以對於乾隆之弊政，在方耕《春秋正辭》即已見批判，劉申受亦繼承此一精神。……嘉道年間，統治內核的腐敗，面對鄉紳勢力的提昇，中央的命令已無法貫徹到地方階層，地方之動亂又接連發生。故劉氏《述何》、《四書是訓》強調「節用」、「制度」，可謂爲眞正繼承方耕學之精髓者。（頁二七三～二七五）

按：陳氏於本年七月畢業於國立成功大學中國文學研究所，是書爲其碩士論文之作。

民國八十四年乙亥（一九九五）　先生卒後一六六年

六月，劉錦源撰成《清代常州學派的論語學》，是書以劉逢祿《論語述何》、宋翔鳳《論語說義》、戴望《戴氏注論語》爲材，探討三人援《公羊》微言以發明《論語》義理，及其一脈相承之情形。

第三章……以劉逢祿之生平及其《論語》學爲敘述的重心，並藉此探討常州學派《論語》學的發源。……其自幼受學於外家莊存與、莊述祖的背景，使其論學受二人的影響很大，在其所著《論語述何》中，劉逢祿處處引歸《春秋》之義以解《論語》，將《公羊》義理推廣到《論語》上，以《公羊》學的幾個核心觀念來詮釋《論語》，將《論語》學給《公羊》化。……他用《公羊》何休注的精神來重新詮釋《論語》，這在清代思想界是具有重大意義的。其次，在與傳統的《論語》

> 學相較之下，劉逢祿的《論語》學或許有牽強附會之說；然從另一個角度看，《論語》與《春秋》並屬孔門經籍，義有近似，本有諸多可以互相引申處，故劉逢祿以《公羊》的角度來研究《論語》，於孔子微言大義多有發揮，其後宋翔鳳、戴望，甚至清末整個學術思想，在許多地方都受有劉逢祿《論語》學很大的影響，即可顯示出其於清代經學史之重要。（頁一二五～一二六）

按：劉氏於是年六月畢業於國立政治大學中國文學研究所碩士班，《清代常州學派的論語學》爲其碩士論文。

民國八十五年丙子（一九九六）　先生卒後一六七年

七月，張運宗撰成《劉逢祿與常州學派》，是書以劉逢祿爲主軸，取《劉禮部集》及《皇清經解》本刊行之劉逢祿著作爲素材，分析常州學派和考證學風之間，既親近又違離之曖昧關係，以及常州學者彼此不盡相同之學術思想發展。書中第一章第三節論及劉逢祿與常州傳統學風之關係；第二章「劉逢祿與考證學風」，探討先生所揭櫫「考證」與「微言」二種治學理念間之關係；第三章「劉逢祿與惲敬」，探討二人在還原經典原貌之看法，及其對闡發經典義理之討論。

> 就常州學派與考證學風的關係而論，劉逢祿的著作同時收入在一八二九年出版的《皇清經解》及一八三〇年出版的《劉禮部集》之中。《皇清經解》展顯的是劉逢祿在承繼漢代家法，「考證」《公羊》的眞實原貌，進而以《公羊》「微言」貫穿

諸經的學術成就；《劉禮部集》則透過篇章的排列篩選，隱然架構一套劉逢祿以《公羊》「微言大義」爲主軸的思想理論。透過比較劉逢祿同時出顯現在《皇清經解》及《劉禮部集》的著作，清楚地看出劉逢祿的治學理念和考證學風之間存有既親近又違離的關係。

在「親近」關係方面，劉逢祿並未否定「考證」做爲治學入門基本工夫的價值與意義，同時他也肯定漢代經師因爲「近古」所以在經典詮釋上具有崇高的權威性。因此，劉逢祿以《公羊》「微言」貫穿諸經的過程中，即是嚴守漢代經師「家法」，並且透過考證方法重建《公羊》原貌，以確立強固《公羊》的正統地位；尤其，劉逢祿對古代禮制的考證最受當代學者推崇，並且獲得皇帝的信賴，特由劉逢祿重建規畫國家喪禮大計，凡此可見劉逢祿在考證方面的努力。甚至，劉逢祿專研考證聲韻學以及有意分門別條地考證五經字句原貌，即是希望透過個人精實的考證成果俾使日後學者能夠專心闡發經典義理，此種進路和考證學者原初強調「字音明而後義理明」的治學態度頗有異曲同工之妙。

在「違離」關係方面，劉逢祿將《春秋》與《論語》並舉，同時確立《公羊》在三傳中的尊崇地位，並以《公羊》「微言」作爲貫穿諸經的解釋基礎，進而強調經典義理的闡發不能端賴經典字音的考證，尚需學者玩味經典，自發省悟，這和考證學者的治學方法呈現頗大的出入。而且，劉逢祿揭櫫《春秋》的「持世」價值，將經典義理的闡發具體落實在論證「禮義」與

「刑法」的權衡關係上；甚至，他將孔子塑造成「聖人」與「素王」結合的形象，做為勾畫適應現實環境需求的三代理想社會的根本依據，凡此經典研究以外，擴及政治實踐的問題皆是考證學者所避而不談者。

按：張氏於是年七月畢業於私立東海大學歷史研究所碩士班，是書為其碩士論文之作。

民國八十六年丁丑（一九九七）　先生卒後一六八年

六月，張廣慶撰成《劉逢祿及其春秋公羊學研究》。是書凡八章：首章「緒論」，二章「劉逢祿生平與著述」，三章「劉逢祿師友淵源」，第四章「劉逢祿與常州經今文學」，第五章「劉逢祿之《公羊》學說」，第六章「重啓兩漢經今古文之爭」；第七章「開啓《論語》大義之《公羊》化」，第八章「結論」。

就劉逢祿之師友淵源而言：經由《劉禮部集》中之詩文，及其師長朋輩之文集，得以考見其平生交游，皆道誼中人，其中尤以常州鄉黨諸君子為多。里中師友相聚時，或飲饌酬唱，或切磋經藝；幕遊四方時，則以詩文遙寄情思，以襟抱相砥礪，會友輔仁之風誼，咸見諸彼此之文集中。龔自珍詩云：「天下名士有部落，東南無與常匹儔。」常州學者，於詞學、散文、經今文學，皆有異於並代風氣之特色，而其所以能形成披靡一代之陽湖文派、常州詞派、常州經今文學，在於有同鄉之誼、師生之情、姻戚之親，故其文章經術能發皇光大，此由逢祿與常州先進、朋輩之交誼，得略窺其端。而常州師友中，張惠言精研《易》、《禮》，逢祿嘗與之談《周易》、三《禮》之學，張氏條貫虞氏《易》義例，經由漢師家法，尋求孔門微言大義，於逢祿條理何氏《公羊》義例、治經取向，蓋有所啓導夫先路；其於張氏詞學，亦演其墜緒也。

就其著作而言：有清一代，承華夏文化之發展，集歷代各種舊學之總結，舉凡詩、詞、曲、散文之文學，文字、聲韻、訓詁之小學，及漢、宋學術等，故當時學者，涵泳既廣，涉獵亦博，以逢祿之著作言，經學方面，精研《公羊》，探源董仲舒《春秋繁露》、何休《春秋公羊解詁》，成《春秋公羊經何氏釋例》三十篇；又析其凝滯，爲《公羊春秋何氏解詁箋》、《發墨守評》；又推原《左傳》、《穀梁》之得失，爲《左氏春秋考證》、《後證》、《箴膏肓評》、《穀梁廢疾申何》，又斷諸史刑禮之不中者，爲《春秋議禮決獄》，又推其意爲《論語述何》、《春秋賞罰格》、《緯略》，凡爲《春秋》之書十有餘種；於《易》，則別爲《虞氏易言補》、《易虞氏五述》、《易象賦》、《卦氣頌》；於《尚書》，兼蒐眾說，爲《尚書今古文集解》三十卷、《書序述聞》一卷；於《禮》，則有《庚辰大禮紀注長編》、《禘議》、《石渠禮議》、《夏時經傳箋》，皆創通奧域。小學方面，以許愼《說文》爲形書，而古韻未有專籍，乃研極精微，爲二十六部，每部先收《毛詩》字，次《說文》，次《廣韻》，復推其本音，詳其訓詁，爲《詩聲衍》二十七卷、《條例》一卷；又仿陸德明《經典釋文》爲《五經考異》，以存異文古訓，已就兩經而未成。

又以餘力及於《史記、天官書》及甘、石《星經》，爲之疏證；又編輯《八代文苑》四十卷、《唐詩選》四十卷、《絕妙好詞》二十卷、《詞雅》五卷，自著詩文等。故其學，不惟以《公羊》學專門名家，其博綜群經，詳究字書，寄情詩文，實集舊學於一身。

其次，就其著作內容，亦可觀其治學取向：逢祿身處乾、嘉興言漢學考據之巨流中，復從舅氏習六書古籀、兩漢家法流別，及見段玉裁、王念孫，故其治經途轍，亦不薄考據實學，其所爲《易考異》、《春秋考異》、《禮經考異》、《詩聲衍》、《尚書今古文集解》等經義小學之作，欲「以爲童蒙養正之始基」，「俾爲小學者無以復加，庶得潛心於大義」。夫既言漢學，又不得不辨明師法、家法，逢祿深知「漢人治經，首辨家法」，故其治經，亦篤守家法，善守虞氏《易》師法；於《公羊》則尊董、何，「微明法守」。且由家法辨沿訛，以爲西京立十四博士，皆今文家學，家法嚴明，而晚出之號古文者，若《左氏》不傳《春秋》，《逸書》、《逸禮》絕無師說，費氏《易》無章句，《毛詩》晚出，故《詩序》、《毛傳》未親見古序師法之言，是今學之師承實遠勝古學之鑿空，故其治經，於《易》，主今文虞氏義例，象變、人事兼而言之；於《詩》，初宗《毛詩》，後致疑毛學，好三家古義得以正其源流；於《書》，則力詆王禮堂主鄭說以破古義爲傎繆；於今文《春秋》，則由董、何之學發明七十子微言大義，其尊今抑古，咸以漢學考據、今文家法爲基，由東漢賈、馬、許、鄭古文經義小學，而上溯西京之今文微言大義，由七十子而上求聖人脩作經書之經世微旨。

又推究逢祿所以成爲常州、乃至清代經今文學不祧宗祖之原因：一是逢祿建立以兩漢董、何《公羊》學求觀聖心、七十子所傳之統緒，並使其學幽而復明。劉氏以爲，《春秋》微言大義，《魯論》諸子皆得聞之，其不可顯言者，屬子夏口授之，子夏傳公羊氏，公羊氏五傳，當漢景帝時，乃與弟子胡毋子都等記于竹帛，董仲舒、胡毋生、何休三君子皆同道相繼，《春秋》微言、今文師法不墜，遂尋《公羊解詁》條貫，正其統紀，爲《何氏釋例》三十篇，專明墨守之學，董、何之學，由是闇而復明，聞其《公羊》學而好之者，紛紛起而研治之，或明《公羊》典禮，或爲之義疏，或發微《春秋繁露》，或發明《春秋》決事之義，旁通曲鬯之作多矣。二是重啓兩漢經今古文論戰及疑經辨僞之風。逢祿以爲，鄭玄精於《禮》學，惟於《春秋》三傳未窺全貌，於董、何之書，研之未深，故其箴何頗多舛駁，又以《左氏》爲劉歆所附益，故有申何休、闢劉歆、難鄭玄之作，《何氏解詁箋》、《發墨守評》者，所以申何氏《公羊墨守》之未備，且爲之彌縫匡救；《穀梁廢疾申何》之作，既推原《穀梁》之失，申何休所名廢疾有不可強起者之說，復難鄭玄之所起；《左氏春秋考證》、《後證》，則專闢劉歆等之竄益《左氏春秋》之跡，審其離合，辨其眞僞，以補何休未能深著《左氏》淵源之失；《箴膏肓評》則既闢劉歆之僞《左》，亦難鄭玄之所箴。凡斯之作，皆在申何休今文

《公羊》一家之學，而闢劉難鄭，以箴古文鑿空無師傳之弊。逢祿並疑《逸書》十六篇，爲劉歆輩增設之，以抑今文博士；「《周官》並出劉歆」。其後，龔自珍疑《左氏》、《古文尚書》、古文《易》、《周官》；魏源申今文三家《詩》微言以匡毛、鄭，發明西漢《尚書》微言大義，而闢馬、鄭古文之鑿空無師傳；邵懿辰明《逸禮》三十九篇出劉歆僞作；廖平《闢劉篇》闢劉歆之顛倒五經；康有爲《新學僞經考》謂古文諸經傳俱爲劉歆所僞作，崔適《春秋復始》則言《穀梁》亦歆爲《左氏》驅除而造之古文學，《史記探源》明太史公書言古文者，皆歆所竄入。是繼起之同志，咸循逢祿尊今抑古之途轍，一則信兩漢今文家法，發明微言，使今文學微而復顯，幽而復明，重執聖權之地位，一則斥古文鑿空無師授、劉歆顛倒五經，疑經辨僞之風，愈演愈烈，終乃掩脅晚清之學術也。三是以董、何三科九旨微言，網羅眾經編次之義。逢祿以爲，聖人之道，備乎五經，而《春秋》爲五經之筦鑰，無《公羊》則無《春秋》，無三科九旨則無《公羊》，而董、何《公羊》三科九旨之微言，實上承聖人之志，七十子之所傳，遂以《春秋》始元終麟、《公羊》三科九旨，總攝《詩》、《書》、《易》、《禮》、《夏時》、《論語》、《中庸》、〈禮運〉、《孟子》等諸經編次大義；而其稱《春秋》微言，七十子口授其傳恉，子游、子思、孟子著其綱，子夏口授不可顯言者，既建立以董、何《公羊》學網羅眾經、發明聖心經世之理據，又藉明以《公羊》學爲主之經今文學，師傳口授，遠勝古學之鑿空無據。其後，宋翔鳳《四書釋地辨證》、《論語說義》，龔自珍〈五經大義終始論〉、〈五經大義終始答問〉，魏源《詩古微》、《書古微》，戴望《戴氏注論語》、王闓運《論語訓》、康有為《論語注》、《孟子微》、《禮運注》、《中庸注》，咸以三科九旨發明諸書編次之大義微言。逢祿固為治今文學者不祧之祖，而繼起之經今文同志，若宋、龔、魏、戴、邵、王（闓運）、康、廖、崔等，咸循其途轍，發明經今文學之微言，為之補苴張皇，諸儒之今文經說，容互有歧異，闢劉竄聖之浸淫漫衍，或有偏異，然其擴大今文學之範疇，深求今文學之微言，建立今文學師傳口授遠勝古學鑿空之說，則相互敬承；而道、咸以降之經今文家，若龔、魏、康諸人，於尊今抑古之時，亦能與世推移，以應世變，藉《公羊》切近于人事、政制之經世微言，貫經術、政事、文章於一，「倡經世以謀富強，講掌故以明國是，崇今文以談變法，究輿地以籌邊防」，此一精神與逢祿推經義以決疑難，精神一致，惟面對不同時局之問題，諸家經世之旨，亦各有所陳，卻多能與世推移，以應乎時局之變，與西京〈禹貢〉治河、〈洪範〉察變之通經致用，歸趣實一。以《公羊》學為主體之清代經今文學，由乾隆年間經學之別流，匯為道、咸以降之巨流，流風遐播，終乃影響晚清百年之風氣者，由群經大義之《公羊》化，以及尊今抑古，申何、闢劉、難鄭，觀微知著，當可察其所由也。又自劉逢祿於〈詩古微序〉云：「予向治《春秋》今文之學，有志發揮成一家言」，其所撰《春秋》三傳學諸作，不惟使董、何之學幽而復明，復為之排難解剝，張皇幽眇，申《公羊》先師敗績失據之謗；至龔自珍，就逢祿門受《公羊》

家言，遂燒盡蟲魚之學，「甘作東京賣餅家」，雖謙稱「宿草敢祧劉禮部」，然其自云「一脈微言我敬承」，而多發明西京微言；魏源則由董子《繁露》以信《公羊》，由《春秋》以信西漢今文家法，且謂「抉經之心，執聖之權，冒天下之道者，莫如董生」。經今文學之大業，繼起之同志咸樂於斯道而勇任之，其學由逢祿時之方春氣息，至晚清廖平、康有爲等之蔥蔥鬱蓊，實由於此輩之經今文家，心力至勤而有意識之復興運動有以致之，其終極之旨歸，厥在於由「抉經心」而欲重執聖權之學術地位也。

至於《論語述何》，逢祿以爲，《論語》闡《春秋》之微言。竊以爲，《論語》之於《春秋》，其中固有意旨略符而可資引申發揮者，然其動輒援引《公羊》大義，董、何三科九旨微言，以說《論語》，此猶《公羊》學者處處執例詮經，終不免流於深文周納，牽強附會，似是而非。於《何氏釋例》三十篇，則多探源董子《繁露》、發揮何注，推闡《春秋》義例，明《春秋》不惟爲漢制法，實以《春秋》爲萬世制法，救萬世之亂也。是書竟董、何之餘緒，欲爲成學治經者正焉。其中言「宜修《春秋》舉賢之制」、「維封建於不蔽」之道，亦可略見逢祿經世之意旨。又《何氏解詁箋》於《解詁》義未備者、失經傳義者、疏於禮者，或申何氏未著之義，或舍《公羊》、何義，而以《穀梁》拾遺補闕，或並舍三傳而從宋儒之說，其究極經傳義理，雖欲宏通以求公是，而袪除門户之見，然不免遭墨守《公羊》者自尋荊棘之譏。其《穀梁廢疾申何》，申

《公羊》何氏張三世、通三統、異內外諸義例，以難《穀梁》日月義例乖舛，起應失恉，而難鄭諸例，或本經傳之例箴鄭曲解史實傳例，或以《公羊》駁其義短，或推原鄭義之所本，其論難之辭，有其義據通深勝於鄭玄之處，然於「惠公仲子」之說，先申何難鄭，後又轉以《穀梁》爲是，其前後異說，雖曰求公是而有所刪改，亦足徵斟酌三傳而求經旨之難。其《左氏春秋考證》、《後證》發現《左氏春秋》冒曰：《春秋左氏傳》，始於劉歆《七略》，乃言之有據，非任情妄說，至於據〈劉歆傳〉「歆治《左氏》，引傳文以解經，轉相發明，由是章句義理備焉」，而謂《左氏傳》書曰、君子曰、五十凡例、續經、《別錄》，咸有歆僞託附益之跡，其所考證歆等增設條例、推衍事蹟處，是否即爲歆所轉相發明之章句義理，則有待商量。而《箴膏肓評》駁難鄭氏諫君之義、大雨雹災異說、立庶子之道，其義皆較鄭說爲長也。

按：張氏於是年六月畢業於國立臺灣師範大學國文研究所博士班，是書爲其博士論文。

引用書目

一、劉逢祿著作之屬

劉禮部集　清劉逢祿撰　清道光十年劉氏思誤齋刊本

虞氏易言補　清劉逢祿撰　張皋文箋易詮全集十六種五十七卷本　清嘉慶至道光間刊本

尚書今古文集解　清劉逢祿撰　重編皇清經解續編本　台北漢京文化事業有限公司　一九八〇年

書序述聞　清劉逢祿撰　同前

公羊春秋何氏解詁箋　清劉逢祿撰　重編皇清經解本　同前

春秋公羊經何氏釋例　清劉逢祿撰　同前

發墨守評　清劉逢祿撰　同前

左氏春秋考證　清劉逢祿著　顧頡剛校點　古籍考辨叢刊本　北京中華書局　一九五五年十一月

左氏春秋考證　清劉逢祿撰　重編皇清經解本　台北　漢京文化事業有限公司　一九八〇年

箴膏肓評　同前

穀梁廢疾申何　清劉逢祿撰　同前

論語述何　清劉逢祿撰　同前

四書是訓　清劉逢祿撰　清劉世珩輯聚學軒叢書六十種　清光緒貴池劉氏甫繼庵校刊本

二、四部之屬

皇清經解　清阮元輯　清道光九年廣東學海堂刊咸豐十一年補刊本

周易虞氏義　清張惠言撰　張惠言易學十書　臺北　廣文書局　一九七〇年十二月

戴氏注論語　清戴望撰　清同治十年刊本

新學僞經考　清康有爲撰　北京　中華書局　一九八八年三月三版

春秋左傳讀　章太炎撰　章太炎全集（二）　上海人民出版社　一九八二年七月

春秋左傳讀敘錄　章太炎撰　同前

駁箴膏肓評　章太炎撰　同前

經學通論　清皮錫瑞撰　臺北　台灣商務印書館　一九八〇年六月臺三版

後漢書集解　宋范曄撰　唐李賢注　清王先謙集解　台北　藝文印書館

清史列傳　清史館原編　臺北　中華書局　一九六二年三月臺一版

清史稿　趙爾巽、柯劭忞等撰　臺北　洪氏出版社　一九八一年八月

清儒學案　徐世昌編撰　北京　中國書店　一九九〇年九月

清儒學記　張舜徽撰　濟南　齊魯書社　一九九一年十一月出版

清儒學案新編　楊向奎編著　濟南　齊魯書社　一九九四年三月

清詩紀事（十三）（嘉慶朝卷）　錢仲聯主編　江蘇古籍出版社　一九八九年五月

國朝耆獻類徵初編　清李桓輯　周駿富編清代傳記叢刊本　台北　明文書局　一九八五年五月

詞林輯略　清朱汝珍輯　同前

清朝先正事略　清李元度纂　同前

國朝詩人徵略　清張維屏輯　同前

皇清書史　清李放纂輯　同前

昭代名人尺牘集小傳　陶湘編　同前

碑傳集　清錢儀吉纂錄　清朝碑傳全集本　台北　大化書局，一九八四年十二月

續碑傳集　清繆荃孫纂錄　同前

碑傳集補　閔爾昌纂錄　同前

清稗類鈔　徐珂編　臺北　臺灣商務印書館　一九六六年

孫淵如先生年譜　清張紹南撰　繆荃孫輯《藕香零拾》第二十冊　清宣統二年江陰繆氏刊本

清洪北江先生亮吉年譜　林逸編著　臺北　臺灣商務印書館　一九八一年十月

清包慎伯先生世臣年譜　胡韞玉撰　臺北　臺灣商務印書館　一九八六年六月

清李申耆先生兆洛年譜　清蔣彤編　臺北　臺灣商務印書館　一九八一年十一月

龔自珍年譜　郭延禮撰　濟南　齊魯書社　一九八七年十月

魏源年譜　王家儉撰　台北　中央研究院近代史研究所專刊　一九八一年二月再版

魏源年譜　黃麗鏞撰　長沙　湖南人民出版社　一九八五年一月

儀徵劉孟瞻年譜　（日）小澤文四郎編著　文思樓刊本　昭和十

四年五月

康南海自編年譜（外二種） 樓宇烈整理 北京 中華書局 一九九二年九月

章太炎年譜長編 湯志鈞著 北京 中華書局 一九七九年十月

顧頡剛年譜 顧潮編著 北京 中國社會科學出版社 一九九三年一月

毘陵莊氏族譜 清莊鳳威、莊怡孫、莊士敏、莊毓鋐、莊嘉淦等增修 光緒元年

西營劉氏家譜 清劉翊宸重修 光緒二年丙子刊本

武進西營劉氏清芬錄第一集 劉祺編纂 一九二三年季春尙絅艸堂初刊本

光緒武進陽湖縣志 清董似穀修、湯成烈等纂 台北 臺灣學生書局 一九六八年五月

續修四庫全書提要 臺北 臺灣商務印書館 一九七二年三月

續修四庫全書總目提要（經部） 中國科學院圖書館整理 北京中華書局一九九三年七月

清人室名別稱字號索引 楊廷福、楊同甫編 上海古籍出版社一九八八年十一月

清代樸學大師列傳　支偉成撰　長沙　岳麓書社　一九八六年三月

清代毗陵名人小傳稿　張季易纂　台北　新文豐出版公司　一九八一年二月

羽琌山民逸事　鄧實等輯古學彙刊六十種　一九一二年上海國粹學報社印本

檢論　章太炎撰　章太炎全集（三）　上海人民出版社　一九八二年七月

中國近三百年學術史　梁啓超撰　台北　華正書局一九七四年十月

中國近三百年學術史　錢穆撰　台北　臺灣商務印書館　一九八七年三月臺九版

中國十九世紀思想史（上）　韋政通撰　臺北　東大圖書公司　一九九一年九月

清代學術概論　梁啓超撰　台北　臺灣商務印書館　一九六八年七月

中國學術思想變遷之大勢　梁啓超撰　台北　臺灣中華書局　一九七七年八月

近代經學與政治　湯志鈞撰　北京　中華書局　一九八八年八月

國學概論　錢穆撰　台北　台灣商務印書館　一九六六年五月臺三版

經學博采錄　清桂文燦撰錄　台北　明文書局　一九九二年八月

鄭堂讀書記　清周中孚撰　清人書目題跋叢刊本　北京　中華書局　一九九三年一月

越縵堂讀書記　清李慈銘撰　臺北　世界書局　一九六一年九月

東塾讀書記　清陳澧撰　光緒七年本

讀左劄記　劉師培撰　劉申叔先生遺書（一）　臺北　華世出版社　一九七五年四月

郭嵩燾日記　清郭嵩燾著　長沙　湖南人民出版社　一九八一年五月

復堂日記　清譚獻撰　清譚廷獻輯　半厂叢書（四）（清光緒十五年刊本影印）　台北　華文書局

復堂日記補錄　清譚獻撰　臺北　學海出版社　一九七四年一月

舒藝室雜著　清張文虎撰　清同治光緒間刊本

潛廬隨筆　清甘鵬雲撰　台北　文海出版社　近代中國史料叢刊本九六三冊　一九七三年十二月影印版

輶軒今語評　清葉德輝撰　清蘇輿輯著　翼教叢編　臺北　臺聯

國風出版社　一九七〇年十二月

翼教叢編　清蘇輿輯著　臺北　台聯國風出版社　一九七〇年十二月

清人文集別錄　張舜徽撰　台北　明文書局　一九八二年二月

大一統與儒家思想　楊向奎撰　長春　中國友誼出版公司　一九八九年六月

味經齋遺書　清莊存與撰　清光緒八年重刊陽湖莊氏臧板

珍蓺宧遺書十一種　清莊述祖撰　清嘉慶道光間武進莊氏脊令舫刊本

亦有生齋樂府二卷詩鈔三十二卷詞鈔五卷文鈔二十卷　清趙懷玉撰　清乾隆至道光間遞刊本

存悔齋集二十八卷附外集四卷　清劉鳳誥撰　清道光十年楊文蓀校刊本

大雲山房集　清惲敬撰　臺北　世界書局　一九六四年二月

崇百藥齋文集二十卷續集四卷三集二十卷　清陸繼輅撰　清光緒四年興國州署重刊本

養一齋文集二十卷　清李兆洛撰　清光緒四年重刊本

包世臣全集　中衢一勺、藝舟雙楫　清包世臣撰、李星點校　安

徽　黃山書社　一九九三年五月

洞簫樓詩紀　清宋翔鳳撰　浮溪精舍叢書本

揅經室集　清阮元撰　鄧經元點校　北京　中華書局　一九九三年五月

青埵山人詩　清洪飴孫撰　清光緒十年陳氏西江便廨刊本

龔定盦全集類編　清龔自珍著　夏田藍編　北京　中國書店　一九九一年六月

魏源集　清魏源撰　臺北　漢京文化事業有限公司　一九八四年七月

研六室文鈔　清胡培翬撰　清光緒戊寅世澤樓刊本

求是堂文集　清胡承珙撰　清道光十七年家刊本

董方立遺書　清董祐誠撰　清光緒年間江南製造局刊本

萬善花室文集　清方履籛撰　清道光十二年閩中萬館刊本

私艾齋文集　清吳育撰　清道光二十一年暨陽書院刊本

謫麐堂遺集　清戴望撰　清宣統三年歸安陸氏依會稽趙氏本刊

東洲草堂詩鈔　清何紹基撰　清同治六年長沙無園刊本

清溪舊屋文集　清劉文淇撰　清光緒九年刊本

國朝常州詞錄　清繆荃孫輯　清光緒十二年江陰繆氏雲自在龕刊本

康有為全集（第一集）　康有爲著　姜義華、吳根樑校點　上海古籍出版社　一九八七年十月

左盦集　劉師培撰　劉申叔先生遺書（三）　臺北　華世出版社　一九七五年四月

左盦外集　劉師培撰　同前

三、學位論文及期刊論著之屬（含論文集）

清代經今文學述　李新霖撰　國立臺灣師範大學國文研究所碩士論文　一九七七年六月

龔定菴學術思想研究　張壽安撰　國立臺灣大學中國文學研究所碩士論文　一九七八年

春秋左傳劉歆偽作竄亂辨疑　方炫琛撰　國立政治大學中國文學研究所碩士論文　一九七九年六月

晚清公羊學派的政治思想　何信全撰　臺北　經世書局　一九八四年五月

清末的公羊思想　孫春在撰　臺北　臺灣商務印書館　一九八五年十月

古史辨運動的興起——一個思想史的分析　王汎森撰　臺北　允

晨文化實業股份有限公司　一九八七年四月

儒學的危機與嬗變——康有為與近代儒學　房德鄰撰　臺北　文津出版社　一九九二年元月

魏源詩古微研究　林美蘭撰　私立東吳大學中國文學研究所碩士論文　一九九三年六月

清代常州學派論語學研究——以劉逢祿、宋翔鳳、戴望為例　陳靜華撰　國立成功大學中國文學研究所碩士論文　一九九四年七月

清代常州學派的論語學　劉錦源撰　國立政治大學中國文學研究所碩士論文　一九九五年六月

劉逢祿與常州學派　張運宗撰　私立東海大學歷史研究所碩士論文　一九九六年七月

劉逢祿及其春秋公羊學研究　張廣慶撰　國立臺灣師範大學國文研究所博士論文　一九九七年六月

莊方耕學記　孫海波撰　中國近三百年學術思想論集　香港崇文書局　一九七一年六月

書劉禮部遺書後　孫海波撰　中國近三百年學術思想論集　香港崇文書局　一九七一年六月

春秋左傳辨疑　牟潤孫撰　注史齋叢稿　臺北　臺灣商務印書館

一九九〇年六月

清代的今文經學 楊向奎撰 清史論叢第一輯 北京 中華書局 一九七九年八月

清代經今文學的復興 湯志鈞撰 中國史研究一九八〇年二期 一九八〇年六月

晚清公羊學的演變與政治改革運動 王家儉撰 第二屆國際漢學會議論文集（明清與近代史組） 臺北 中央研究院 一九八九年六月

劉逢祿論語述何析評 胡楚生撰 清代學術史研究續編 臺北 臺灣學生書局 一九九四年十二月

劉逢祿的公羊學 陳振岳撰 蘇州大學學報（哲學社會科學版） 一九九二年三期 一九九二年七月

清代經今文學群經大義之公羊化——以劉、宋、戴、王、康之論語著作為例 張廣慶撰 經學研究論叢第一輯 臺北 聖環圖書公司 一九九四年四月

國家圖書館出版品預行編目資料

武進劉逢祿年譜
／張廣慶著. --初版. --臺北市：
臺灣學生，民86
面， 公分
參考書目：面

ISBN 957-15-0843-8(精裝).
ISBN 957-15-0844-6(平裝)

1.劉逢祿 - 年表

782.986　　86011107

武進劉逢祿年譜（全一冊）

著作者：張廣慶
出版者：臺灣學生書局
發行人：孫善治
發行所：臺灣學生書局
臺北市和平東路一段一九八號
郵政劃撥帳號〇〇〇二四六六八號
電話：三六三四一五六
傳眞：三六三六三三四
本書局登記證字號：行政院新聞局局版北市業字第玖捌壹號
印刷所：宏輝彩色印刷公司
地址：中和市永和路363巷42號
電話：二二六八八五三

定價 精裝新台幣三一〇元
平裝新台幣二四〇元

西元一九九七年九月初版

78244

ISBN 957-15-0843-8（精裝）
ISBN 957-15-0844-6（平裝）

㉒六朝的城市與社會	劉淑芬 著
㉓明代東北史綱	楊　暘 著
㉔唐繼堯與西南政局	楊維眞 著
㉕廿二史箚記研究	黃兆强 著
㉖廿四史俠客資料匯編	龔鵬程、林保淳 編
㉗王安石洗冤錄	孫光浩 著
㉘從函電史料觀汪精衛檔案中的史事與人物新探㈠	陳木杉 著
㉙海峽兩岸編寫臺灣史的反思與整合	陳木杉 著
㉚太平洋島嶼各邦建國史	小林泉 著 劉萬來 譯
㉛史學三書新詮—以史學理論爲中心的比較研究	林時民 著
㉜武進劉逢祿年譜	張廣慶 著